가르침의 교육현상학적 이해

Educational Phenomenological Understanding of Teaching

| 고요한 저 |

학지사

* 머리말 *

유구한 교육문화의 역사에서 가르침은 교육의 원형이었다. 헬라시대부터 근대에 이르러 코메니우스(J. A. Comenius)에 의하여 교수학이 집성(集成)되기까지 교육문화는 그야말로 교수(teaching)의 시대였다. 18세기 들어 교육학이 하나의 독자적인 종합과학으로 정립되면서 교수는 '교육적 교수'의 형태로 치밀하게 조직화 · 체계화되었다. 가르침과 배움의 역사적 선위성에 대한 논란은 없었다. 왜냐하면 가르침과 배움은 동시적, 교호적인 '줄탁동시(啐啄同時)'의 원형이기 때문이다.

오늘날 교수의 과학성은 증가한 반면 가르침의 권위는 약화되었다. 고도정보사회의 기술적 조건은 교수의 효율성을 증가시켰지만, 타락한 사회와 왜곡된 교육문화는 가르치는 사람의 권위를 얕잡아 보는 지경에 이르렀다. 어느덧 가르치기의 어려움이 임계치에 달한 느낌이다. 그럼에도 불구하고 가르침이야말로 모든 교육행위의 현상학적 근원임은 자명하다.

본질적으로 가르침은 성과 지향적인 교육적 의도와 조직이다. 이는 학교라는 조직과 교재라는 형식을 매개로 하여 이루어지며 부수적으로 가르치는 자의 인격이 동반된다. 한마디로 가르침은 인적, 물적 자원이 융합(convergence)되는 종합예술인 셈이다. 그렇다면 가르침은 기술(skill)인가, 아니면 예술(art)인가?

가르침은 기술이면서 동시에 예술인 인간적 융합이어야 한다. 그러나 현대교육은 교수의 테크네(techne)에 따른 학습 성과를 교수행위의 수월성을 가늠하는 중요한 척도로 여기고 있다. 그리하여 잘 가르치는 교사란 '탁월한 성과를 거둔 학습자를 얼마나 배출했는가?'의 관점에서 논의된다. 이 경우 교사의 인성과 품성을 기반으로 하는 현상학적-인본적 교수행위는 철저히 소외되고 만다.

가르침에 대한 기술과학적 논의는 부단히 이루어졌다. 그러나 가르침에 대한 현상학적 조망은 드물게 이루어진 것이 사실이다. 가르침의 교육현상학적 인식 관심은 가르침의 원형, 형식, 전개, 문제 등을 전체적으로 고찰하는 탐구양식에서 비롯된다.

이 책은 이러한 가르침에 대한 교육학적 인식 관심을 바탕으로 해석학적-현상학적 연구방법을 통해 가르침의 본연성을 살펴보는 데 그 의의를 두고 있다. 그동안 저자는 교육의 본연성, 진정성에 대하여 집요하고도 부단한 통찰을 시도해 왔다. 교육의 제 현상에 대하여 심리철학적, 교육인간학적, 현상학적-해석학적 연구방법을 통해 참교육[正敎]의 원형을 추적하고 분석해 왔다.

그러나 여전히 지적 탐구의 종착점은 너무 멀리 있고, 탐험지는 너른 광야처럼 무변 광대하고, 탐구 에너지는 점점 고갈되고 있다. 그럼에도 불구하고 이미 들어선 교육학 연구의 험로(險路)를 벗어날 엄두나 용기가 없다. 여전히 먼발치에서 어리숙하게만 보이는 제자를 지켜보시며 묵언으로 안내해 주시는 오인탁 교수님의 학술적 노고가 얼마나 지난(至難)했는지 이제야 어슴푸레 느껴진다. 교육학 연구를 존재의 소명으로 삼고 가르침을 소유의 방편으로 삼는 여정에서 오직 하나님의 은혜만을 바라보며 그저 순종할 뿐이다. 가르침과 배움의 가장 큰 힘은 오직 '기도' 뿐이라는 자명고(自鳴鼓)를 가슴에 묻고 오늘도 7평짜리 고독이 지배하는 연구실에서 허락된 삶 중의 하루하루를 일구어 나가고 있다.

2013년 7월
장맛비가 내리는 연구실에서

* 차 례 *

제2부 가르침의 교육현상학

제1부

가르침의 교육적 교수학

가르침은 교육의 본연적 현상이다. 생존의 기술로 시작된 가르침은 현대사회에 이르러 교육적 교수를 포괄하는 존재론적 차원에서 파악되고 있다. 가르침은 지-정-의, 충-효-예, 진-선-미, 지-덕-체를 아우르는 인격의 완성을 지향하는 모든 행위의 총체다. 교육학자들의 책무는 오늘날 기술 지향의 가르침에 경도(傾倒)된 교수학을 교육적 교수학으로 회복시키는 것이다.

제 1 장 가르침의 심리철학

가르침의 미학(美學)

아이즈너(E. W. Eisner)는 시대 변화의 흐름과 더불어 인습적 학교교수학을 창조적으로 파괴하거나 교육적 상상력(educational imagination)을 발휘하여 가르침의 본질을 찾아내야 한다고 역설하였다. 그는 가르치는 일이 단순한 지적 능력 기반의 기술(skill)이나 기예 혹은 기능(craft)이 아니라 일종의 예술(art)이라는 점을 견지하였다. 이에 대하여 그는 다음과 같이 설명하였다.

> 가르치는 일은 가르치는 자가 지닌 여러 가지 종류의 신념, 교육적 가치관, 개인적인 요구에 맞추어 이루어지는 '예술의 일종' 이라는 것이 나의 주장이다. 그런데 가르치는 일이 예술이라고 주장하는 것은 어딘가 역설이 있는 듯하다. 왜냐하면 우리가 살고 있는 시대는 가르치는

> 일에 대하여 연구하는 사람들이 과학적인 가르침을 생각하고 있기 때문이다. 그러나 대부분의 교사, 심지어 과학적인 교수법을 연구하는 사람들조차 때로 가르치는 일은 예술적인 일이라고 생각한다(Eisner, 1985: 175).

> 가르치는 일은 그것이 예술적인 경험이라는 의미에서, 수업의 질에 대한 조정이 예술적인 감각에 의존하고 있다는 점에서, 일상적인 행위가 아닌 창조적인 활동이라는 점에서, 목표가 그 과정 가운데 이루어진다는 점에서 예술이다(Eisner, 1985: 177).

우리는 이 말에 누구나 동감은 하지만 여러 가지 이유와 핑계를 들어 현실적인 한계를 탓하는 것으로 맺고 만다. 그렇다면 가르치는 일이란 과연 예술(행위)인가? 우리는 이 질문에 대하여 아이즈너가 답한 몇 가지 주장을 기반으로 가르치는 역할을 수행하는 사람들마다 자신의 가르침에 대한 신념, 행태, 가치관을 견주어 봄으로써 이 문제에 대한 진의(眞意)를 모색할 수 있을 것이다(Eisner, 1985: 175-177).

첫째, 가르치는 일은 고양(高揚)된 기술과 정서를 기반으로 한 사랑으로 이루어지기 때문에 가르치는 자나 배우는 자 모두에게 수업 경험은 예술적인 것이다. 가르치는 자가 강의를 하거나, 질문을 받거나, 수업을 진행하는 것은 곧 예술적인 표현의 한 형태다. 가르치거나 배우는 자 모두는 독특한 수업 경험을 통하여 내적 만족감을 만끽할 수 있다.

둘째, 가르치는 자는 마치 조각가, 작곡가, 배우, 무용가와 마찬가지로 행위 중에 나타나는 현상을 바탕으로 평가하기 때문에 가르치는 행위는 일종의 예술이다. 템포, 톤, 분위기, 토론 형식 등과 같이 교실에서 이루어지는 학습환경을 조직, 조정, 선택하는데 사용하는 것은 우리가 가진 지능의 질적인 측면이다.

셋째, 가르치는 행위는 일상적인 일에 의해 지배받는 것이 아니며(그렇다고 일상적인 것이 필요 없다는 말은 아니다) 예측하지 못하는 '우연한 일'에도 대비해야 한다는 의미에서 또한 예술이다. 따라서 교실에서 발생하는 우연한 일을 현명하게 처리하기 위해 가르치는 자는 늘 참신한 태도(개방적인 태도를 포함)를 견지해야 한다.

넷째, 예술적인 표현을 하기 위해 가르치는 자는 수업에 필요한 자료를 충분히 갖추고 있어야 한다. 가르치는 자는 수업 장면을 통해 자신이 가지고 있는 교육적 에너지나 주의를 집중할 수 있다. 이처럼 가르치는 일은 일상적인 것과 창의적인 것 사이의 긴장관계에서 이루어지며, 수업 장면이 지나치게 일상적이면 가르치고 배우는 경험과정에서의 창의성은 현저히 떨어지기 마련이다.

그렇다면 현대사회의 제 특징을 고스란히 담지(擔持)하고 가르침과 배움의 인간학적 목표를 지향하는 수업 장면이 되기 위해서, 다시 말해 교수자와 학생이 모두 예술가가 되고 수업이 예술작품이 되기 위해서 우리에게는 어떤 '교수학적 상상력'과 구성력이 필요한가?

가르침의 A to Z

A is amenity

우선 모든 수업은 환경 및 시설의 쾌적성, 심리적 안정성이라는 어메니티(amenity)를 담보해야 한다. 환경적, 물리적, 심리적, 안정성은 수업 장면의 채도, 명도, 밀도, 강도 등을 결정한다. 매슬로(A. Maslow)는 동기 위계화 기제를 설명하면서 물리적, 심리적 안정이야말로 공부하고 싶은 동기를 유발하는 데 선결되어야 할 문제라고 지적한 바 있다. 이러한 안정성은

어메니티란?

어메니티란 어떤 장소나 기후 등에서 느끼는 쾌적함을 일컫는 용어다. 반대로 어떤 장소나 기후 등에서 느끼는 불쾌함은 어메니티 상실이라고 한다. 이는 특정 사람이나 상황에도 확대 적용이 가능하다. 따라서 수업 장면이 학생들에게서 어메니티를 얻기 위해서는 심리적, 물리적 쾌적함과 안정감이 선행되어야 한다. 이를 어기게 되면 학생들은 어이없어 하게 되지 않을까?

필링 굿 효과란?

실험 결과에 의하면, 땅콩을 먹거나 콜라를 마시면서 신문 사설을 읽은 그룹이 아무것도 먹지 않으면서 읽은 그룹보다 사설 내용에 대하여 우호적이었다. 먹는 행위가 긴장을 이완하고 남의 이야기를 쉽게 받아들이게 만들었기 때문이다. 그리하여 맛있는 음식을 먹으면서 누군가를 설득한다면 성공할 가능성이 높은데 이를 필링 굿 효과라 한다. 이는 지나치게 엄격성만을 강조하는 수업 장면을 뛰어넘어 온화한 인간애를 기반으로 수업을 설계할 때 매우 유용한 지침을 제공한다. 수업 중에 학생들이 무언가를 섭취하는 것을 무조건 부정적으로 간주하고 금지할 수는 없을 것이다.

주의(attention)능력과 수행(acting)능력을 고양시키는 전제조건이다. 안정성은 누구에게나 좋은 기분을 유발하고, 이는 학습 장면에서 수행력을 증가시킬 수 있다. 이를 심리학에서는 '필링 굿 효과(feeling good effect)' 라 한다.

B is basics

모든 학습 경험의 출발점은 반드시 기본(basics)에서 시작해야 한다. 기초가 부실하거나 부재한 상황에서 비약, 연합, 창조 등과 같은 사고의 작동은 제한적이거나 부전(不全)하게 된다. 학교 장면에서 가르치는 사람들은 대부분 진도나 수업량에 대하여 강박적이게 마련이다. 이 경우 기초, 기본 학습의 부재나 부실을 초래하게 되고, 목적의식을 한번 놓치게 되면 교수자가 추구하거나 의도하는 수업 디자인(instructional design)이 내실 있게 전개되지 않는 결과를 초래한다.

C is context

인생과 마찬가지로 수업은 맥락(context)이다. 관계적 맥락 속에서 사람, 사건, 사물은 의미를 부여받거나 의미 있는 존재가 될 수 있다. 수업 장면도 예외일 수 없다. 이는 교과목표, 단위수업, 수업 내용, 과제 부과, 교수자의 수업행위, 학습자의 반응 등 모든 경우에 두루 적용된다. 이를 바탕으로 커뮤니케이션(communication), 코피티션(coopetition), 콜라보레이션(collaboration), 컨버전스(convergence), 컴피턴스(competence), 크리에이티비티(creativity) 등이 효율적으로 이루어질 수 있다.

D is distance

넓게는 교육, 좁게는 단위수업 장면은 개인의 성장(developing)을 넘어서는 일련의 생장(生長, growth) 경험이 제공되는 마당(fields)이다. 성장 혹은 생장은 한마디로 지향적 변화다. 모든 수업 경험은 인지적, 정의적, 신체적 변화를 목표로 한다. 그러나 단순히 목표만을 전제로 하는 수업은 일종의 기계적 과업이 될 개연성이 높다. 생명력 있는 수업환경은 학생에게는 생장을, 교수자에게는 생동을 자극한다. 이러한 수업 장면에서 염두에 두어야 할 것은 거리두기(distance)와 대화(dialogue) 기법이다. 물리적인 측면은 물론 심리적 측면에 이르기까지 적절한 거리두기 기법을 운용함으로써 질적 대화가 가능하다. 지나친 권위 기반의 대화 장면을 지양하고 심

생장이란?

듀이(J. Dewey)는 일반교육의 목표인 'growth'를 성장이 아닌 생장의 개념으로 이해하고 있다. 성장이 가시적인 성과를 지향하는 단순한 변화라면, 생장은 살아 움직이면서 부단히 성장하는 교육목표를 상정할 때의 희망적이고 적극적인 교육의 모습을 그려 볼 수 있다. 다시 말해, 성장이란 어떤 성취목표의 도달점을 상정하여 그 목표를 향하여 나아감을 의미하여 완성, 성취, 성숙, 성공, 성과 등의 의미를 담고 있다. 그러나 교육을 필요로 하는 귀한 존재로서 개체 인간은 부단히 성장하는 주체일 뿐 어떤 완성이나 성취는 있을 수 없다. 모든 인간은 죽을 때까지 지적, 정의적, 도덕적으로 생장을 지속한다. 이러한 생장은 생활의 특징이므로 교육은 생장함과 함께 존재한다. 다시 말해, 교육에서는 성장보다는 생장이 더 적확하다. 그러므로 교육은 학생들이 경험한 내용을 지속적으로 발전시킴은 물론 더욱 교육적으로 커 가도록 가르쳐야 할 의무가 있다. 따라서 취업을 목표로 하는 교육은 생장을 목표로 하는 교육의 본질에 철저히 반하는 것이다. 따라서 모든 교수자는 이 점을 염두에 두고 학생들을 지도해야 할 것이다.

리적 지지와 개방성을 지향하는 수업이야말로 탁월한 수업으로 이끄는 힘이다.

E is ethics

물리적 거리두기와 심리적 거리두기는 교수자의 권위가 훼상(毁傷)되지 않으면서 교수자와 학생 간 이루어지는 인간적인 관계 설정을 위하여 절대적으로 필요하다. 이를 위해 가장 필요한 심리적 조치는 바로 뒤셴 스마일(duchenne smile)과 눈 접촉(eye contact)이다. 간단한 스트로크(stroke)를 동반한 눈 접촉은 상호 소통 장면에서 가장 확실한 개방성, 신뢰성, 지지성, 허용성의 평가 지표가 될 수 있다. 다시 말해, 심리적 신실(믿음)과 안정은 효율

눈 접촉이란?

우리는 대개 말하는 상대의 눈을 피하는 것이 무관심, 순종, 사죄 등의 의사가 있다고 간주하여 상호 신뢰에 큰 영향을 미칠 수 있는 것으로 여긴다. 문화 보편적으로 눈 접촉은 상대방을 신뢰하고 있음을 증명하거나 긍정적인 의사소통을 위한 적극적인 수단이다. 서로 사랑하는 사이라면 최소한 7초 이상 눈을 맞추는 것이 정상이라고 한다. 자녀를 바라보는 부모의 눈 접촉은 이를 훨씬 상회하기 마련이다. 사랑하기 때문이다. 가르치는 사람이 학생을 사랑한다면 우리는 어떻게 해야 하는가? 눈 접촉은 사랑 이외에도 관심, 놀람, 무관심, 슬픔, 혼내는 표정, 무시, 복종 등 상당히 많은 메시지를 전달하는 대표적인 비(非)언어적 의사소통 유형이다. 교실 장면에서 눈 접촉으로부터 시작된 수업의 효율성이 그렇지 않은 경우보다 높아질 것은 자명하다.

적인 수업 장면을 설정하고 이를 기저로 하는 교호적, 상호작용적 수업 장면을 연출할 수 있는 것이다. 이는 수업 경제성(economy in classroom), 효율성(effectiveness of instruction)을 높이고 윤리적 혹은 생태적 에피소드(ethical & ecological episode) 기반의 이야기가 있는 수업을 여유 있게 전개할 수 있다.

F is flow

최근 긍정심리학(positive psychology)에서 가장 주목받는 이론은 몰입(flow)과 창의성 이론이다. 특히 '몰입이론' 은 심리학의 경계를 뛰어넘어 경제학, 정치학, 교육학, 정신의학으로 그 사용 범위를 확충하고 있다. 몰입은 집중과 성격이 다르다. 집중이 수업 초반에 요구되는 수업 목표와 내용에 제한적으로 사용된다면, 몰입은 수업의 전 과정에 적용된다. 특히 몰입의 클라이맥스는 주어진 어떤 문제를 해결해야 하는 고도의 집중이 필요한 장면이다. 단위수업 중에는 한 번쯤 모든 학생이 공동 과제 혹은 개

긍정심리학이란?

이는 아픈 사람의 병인(病因)을 적극적으로 치료하는 것도 중요하지만, 긍정적인 마인드를 심어 주는 것이 더 중요하다는 주장에서 출발하였다. 심리학은 오랫동안 부정적인 내용만 다루었으며, '어떻게 하면 이 나쁜 증상을 치료할 수 있을까? '원인이 무엇일까?' 등에 초점을 맞추었다. 그러나 최근 들어 그러한 문제도 중요하지만, 긍정적인 것을 강조하여 치료하는 것이 더 효과적이라는 이론이 생겨났다. 정신의학자들은 프로이트(S. Freud) 등의 영향으로 마음의 부정적인 면에만 몰입한 경향이 있었다. 이러한 경향에 대해 반성하고 마음의 밝은 면을 규명해서 북돋우려는 심리학의 새로운 시도가 일어났다. 그것은 기존 심리학과 달리 인간의 약점보다 강점에 초점을 맞춘 과학적인 학문이다. 긍정심리학이란 용어는 우울증과 학습된 무기력(사람들은 일상에서 겪게 되는 대부분의 사건이나 결과를 통제할 수 없다는 것을 알게 될 때 긴장하고 당황하게 되며 무기력감을 느낌)을 연구한 셀리그먼(M. Seligman)이 처음 사용했는데, 그는 "불행하게 망가진 삶은 이제 그만 연구하고 모든 일이 잘될 것에 초점을 맞추어야 한다."라고 주장했다. 셀리그먼의 긍정심리학은 진정한 행복은 배울 수 있음을 증명함으로써 우리에게 새로운 희망의 메시지를 던져 주고 있다. 긍정심리학에서는 행복이 좋은 유전자나 행운을 타고난 결과가 아니라 자신의 노력으로 만들어지는 것이며, 자신의 강점과 미덕을 찾아서 발휘하는 삶이야말로 진정한 행복으로 가는 길이라고 주장하고 있다. 이는 인성교육을 상실한 현대교육에 시사하는 바가 크다.

플로우란?

플로우란 삶이 고조되는 순간에 행동이 물 흐르듯 자연스럽게 이루어지는 느낌을 말하며, 몰아 상태, 무아지경, 절정감, 황홀경이라고도 한다. 이러한 플로우는 대개 어떤 활동의 명확한 목표가 있어야 일어난다(고난이도 과제 수행과 같은). 플로우 상황에서는 피드백 효과가 빠르게 나타난다. 플로우 상태에서는 행동력과 기회가 조화를 이루고 과제와 실력이 균형을 이루어 정신을 체계적으로 집중하게 된다. 또한 적극적인 행복감을 능동적으로 창조하도록 하여 개인의 인격을 무한대로 성숙시킬 수 있다. 각성과 자신감을 고양시켜 부단한 배움과 성장으로 인도하는 경험을 제공한다. 이러한 경험은 learn 장면보다는 study 장면에서 더욱 효과적이다.

별 과제에 몰입하게 만드는 시간과 환경을 제공하는 것이 필요하다. 플로우는 실패 상황에 대한 교수자의 반응, 학습 진전(forward learning)에 대한 적절한 보상, 평가적 환류(feedback)과정 등을 거쳐 그 효과가 극대화될 수 있다.

G is grouping

심리학적으로 개별학습보다 그룹학습이 더 효과적인 경우가 많다(특히 여학생들의 경우). 그룹을 이루어 수업을 진행하는 경우 교수자가 분명하고 객관적인 구성 및 운용원칙을 제시하는 것은 당연하다. 왜냐하면 교수자의 개인적 취향과 숨겨진 의도가 내재된 협동학습 계획은 종종 역기능적으로 작용하는 경우가 있기 때문이다. 특히 대학에서 다(多)전공 학생들이 모여 있는 교양과목의 경우에는 학년, 전공, 성별 등을 고려함으로써 임의 그룹 설정에 세심한 주의를 기울일 수 있다. 개인 활동이건 그룹 활동이건 등급 매기기(grading)를 수반하는 경우, 이는 건전한 경쟁 풍토를 기반으로 하는 성취 동기 자극에 유리하게 작용하는 경우가 많다.

H is harmony

수업은 일종의 소규모 교향악이요 단막드라마다. 연주나 드라마의 완성도를 높이는 데 가장 필요한 것은 무엇보다 하모니다. 이를 위하여 교수자에게는 교실에서 예기치 않게 발생한 사건을 슬기롭게 처리하고 조정하는 능력과 학생이 보여 준 어떤 수행 결과에 대하여 긍정적, 낙관적, 희망적으로 반응하는 태도가 습관적으로 배어 있어야 한다. 이 모든 행위와 과정에는 반드시 인간적 유머가 숨어 있거나 드러나야만 한다. 유머가 지적인 작업 상황에서 기능하는 뇌 부분을 활성화하거나 고도화하는 힘이 있다는 사실은 이미 밝혀진 과학적 사실이다.

유머와 학습의 관계

웃음이 주는 다양한 효능 중에서 가장 중요한 점은 웃음이 지능과 연관이 있다는 사실이다. 사람은 웃음을 유발하는 자극을 받으면 좌뇌 부분이 단어를 분석한다. 다음에 감정을 조절하는 뇌의 앞부분 활동이 고양된다. 그다음 조합기능을 가진 우뇌가 움직여 유머감을 느낀다. 웃는 순간 뇌의 모든 부분이 자극을 받아 학습 효과에 영향을 미치게 된다. 학습과정에서 웃음은 어메니티를 형성함은 물론, 흥미를 유발하고, 지식과 정보에 대한 기억력을 증진시킨다. 또한 가르치는 사람과 학생 간에 형성된 감정적 장애를 제거하거나 완화시켜 준다. 앤더슨(L. Anderson)의 연구 결과, 웃음은 이해능력과 기억력을 향상하고 긍정적이고 밝은 학습 분위기를 형성한다. 또한 학생들의 인지 발달을 촉진하고 궁극적으로 일상생활의 질을 높여 준다. 수업 장면에서 웃음은 절대 필요하지만, 때로 무의미한 농담이나 작위적인 웃음 유발 장면은 오히려 수업의 질을 저하시킬 수도 있음으로 균형감 있는 웃음 유발 전략이 필요하다.

I is integrity

수업은 여러 가지 의견, 사상, 지식, 태도, 사례 등이 서로 연관되어 어우러지는 일종의 향연이다. 이때 우리는 지적 호기심과 지적 에로스를 통합(intellectual integrity)하는 교수설계와 수업 진행을 기대할 수 있다. 교수자는 지적 편재(偏在)성을 전제로 학생들을 지식세계로 인도(leading)하고 안내(introducing)하는 지식 네비게이팅의 조정자이며 지식 항해의 조타수여야 한다. 이를 위해 교수자는 수업행위 이전에 자신의 전공 분야에 대한 모든 지식 구조와 학술 담론을 마스터해야만 한다.

J is joyful

수업은 재미있어야(joyful) 하는가? 이에 대하여 모든 교수자가 한 번쯤은 고민해 보고 또한 나름의 방식으로 실험해 본 적이 있을 것이다. 비록 이 질문에 동의한다 할지라도 수업을 재미있게 운용하는 구체적인 방법에 대하여는 누구나 혼란스러워한다. 전통적으로 학교 장면에서 학생들에게는 학교, 교실이 교도소(jail)의 이미지로 고착된 '마음의 습관'이 도도히 전승되고 있다(비록 최근의 교실 장면을 보면 꼭 그런 것만은 아닌 것 같기도 하지만). 결국 좋은 수업이란 jail을 joyful하게 만드는 역작(力作)이며 지난(至難)한 작업이다. 재미있는 수업은 지적으로나 관계적으로 박탈감, 소외감, 파괴감 등을 최소화하는 데서 출발한다. 교수자가 보여 주는 예기치 못한 수준 높은 조크나 지적 유머는 집중력, 친화력을 유발시켜 학습 동기를 고양시키는 긍정적 자극제가 된다. 이러한 재미있는 수업은 흥미로부터 출발하여 의미로 종결짓는 일련의 시나리오처럼 구성되어야 한다. 학생들에게 흥미 있는 이슈나 관심사를 수업 도입 부분에 끌어들이는 기술이 유용하다.

K is KISS

어느 수업이든 그것의 기본적인 행위목적은 지식을 기반으로 하는 사고의 연습과 '대화할 수 있는 힘'을 기르는 것이다. 다시 말해, 수업은 지적 유희요 대화의 향연이다. 그러나 대부분의 학생은 지식을 자신과 무관한 그저 객관화된 사실의 덩어리로만 간주한다. 특히 이러한 양상은 수험(受驗)교육 풍토가 만연하여 입시, 암기, 시험의 메커니즘으로 이루어지는 학습[혹은 공부로, 마빈 토케이어(M. Tokayer)는 이를 learn이라고 하며 study와 구분하고 있다] 상황으로 단순화되거나 획일화될 때 더욱 그렇다. 비록 수업이 지식의 편재성을 전제로 할지라도, 가르치는 사람에게는 가급적 공부 초보자의 입장에서 학생들에게 설명하는 능력과 노력이 요구된다. 이를 위

learn과 study의 차이

공부한다는 말은 영어로 to learn, to study다. 우리는 개념적 지식의 한계를 확충한다는 의미에서 이 둘을 공부의 지적 측면에 초점을 맞추어 동일한 의미로 이해하고 있다. 마빈 토케이어는 다음과 같이 설명하고 있다. 어의적으로 볼 때 learn은 '배운다, 익힌다, 가르친다, 쏠린다, 공부한다'를 의미하지만, study는 '연구한다, 찾는다, 조사한다, 배운다, 공부한다'를 일컫는다. learn과 study에는 똑같이 공부한다는 의미가 있으나 배우는 방법은 전혀 다르다. 즉, learn이 수동적인 '익힌다, 가르친다'라면, study는 주체성을 바탕으로 학생이 자기 주도적으로 배움을 모색한다는 의미를 지닌다. 이런 의미에서 볼 때 동양교육에서 learn은 있지만, study는 없음이 분명하다. 토케이어에 의하면, 동양에서 공부가 learning에 의하여 독점당하고 있는 것은 전통적 교육방법론에 기인하기 때문이다. 다시 말해, 여전히 학교교육을 비롯한 거의 모든 교육 장면은 '공부란 단순히 익히는 것(習)'이라는 전통에서 크게 벗어나지 못하고 있다. 그것은 여전히 공부가 수험이라는 제한적 현상에서 벗어나지 않고 있기 때문이다. 모든 수업 장면에서 이루어지는 학습 경험은 learn이 아닌 study가 되어야 한다.

한 단순한 방법으로 우리는 KISS를 생각해 볼 수 있다. 이는 처칠이 당대의 유명 정치인이면서 동시에 연설가로 명성을 얻었을 때 그의 연설이 keep in simple & stupid에 초점을 두었다는 사실에서 유래한다.

L is listening

소통기반 수업의 가장 큰 특징은 듣기 혹은 귀 기울이기다. 대규모 단위의 수업을 진행하는 경우 교수자는 수많은 학생의 다양한 반응과 신호를 민감하게 관찰하고, 특히 언어 형태로 요구하는 경우 충분히 경청할 필요가 있다. 물론 중요한 이론을 설명하고 있는 중이거나 심각한 사고를 필요로 하는 문제 풀이과정에서 벌어지는 학생들의 언어적 요구를 수용하거나 너그럽게 경청하기란 그리 쉽지 않다. 여기서 우리가 주의해야 할 점은 교수자의 '듣는 행위'는 단순히 언어가 가진 의미만을 파악하는 것이 아니라 발화(發話)자의 느낌과 의도를 동시에 읽어 주는 '공감화된' 반응양식이 되어야 한다는 것이다. 이러한 반응이 지속적으로 반복되고 학생들로부터 소통의 신뢰를 구축하게 되면 최소한 수업을 방해하기 위한 방식이나 의도에서 비롯된 자극행동은 사라질 것이다.

M is mastering

교수자가 자신이 전공한 분야의 지식 영역에 관해 마스터(mastering)해야 한다는 점은 교수학의 핵심이며 본질이다. 이것이 전제되어야 수업은 의미 있는(meaningful) 학습 경험이 되고, 학생들을 학습 상황으로 동기화하고 (motivating), 그들을 도와줄 수 있고(mentoring), 그들에 대한 마음챙김 (mindful)이 가능해진다. 교수자가 자신의 전공 분야에 정통하다는 것은 결국 자신이 학생들을 지적으로 안내하고 인도하는 데 지적 매핑(intellectual

메라비언 법칙이란?

한 사람이 상대방으로부터 받는 이미지는 시각이 55%, 청각이 38%, 언어가 7%에 이른다는 법칙으로, 캘리포니아 대학교의 메라비언(A. Mehrabian)이 저서 『침묵의 메시지(*Silent Messages*)』를 통해 발표한 것이다. 이는 오늘날 사회심리학 분야 및 커뮤니케이션 이론, 교수학 등에서 중요시되고 있다. 이를 좀 더 구체적으로 해석하면 대화 상황에서 언어적 표현으로 인한 말의 내용은 7%의 전달력에 불과하고, 비언어적 요소(자세, 용모, 몸짓 등; 목소리 톤 음색 등)들에 의해 대화의 내용이 93%나 전달된다는 것이다. 이것은 우리가 대화나 수업 장면에서 비언어적 요소를 효율적으로 활용하는 기술이 필요하다는 점을 시사하고 있다.

mapping)을 가능하게 하여 수업의 완성도를 높이는 데 기여할 것이다. 교수자의 마스터링은 듣기 편한 리듬과 템포를 가진 음악처럼 수업을 이끌어 나가는 원동력이 된다. 대부분의 수업 장면은 기호 기반의 글 언어와 화용(話用) 기반의 말 언어가 동시적으로 활용된다. 메라비언 법칙에 의하면 의사소통에서 말이나 글이 전달해 줄 수 있는 힘은 겨우 7%에 불과하다. 따라서 모든 교수자는 다양한 비언어적 표현을 수반하여 수업 내용의 전달력을 극대화하는 노력을 부단히 경주해야 한다.

N is narrative

내러티브(narrative) 기반의 수업은 오늘날 모든 학교수업 장면에서 절실히 요구되고 있다. 가히 폭발적인 수요를 창출하고 있는 내러티브 기반 수업설계란 과연 무엇이며, 왜 급격하게 대두하였는가? 교수자 중심 혹은 설명 중심의 일방적인 지식 전달 수업방식에서 비롯된 갖가지 문제점과 교육적 약점이 드러나고, 현대사회가 요구하는 창의적 인재라면 반드시 갖추어야 할 창의성과 독창성을 자극하는 학습 경험이 필요해지면서 학교수업 패러다임의 전환(paradigm shift)은 필수적인 추세가 되었다. 내러티브 기반 수업은 교수자가 수업에 참여한 학생들의 요구(needs)에 대하여 수긍하고(nodding), 그들과 수업 내용과 진행 방식을 협상하면서(negotiation), 가급적이면 수험교육 상황이 아닌 정상적인(normal) 학습 경험이 이루어지도록 배려하고 고민하는 것이다. 이때 학습해야 할 다양한 사실과 탐구해야 할 대상들에 대하여 유연하고 창의적인 이름 짓기(naming)가 가능하고, 서로 연관 지어(networking) 생각할 줄 아는 힘이 생기게 된다. 교수자의 지나친 간섭이나 개입보다는 '최소 개입에 의한 최대 효과' 를 거두기 위하여 넛지(nudge effect) 효과를 적절히 활용하는 것도 의미가 있다.

내러티브란?

내러티브는 기본적으로 이야기와 담론(談論)의 통합적 구조로 이루어진다. 이야기(story)는 흔히 내러티브를 구성하는 사건, 인물, 환경 등을 포함하며, 담론(discourse)은 그 이야기를 말하고 표현하고 제시하고 언어로 전달하는 것을 포함한다. 내러티브는 다음과 같이 내용적 요소와 구성적 요소로 구체화된다. 내용적 요소는 행위자에 의한 행동, 인물의 갈등인 우발 사건, 행동하는 인물, 사건이 일어난 배경 등으로 세분화된다. 구성적 요소는 다시 의미 차원과 전달매체 차원으로 구분된다. 이야기가 전달되는 방식은 일상 언어뿐만 아니라 몸짓, 음악, 프로그램, 마임, 드라마, 영상 등 이야기를 다루는 다양한 매체를 통하여 이루어진다. 교수학에서 볼 때 내러티브는 학습 내용의 유의미성과 학습방법의 인간화라는 측면에서 매우 중요하다. 근본적으로 교육적 내러티브는 학습 참여자에게 학습의 주도성과 경험의 의미를 형성하게 만든다. 다시 말해, 일반교육과정에서 활용되는 내러티브는 학습 참여자에게 바람직한 자아 및 정체성을 발견하고 유지하도록 만든다. 또한 교육심리학적으로 내러티브 학습 경험은 기억력을 향상할 수 있으며, 학습 내용을 질서 있게 만들고, 각 내용들에 의미를 부여한다. 마지막으로 교육 장면에서의 내러티브는 학생들의 상상력과 창의성을 자극하거나 크게 향상할 수 있다.

넛지 효과란?

넛지는 강요가 아닌 자연스러운 선택으로 인해 긍정적인 효과가 나타남을 이른다. 다시 말해, 사람들에게 어떤 선택을 금지하거나 그들의 경제적 인센티브(incentive)를 훼손하지 않고도 예상 가능한 방향으로 그들의 행동을 변화시키는 것을 말한다. 이를 수업 장면에 적용해 보자. 교수자가 학생들에게 수업 내용에 집중하라고 열을 내어 강요하기보다 "오늘 수업에서 내가 사용하는 PPT 자료나 판서 내용 중에서 틀린 곳이 있는지 잘 살펴보고 그것을 올바로 지적하는 학생에게 가산점을 주겠다!"라고 말함으로써 학생들의 수업 집중력을 슬그머니 높이는 전략을 생각해 볼 수 있다.

O is openness

교도소에서의 훈련과 학교교실에서의 수업 간에 내재하는 가장 큰 차이점은 무엇인가? 그것은 바로 개방성(openness)이다. 수업 장면은 근본적으로 추상적인 지식세계와 구체적인 현실세계가 '교실' 이라는 개방된 공간과 시간 속에서 이루어지는 의미 있는 개별 경험이어야 하고, 교수자와 학생이 서로의 느낌과 사고를 개방하여 귀속 지위를 무시한 채 교호시키는 소통의 플랫폼(platform)이 되어야 한다. 이때야 비로소 교수자는 학생들과의 관계에서 개방된 의사소통(open gesture)이 가능하며, 수업에 참여하는 사람들 모두 진정한 낙관성(optimism)을 맛보게 될 것이다. 이를 위해 고대 그리스인들이 우리에게 말해 주는 지혜가 있다. 그것은 '현명한 교사, 잘 가르치는 교사가 되려면 언제나 학생으로 남아 있으라!'는 것이다.

플랫폼이란?

이는 본래 어플리케이션 소프트웨어를 구동시킬 때 기반이 되는 OS의 종류나 환경, 설정을 의미한다. 또한 플랫폼이라 하면 누구나 기차역의 승하차장을 떠올린다. 이러한 고유명사인 플랫폼이 오늘날에는 다양한 용례가 가능하도록 일반적인 보통명사로 그 의미가 변하였다. 예를 들어 제조업, 미디어, 심리치료 등에서 다양하게 활용되고 있다. 플랫폼은 활용되는 대상이 과학기술적인 것인지, 아니면 경제학적 요소인지에 따라 공학과 경영학적 관점에서 분석될 수 있다. 기술적 플랫폼이란 '재사용을 목적으로 하는 표준화된 유무선의 자산'으로 정의할 수 있고, 경제적 플랫폼은 '경영 모델에서의 협력 네트워크'라고 정의할 수 있다. 두 가지 모두 자산과 협력 네트워크를 참여자가 공동으로 활용하면서 가치가 상승한다는 점은 동일하다. 대학은 핵심 역량을 갖춘 미래 지향적 인재 개발을 목적으로 하는 교육(공학)과 학교경영이 이루어지는 대표적인 플랫폼이다.

P is passion

수업이란 학습 내용을 매개로 하여 교수자와 학생 간에 벌이는 고도의 심리전이라 할 수 있다. 전쟁에서 이기려면 교수자는 지적 전문성은 물론 심리학 지식에도 박학(博學)해야 한다. 좋은 수업을 위하여 교수자는 열정(passion)이라는 심리적 무기를 사용하여 능동적인(positive) 자세로 수업이라는 전투 상황에 임하고, 사고와 의지의 다양성(plural)을 인정하면서 동시에 학생들로 하여금 긍정적인 효과(Pygmalion effect)를 극대화하는 전략과 전술을 적당히 구사할 줄 알아야 한다.

수업이라는 심리전에서 소기의 전과(戰果)를 거두기 위한 방편으로, 우리는 약속(promise)과 중지(pause)라는 행위방식을 고려할 필요가 있다. '약속'은 어떤 성과행동을 추동하기 위하여 교수자와 학생 간에 이루어지는 일종의 계약(charter)이며, '중지'는 물 흐르듯 진행되던 수업 장면에서 가끔은 '멈춤'이라는 마치 저수(貯水)기능을 통하여 학생들로 하여금 사고의 확장과 심도를 꾀할 수 있는 방식이다.

피그말리온 효과란?

타인의 기대나 관심으로 인하여 능률이 오르거나 결과가 좋아지는 현상으로, '로젠탈과 야콥슨 효과, 자성적 예언, 자기 충족적 예언'이라고도 한다. 고대 그리스 신화에 나오는 조각가 피그말리온의 이름에서 유래한 심리학 용어다. 당대 최고의 석공이었던 그는 아름다운 여인상을 조각하고 그 여인상을 진심으로 사랑하게 된다. 아프로디테는 그의 사랑에 감동하여 여인상에게 생명을 주었다. 이러한 내러티브에서 출발하여 현대 심리학에서는 타인이 나를 존중하고 나에게 기대하는 것이 있으면 기대에 부응하는 쪽으로 변하려고 노력하여 저절로 그렇게 된다는 것을 의미하게 되었다. 특히 교육심리학에서는 교육자의 칭찬과 관심이 학생에게 긍정적인 영향을 미치는 심리적 요인이 된다는 것을 말한다.

Q is query

일방적인 전달방식의 수업 장면을 예외로 한다면 대부분의 교수자는 질문과 토론이라는 형식을 수업방식으로 적극 끌어들이곤 한다. 여기서 우리는 질문(question)과 발문(發問, query)의 차이를 생각할 필요가 있다. '발문'이란 교수자가 학생들에게 '가르치고자 하는 것'을 학생들이 '공부하고자, 생각하고자, 탐구해 보고자 하는 것'으로 전환해 나가기 위한 질문으로 단순히 사실 여부를 알아보기 위해 오가는 질문과 대답의 양상과는 큰 차이가 있다.

따라서 수험교육 장면이 아닌 경우 질문보다 발문이 더욱 활성화되면 좋은 수업의 기반이 조성되기 마련이다. 발문이란 무언가를 모르는 사람이 잘 알고 있는 사람에게 그 사실을 물어보고 답하는 물음 혹은 질문과 질적으로 다르다. 물론 교실에서는 사실 여부를 매개로 하는 질문과 답이 오가는 것이 대부분이지만, 학생들을 창의와 탐구로 안내하는 교수자라면 그 내용이 사실인 이유와 틀릴 수 있는 개연성에 기반을 둔 질문도 이루어져야 한다. 그것은 합리적이고 건전한 비판의식을 전제로 한다. 교육의 정신은 바로 건전한 비판과 대안의 모색에 있어야 한다.

R is relevance

앞서 지적한 바와 같이, 수업은 지식의 편재성을 전제로 한다. 이 점은 수업의 한계이면서 동시에 가능성으로 작용한다. 무언가를 모르기 때문에 수업에 대한 관심과 흥미는 학생들 스스로의 노력이나 교수자의 적절한 자극에 의하여 촉발된다. 어떤 이유에서건 학생들이 상당한 관심, 흥미를 느끼며 수업에 참여하게 된다면 교수자는 이미 상당한 이점을 확보한 셈이다. 이것이 바로 수업 내용의 적절성(relevance)과 심리-환경적 우호성(rapport)이다. 생활 기반의 학습 내용 혹은 생활과 직결된 문제 상황을 수업에 적극적으로 끌어들일 때 학생들의 흥미, 관심은 고양되기 마련이고, 이는 참여 수준에 절대적인 영향을 미친다. 그러니 아무리 교수자가 좋은 수업이라 자평(自評)할지라도 학생들의 참여 수준이 낮다면 결코 좋은 수업이라 할 수 없다.

S is student

모든 수업의 최종 목적은 과연 무엇일까? 지식, 학습, 태도, 기능, 사고, 정서…… 이 모든 것을 담지하게 될 주체는 무엇인가? 교과서인가? 아니면 성적표인가? 한마디로 비인격체인 사물인가? 절대 그렇지 않고 또 그래서도 안 된다. 그것은 다름 아닌 소중한 인격체인 학생(student)이다. 모든 수업은 학생의 잠재역량을 극대화함은 물론 가시적 성과행동을 창출하도록 부단히 안내하고 인내하는 인고(忍苦)의 인큐베이터가 되어야 한다. 이를 위하여 교수자는 스마트 러닝(smart learning) 학습 경험을 설계하고 제공해야 하며, 모든 학생의 잠재력과 성과행동이 긴밀히 연계되도록 부단한 스위칭(switching) 상황을 만들어 내야 한다. 학생들의 독립성과 자율성을 목표로 하는 스마트 러닝과 스위칭은 행동으로 격려하고 심리적으로 지지하는 피처링(featuring)을 통하여 크게 제고될 수 있다. 이는 반드시 사소한 것에서 출발하며 사소한 것에도 관심을 기울여 주는 스몰 토킹(small talking)을 통하여 이루어져야 한다. 다시 말해, 학생의 학습 피로도를 부단히 모니터링하고 효율적으로 해결하기 위하여 sleep on it!을 허용하는 너그러움과 유연성을 통해 학생과 교수자는 서로 거울 효과(mirror effect)를 극대화하는 계기를 갖게 된다.

거울 효과란?

거울을 보며 매일 '넌 할 수 있어! 넌 정말 매력적이야! 반드시 성공할 수 있어!'라는 최면을 걸면 그 기운이 바로 내게로 반사되어 이루어진다. 사람들은 무의식적으로 무표정하게 있을 때가 많다. 그런데 자주 거울을 보면서 긍정적인 메시지를 보내면 표정에 생기가 돌고 은은한 미소를 띠게 마련이다. 나 자신이 만족할 만한 미소를 지음으로써 상대방에게 최대한 편안한 얼굴을 보여 주게 되는 것이다. 그러면 상대방도 동시에 미소를 짓게 되고, 이는 곧 긍정적인 관계에 도움을 주게 된다. 다른 사람에게 잘 보이는 것은 다름 아닌 나 자신에게 최대한 멋진 미소를 선물하는 것과 상통한다. 상대방이 나를 보고 미소 짓고 있으면 나도 똑같이 미소 짓고 있다는 증거이고, 상대방이 얼굴을 찌푸리고 있다면 내 얼굴도 일그러져 있다고 보면 된다. 좋은 기운이 흘러야 에너지가 상승하고, 상승된 에너지는 시너지를 만든다. 그런 기운이 바로 서로에게 호감으로 연결되며 일을 잘하게 만들며, 이것은 학급 장면에서 대단히 유용하다. 이러한 거울 효과를 통하여 나 자신에 대한 상대의 호감을 알 수 있을 뿐만 아니라 나 역시 상대의 행동을 유사하게 따라 함으로써 나에 대한 상대방의 호감을 유발할 수 있다. 사람은 누구나 자신이 호감을 느끼는 사람의 행동을 무의식적으로 따라 하는 심리가 있다. 이 점은 가르치는 사람에게 학생들의 호감을 얻는 것이 가르치는 일보다 우선되어야 한다는 것을 시사하고 있다.

Sleep on it!

어떤 학생이 풀기 어려운 문제로 고민하고 있을 때 사용하는 영어 표현 중에 'sleep on it'이란 말이 있다. 이는 말 그대로 '한숨 푹 자고 나서 생각해 보라!'는 뜻이다. 최근 뇌과학자들의 연구에서는 잠이 실제로 문제 해결에 도움을 주는 것으로 밝혀졌다. 독일 뤼베크 대학 신경내분비학과의 얀 본(Jan Born) 박사 연구팀은 간단한 수학 퍼즐을 통해 잠을 자는 것이 문제 해결에 어떤 도움을 주는지를 알아냈다. 일반적으로 잠을 자는 동안 기억들이 정돈되는 과정이 일어난다고 한다. 연구팀은 '잠을 자는 동안 퍼즐 풀이에 대한 기억들이 정돈되면서 숨겨진 해법을 찾게 된 것'이라고 설명했다. 이는 우리가 낮에 본 사람이나 사건, 대화에 대한 기억들이 일단 대뇌의 해마융기에 저장됐다가 신피질로 옮겨 가

영구기억이 되기 때문이다. 최근 수면, 영양, 운동 등 생리학적 특성이 기억, 학습 등의 인지능력에 영향을 미치는 것이 속속 입증되고 있다. 이 점은 수업 장면에서 교수자가 수면 부족으로 시달리는 학생들에게 어떻게 반응해야 하는가를 시사하고 있다.

T is trip

수업은 일종의 여행(tracking new era, self trip, adventure)이다. 물리적 여행은 물론 지적 여행은 고도의 사고(thinking) 작용을 필요로 한다. 이러한 여행이 안전하고 생장 지향의 경험이 되기 위해서는 선결조건이 있다. 그것은 바로 신뢰(trustee)다. 신뢰는 수업 장면만이 아니라 붕괴된 현대사회의 도덕과 관계를 회복하고 인간화하는 가장 큰 힘이다. 교수자는 학생의 인권을 믿고 지지하며, 학생은 교수자의 권위와 능력을 신뢰할 때 수업 경험과 그 과정에서 비롯된 모든 평가에 대하여 믿을 수 있다. 교수자와 학생 간 관계가 의심, 불신, 배타성을 바탕으로 하고 있을 때 수업은 결코 아름다운 여행이 될 수 없으며, 좋은 수업을 기대하는 것은 허황되다. 좋은 수업이란 서로를 신뢰하는 관계 상황 속에서 서로에게 긍정적인 자극을 가하거나(touching) 좋은 마음과 의지를 전이시키는(transfer) 인위적인 만남의 경험이다.

U is understanding

교육은 곧 이해하는 것(understanding)이다. 그것은 학습 과제를 이해하는 것, 교수자가 학생을 혹은 학생이 교수자를 서로 이해하는 것을 의미한다. 교수자는 자신이 펼쳐 놓는 기존의 지식을 모든 학생이 이해하고 반드시 외우기를 바란다. 그러나 더욱 중요한 것은 그러한 지식을 이해하려고

하는 학생들의 의식과 태도를 이해하려는 이중적 교육구조에 대한 적절한 방식과 태도다. 이러한 이해구조를 방해하는 것이 몰이해 혹은 몰상식이다. 교수자의 태도가 종종 학생들에게 몰이해되거나 학교 구성원들에게 공감을 얻지 못하는 경우 교육적 이해의 수준과 깊이가 형편없는 수준으로 떨어질 것은 자명하다.

V is value

좋은 수업은 분명 가치(value) 있는 것이다. 또한 수업과 학교생활을 통하여 가치를 가르치기도 한다. 결국 교육이란 가치 기반의 사업이며 의도된 경험과정이라 할 수 있다. 따라서 교수자는 학생들에게 지식과 기술을 가르칠 때 명시적으로든 암시적으로든 가치를 가르치고 있는 셈이다. 모든 교수자는 자신의 행위가 가치 있는 것임을 자각한다. 이러한 가치 전달과 경험의 설득력은 바로 교수자의 음색(voice color)에 달려 있다. 그것은 단순히 목소리의 아름다움인 하모닉스(harmonics)에만 달려 있는 것이 아니며 그 목소리가 담고 있는 진정성에 더욱 의존한다. 진정성을 수반한 교수자의 목소리는 학생들의 삶을 가치 정향(定向)적으로 만드는 위대한 힘이 있다. 올바르게 가치 정향이 이루어진 학생들에게는 비저닝(visioning) 기반의 생애 개발이 가능하도록 만드는 역량이 생긴다. 잘 가르치는 교수자가 되기 위해서는 진정성이 담긴 좋은 목소리를 낼 줄 알아야 한다.

하모닉스란?

일반적으로 사람이 대화를 나눌 때의 목소리 음역은 100~4,000Hz, 보통 남자의 목소리는 100~150Hz 정도다. 100Hz는 1초에 성대가 100번 진동한다는 뜻이다. 소리가 높아질수록 주파수가 높아지는데, 높은 주파수일수록 파장이 짧아서 또렷하게 들린다. 대신 전달 거리는 짧다. 반대로 주파수가 낮은 중저음의 목소리는 안정감과 지적인 느낌을 준다. 아주 낮은 저주파수의 음은 두려움과 경외감을 느끼게 한다. 이를 염두에 두고 목소리를 가다듬으면 좋다. 듣기 좋고 매력적인 좋은 목소리에는 공통점이 있다. 하모닉스가 풍부하다는 점이다. 하모닉스란 성대가 진동하면서 만들어진 화음이다. 성대가 진동하여 나오는 순수한 소리가 목의 인두강 · 구강 등 공명강에 부딪혀 진동하면서 화음이 생겨난다. 맨 처음 만들어지는 하모닉스는 기본 주파수 2배의 주파수를 갖는다. 만일 기본 주파수가 120Hz라면 인두강 등을 거치면서 240Hz가 된다. 이후 360Hz, 480Hz 등의 여러 주파수 음이 섞이면서 화음을 형성하게 된다. 일반인의 목소리에는 하모닉스가 4~6개뿐이다. 하지만 벨칸토(bel canto) 창법으로 노래하는 유명 성악가들의 경우는 하모닉스가 12개에 이른다고 한다. 좋은 목소리만큼이나 상황에 맞는 목소리가 중요하다. 이것은 수업 장면에서 지식 설명을 하거나 교육상담 장면에서처럼 학생들을 설득할 때는 낮고 부드러운 목소리로 또박또박 이야기하는 것이 효과적이라는 점을 시사하고 있다.

W is writing

물론 말하기의 기술도 있지만 사고의 진정한 완성은 글쓰기로 드러날 수 있다. 요즘 교육에서 가장 필요한 것은 말하기가 아닌 글쓰기다. 그러나 체계적이고 조직적인 의사소통의 기술로서 글쓰기에 대한 기초 역량이 부실하거나 부족한 것이 사실이다. 모든 교수자는 치열한 사고와 고민의 흔적을 글로 써 나갈 줄 아는 능력이야말로 인문학의 완성이며 모든 학문의 기저가 되어야 함을 직시해야 하고, 이를 수업 장면에서 극대화하는 나름의 전략과 방안을 마련해야 한다. 이러한 글쓰기는 사고의 전일성(holistic)을 추구하는 가장 좋은 방편이다. 왜냐하면 일반교육의 전일성이 지성-덕성-체성의 온전성에 있다면, 수업 경험을 통해 이루어지는 사고의 전일성은 읽기-쓰기-말하기(듣기)의 온전성에 달려 있기 때문이다.

시냅스란?

'전일적, 전체적, 통일적, 전연관적, 통전적' 등으로 표현되는 'holistic' 이란 말은 오늘날 '전일적 의학, 전일적 교육, 전일적 사회' 등을 통하여 빈번하게 사용된다. 옥스퍼드 사전에서는 '전일적(holistic)' 을 '단위를 질서 있게 무리 지음으로써 전체를 만들어 내는 자연의 성향' 으로 풀이하고 있다. 베이트슨(G. Bateson)과 베이트슨(M. C. Bateson)에 의하면, 이 단어는 신체의 내적인 생태계에서 일어나는 일종의 부조화나 불일치, 막힘이나 달아남으로 신체의 병리를 파악하려는 사상에 적용되기도 한다.

X is X factor

비록 지식 편재성의 메커니즘에서 지식 권력자로 군림할 수 있을지라도 그것은 허황된 욕망이다. 세상에는 미지의 요인(X factor)들이 부단히 실재(reality)한다. 모든 교수자의 지식은 불완전하다. 때로는 불건전하고 불온한 경우도 많다. 특히 대학에서와 같이 지식의 양으로 겨루는 학술 담론체에서 살아남기 위하여 위작(僞作)과 졸작(拙作)을 남발하며, 그것이 마치 거창한 연구 성과인 양 위세를 내세우는 '어리석은 학자' 로서의 교수들이 대학세계에 실재한다. 자신의 교수역량에 대한 외부 평가가 형편없거나 자신이 생각해도 부끄러울 정도의 수업역량을 가진 교수가 행하는 수업 경험을 통해 학생들의 영혼이 파괴되고 시간은 허비되는 셈이 된다.

Y is yearning

좋은 수업은 교수자나 학생 모두에게 신비로운 세계에 대한 동경(yearning)과 사모의 마음에서 출발한다. 속세의 습속(習俗)에 길들여진 경우 공부는 수단이 되거나 최소한 스펙의 도구로 전락한다. 교수자는 이러한 경향성에 저항하고 그것을 올바른 방향으로 전환시키는 노력을 경주해야 한다. 이를 위해 우선적으로 교수자 자신이 공부나 수업을 사모하고 좋은 수업에 대하여 부단히 동경하는 아름다운 마음의 소유자가 되어야 한다. 월급쟁이로 전락한 교수자의 수업을 통해 제자들은 무기력하기 그지없는 샐러리맨의 근성을 대물림하게 된다. 공부와 연구에 대한 열정과 의지의 DNA가 있는 스승에게 배운 제자들이 스승을 뛰어넘는 청출어람의 성과를 거두는 것은 인지상정이다. 그러니 학생들에게 잘난 사람이 되라고 채근하거나 닦달하기 전에 교수자 자신이 멋진 사람, 공의로운 사람, 자신을 사랑하는 사람(be yourself)이 되어야 함은 자명하다.

Z is zonked

열정, 의지, 진정, 역량, 사랑, 신뢰 등을 바탕으로 단위수업이나 한 학기를 마친 교수자는 의심할 여지없이 녹초(zonked)가 되어 있을 것이다. 수업을 마치고 자신의 사무(연구)실로 돌아가 자리에 앉을 때 여전히 에너지가 펄펄 넘쳐 '못된 학생들을 어떻게 훈계할까?'라는 상념(想念)이 머리에서 발끝까지 어디엔가 남아 있다면, 이는 수업이라는 연극무대에서 최선을 다하지 않았다는 표징이다. 방학이 되면 외국으로 놀러갈 에너지가 남아 있는 교수자는 열창의 무대에서 최선을 다하지 않았거나 못한 비련의 주인공이 되는 것이다. 진지하게 연구하고 열정으로 수업하는 교수자의 손에는 결코 술잔이나 골프채가 쥐어지지 않는다는 동경대학교 어느 교수의 주장에 우리 모두 공감해야 한다.

참고문헌

고요한(2011). 용례로 배우는 교양심리학. 서울: 일문사.

김은주(2006). 명강의 핵심전략: 상호작용을 높이기 위한 37가지 귀띔. 서울: 연세대학교 출판부.

김재만(1994). 진보주의교육과 생장이론. 서울: 교육과학사.

김태현(2010). 내가 사랑하는 수업. 서울: 좋은 씨앗.

윤옥한(2008). 명강의 교수법. 서울: 학지사.

이성호(2002). 교수방법론. 서울: 학지사.

정 숙(2011). 스토리텔링으로 소통하라. 서울: 차림.

조 벽(2001). 조 벽 교수의 명강의 노하우 & 노와이. 서울: 해냄.

조용개 외(2009). 성공적인 수업을 위한 교수전략. 서울: 학지사.

吉本均(1994). 수업과정의 인간화(박병학 역). 서울: 교육과학사.

Eisner, E. W. (1985). *The Educational Imagination: on the design and evaluation of school program*. New York: Macmillan Pub. Co.

Eisner, E. W. (1991). 교육학적 상상력(이해명 역). 서울: 단국대학교출판부.

Fenstermacher, G. D., Soltis, J. F. (1995). 가르치는 일이란 무엇인가?(이지헌 역). 서울: 교육과학사.

Gagné, R. M. (1998). 교수-학습이론(전성연 외 역). 서울: 학지사.

Hirst, P. H. (1974). *Knowledge and the curriculum* (pp. 101-115). London: Routledge & Kegan Paul.

Hyman, R. T. (2001). 교수방법(권낙원 역). 서울: 원미사.

Joyce, B., Weil, M. (1991). 수업모형(윤기옥 외 역). 서울: 형설출판사.

Nagel, G. K. (2009). 가르침의 도(김홍옥 역). 서울: 아침이슬.

Palmer, P. J. (2007). 가르칠 수 있는 용기(이종인 역). 서울: 한문화.

Phye, G. D. (Ed.). (1997). *Handbook of Academic Learning: Construction of Knowledge*. San Diego: Academic Press.

Smith, H. P. (1954). *Psychology in Teaching*. New York: Prentice-Hall, Inc.

Strike, K. A., Soltis, J. F. (1996). 가르침의 윤리학(조동섭 외 역). 서울: 원미사.

Torrance, E. P., Myers, R. E. (1972). *Creative Learning and Teaching*. New York:

Dodd, Mead & Company.

Wilkinson, B. H. (2001). 배우는 이의 7가지 법칙(홍미경 역). 서울: 디모데.

Woods, P. (Ed.). (1996). *Contemporary Issues in Teaching and Learning*. New York: Routledge.

제 2 장

가르침의 인간화

관계 맺음: 교학(敎學)의 조건

옛말에 삼인행(三人行)이면 필유아사(必有我師)라 했다. 고립무원의 독행(獨行)을 고집하지 않는 한 사람은 반드시 어느 누군가와 인연(관계)을 맺으며 살아가야 할 존재다. 이러한 관계는 다양한 양상으로 드러나지만,여기서 우리는 다만 가르치고 배우는 관계만을 생각하고자 한다. 가르치고 배우는 현상은 반드시 '사람-사람-……'의 관계 맺음을 전제로 하며 그 속에서 주종, 상하, 선후, 강약, 지도/순종, 교사/학생 등의 질서관계가 자연스럽게 만들어지는데, 우리는 이것을 정치성이라 한다. 이러한 관계 맺음(relationship)의 정치성으로 말미암아 다양한 역할의 모습, 예를 들어 'leadership, fellowship, friendship, membership, partnership, manageship, followship' 등이 만들어진다.

한 개인이 어떤 조직이나 집단에 소속되면 지휘자, 조정자, 참여자 등 다양한 역할을 분담하게 되고, 그에 따라 일정한 임무가 부과된다. 여기서 특히 지휘, 조정, 감독, 교사 등의 역할이 부과된 사람에게는 '지도성' '영향력' '모범' '선생님' '고수' '전문가' '윗사람' 등의 특성이 요구된다. 특히 교수-학습 상황에서 선생님(선배)이 학습자(후배)에게서 좋은 이미지를 형성하기 위해서는 좋은 관계구조를 유지해야 한다.

왜냐하면 관계 맺음(relationship, rapport)의 각 속성이 원만하게 제 기능을 발휘하고 구성원들의 의식과 행동 간의 불일치가 최소화될 때 개인은 물론 집단 차원의 효율성, 생산성, 경쟁력이 제고되기 때문이다. 그러나 이것은 항상 우리가 기대한 바대로 이루어지지는 않고 예기치 못한 사건이나 갈등 등 다양한 이유에 의하여 왜곡되거나 와해되기 마련이다. 왜곡된 관계 맺음은 人(리더십)을 八(관리)로 만들어 버린다.

형태상 人이 서로 믿고 의지하는 양상이라면, 八은 철저히 누르고 억눌리는 지배와 복종의 형태를 띠는 관리적 · 통제적 구조다. 여기서 말하는 복종은 굴욕감과 수치심의 의미를 내포한다. 이를 교육 상황과 관련지어 생각해 보자. 전자가 인화(人和) 지향의 선생님(선배)이라면, 후자는 과업

그림 2-1 가르침의 다양성

지향의 선생님(선배)이 된다.

여기서 '어느 유형이 더 가치로운가?'에 대한 섣부른 판단은 금물이다. 왜냐하면 각각의 양상이 서로 장단점을 내포하고 있기 때문이다. 이 점은 학습자의 학습 동기를 자극하고 흥미를 유발하기 위한 지도기법을 고려함에 있어 매우 중요하다. 교사는 본질적으로 가르치는 사람이다. 즉, 기왕의 다양한 경험을 바탕으로 미숙한 자(novice)에게 영향을 미치는 선배이며 전문가(experts)다.

교사는 오로지 인화 아니면 과업이 아니라 양자를 동시에 지향하는 역할과 지위를 지녀야 한다. 외적으로는 다소 매정하지만 가슴으로는 애정을 품고 있으며, 많은 것을 가르치지만 알기 쉽고 효율적으로 가르치는 전인적인 교수자(선배)의 모습을 갖추어야 한다. 이를 위해 우리는 교육학적 측면의 어떤 점들을 고려해야 하는가? 또한 무엇이 잘 가르치는 것인가? 이러한 교수학적 질문은 교육학의 가장 오랜 고민이면서 탐구의 대상이었다. 교육학적 관계 맺음의 본질은 바로 잘 가르치고 잘 배우기 위한 최적의 조건과 방법을 탐색하는 것이다.

〈표 2-1〉 전인적 교사의 자질(Quality for Holistic Teacher)

구 분	내 용
숙달(mastering)	자신이 가르치는 내용에 대한 철저한 숙지, 유관 지식의 적절한 활용능력
사고(thinking)	긍정적인 자기이해, 적절한 유머기술, 창조적인 조직공학 능력, 통합적 사고와 감각, 비판적이지만 유연한 사고, 적절한 조망수용 능력
소통(speaking)	효율적인 의사소통, 자기표현 행위(자기주장성), 논쟁과 설득력, 심리 화술, Small Talking, 동기 유발
행동(acting)	모범적 행동(솔선수범), 효율적인 집단 의사결정, 결단과 전념
마음(mindful)	진지함, 배려, 용서, 수용, 관용, 애착(신뢰감), 정직함, 공감적 이해, 감동, 통합된 자아, Multi Q, 학습에 대한 욕구
조력(assisting)	합리적이고 효율적인 조력기술(카운슬링)

기본적으로 가르치고 배우는 행위는 심리적 현상이다. 그런데 여기서 가르치는 역할을 수행하는 사람은 배우는 사람보다 더 많은 심리학적 이론과 원리를 숙지할 필요가 있다. 인간의 심리적 본질에 대한 이해는 교수-학습 환경을 인간화할 수 있는 좋은 방안이다. 따라서 가르치는 의무가 부과된 사람은 반드시 교수설계(teaching map)에 앞서 유용한 심리학적 지식을 선행 학습하는 것이 반드시 필요하다.

학생들을 대상으로 하는 교육 상황에서 그들의 흥미를 유발하고 효율적으로 학습 내용을 전달하기 위한 구체적인 전략과 방안은 무엇인가? 기본적으로 흥미 유발을 위한 수업의 3요소는 3미, 즉 흥미를 유발하고(touching), 재미로 이끌며(leading), 의미로(meaningful) 종결짓는 것이다.

인간화된 가르침

마스터링: 가르치는 내용을 반드시 숙지하라

성경에서는 소경이 소경을 인도하다 둘 다 구덩이에 빠져 죽기 마련이며 우리 속담에서는 '선무당이 사람 잡는다'고 했다. 초보자들에게 잘못된 지식을 가르치는 것처럼 위험한 것은 세상에 아무것도 없다. 그러므로 가르치는 임무가 부여된 자는 공부하고 또 공부하며, 그 공부한 내용의 정확도를 위하여 검증하고 확인하는 노력을 기울여야 한다. 자신도 모르는 내용을 남에게 가르치거나 하기 싫은 역할을 억지로 떠맡아 하는 것처럼 고역은 없다. 이런 교수자에게 배우는 사람들은 반드시 흥미를 잃기 마련이다.

그러나 고도의 수업전략으로 교사가 일부러 틀리게 가르치는 상황을 교묘하게 연출할 수 있다. 이는 '반드시 가르치지 않으면 안 될 내용'을 가르치는 상황에서 학습자의 맹목적 암기를 방지하여 그들로 하여금 순간 무언가 잘못되었다는 생각이 들게 만드는 기법이다. 물론 이 경우에도 교사의 마스터링은 선행조건이다. 역설적인 표현일지 모르지만 교재에는 실수가 거의 없으며, 그러므로 오히려 비교육적일 수 있다. 배우는 사람은 가르치는 사람의 실수를 의도적으로 관찰하거나 발견함으로써 학습의 집중도와 흥미를 유발할 수 있다.

교사 자신을 긍정적으로 이해하라

가르치는 입장에 서 있는 사람은 자신의 처지, 입장, 위치 등에 대하여 항상 긍정적인 이해가 선행되어야 한다. 긍정적인 자기이해는 3애(교육애, 자기애, 인간애)의 원천이다. 자기 자신을 부정적으로 인식하는 교사는 잘 가르칠 수 있지만, 결코 좋은 선배가 될 수는 없다. 우리는 즐겁고 편한 곳, 재미있고 편안한 사람, 자신감에 차 있는 사람에게 우선 마음이 끌리게 마련이다. 자신의 직무나 역할, 조직 풍토에 불만을 품고 있는 사람에게 배우는 사람들은 흥미를 잃기 마련이다. 그러므로 교사는 학생을 가르쳐야만 하는 자신의 처지와 입장을 비하해서는 안 된다. 즉, '너희는 내가 선생 짓을 하고 싶어서 하는지 아느냐.' 는 등의 발언을 절대로 해서는 안 된다.

펀(Fun) 학습 상황: 적절한 유머기술을 배우고 활용하라

대인 지각에서 가장 호감을 갖게 되는 매력 유인가의 첫 번째는 유머다. 유머는 우리가 살면서 부단히 만나는 사람들과의 우연적인 관계는 물론 특히 교육 상황에서 더욱 필요하다. 왜냐하면 학습은 본래 놀이의 요소로부터 출발했기 때문이다. 또한 유머는 창조적이고 유연한 사고를 위한 제일 조건이다. 'Fun 학습 상황' 이야말로 오늘날 수업 장면에서 가장 요구되는 특성이기도 하다. 유머란 기본적으로 인간이 가진 운명에 대한 동정을 포함한다는 점에서 다른 웃음과 다르다. 이것은 유머 자체가 인간에 대한 애정에서 출발했다는 의미다. 따라서 인간에 대한 애정이 있어야만 유머가 완성되는 법이다. 그렇다면 유머를 잘 구사할 수 있는 방법은 무엇인가?

- 재미있는 이야기를 듣고 잘 잊어버리는 경우가 많다면 메모를 한다. 상대방이 재미있는 이야기에 귀를 기울일 수 있도록 재미있게 표현하는 연습을 한다.
- 최근에 회자되는 몇 가지 유머를 기억하여 대화 중에 활용해 본다.
- 모든 사물과 주변 상황에 항상 흥미와 관심을 갖는다.
- 상대방의 이야기를 재미있게 듣고 적극적으로 경청한다.
- 상대방의 이야기에 적합한 응답의 유머를 준비한다.
- 유머는 진지하게, 천천히, 심각하게 전달하면 오히려 효과가 떨어질 수 있다.

유머를 발휘하는 기술, 즉 화술은 연습과 반복에 의하여 형성된다. 편안한 목소리, 수용적인 제스처, 호감을 보여 주는 자세, 마주치는 눈을 통하여 효율적인 대화가 이루어질 수 있다. 혼자 떠드는 것은 대화가 아니다. 수업 장면은 본질적으로 대화 상황이어야 한다. 이러한 대화의 기본은 경청이다(3-5-5 방식). 경청하되 최대한 겸손하고, 상대방의 장점에 대하여 무조건 칭찬해야 한다. 그러나 가식적인 칭찬과 유머는 말장난일 뿐이다. 또한 타이밍을 잃은 유머도 말장난이 될 수 있음을 유의해야 한다.

공부 동기의 양면성을 이해하라

교사는 학생들로 하여금 시험에서 만점을 받기 위하여 공부하는 평가 동기보다는 어렵지만, 새로운 것을 탐구하고자 하는 학습 동기를 자극하여야 한다. 학습 동기 지향의 학습자는 어려운 것, 틀린 것에 대한 도전의식이 남다르고 대단하다. 가르치는 자는 이를 결코 폄하하거나 방해해서는 안

된다. 이 과정은 더디게 배우지만, 완전하면서 고도의 사고력을 배양하는 일종의 수련이기 때문이다. 또한 목전의 성취는 미흡하지만, 성장 가능성을 지닌 존재가 되는 데 필요하기 때문이다.

그러므로 가르치는 자는 배우는 자에게 순간의 성취나 시험 통과를 위한 공부 요령이나 기술(족보)을 가르치기보다 왜 배워야 하는가를 생각하도록 부단히 자극해야 한다. 시험 준비를 위한 공부는 특수한 공부다. 그것은 출제자의 의도와 출제 경향을 심리학적으로 분석하는 것이다. 그것은 보통의 수업과 반드시 차별적이어야 한다. 그러므로 보통의 수업 장면에서 시험문제와 연관 짓는 것은 흥미로운 수업, 효율적인 수업을 위하여 피해야 한다. 사람들은 누구나 교수-학습 상황에서 잘 가르친 교사보다 인간적으로 가르친 교사를 더 오래 기억하기 마련이다.

창조적, 통합적, 확산적으로 사고하라

예외가 있긴 하지만, 본질적으로 학습의 질은 교수자의 질을 결코 뛰어넘을 수 없다. 이런 점에서 교사의 창의적 사고 패턴은 학습자에게 영향을 미친다. 여기서 우리는 학습자의 창조적인 오답에 대하여 지나치고 엄격하게 반응해서는 안 된다는 점을 유의해야 한다. 실수나 엉뚱한 호기심은 창조성을 위한 조건이기 때문이다. 지나치게 강박적인 정답 위주의 교수-학습 상황은 다만 학습량을 제고하는 데 도움이 될 뿐 교수-학습 장면의 인간화를 위해서는 아무런 유용성이 없다.

비단 교육 상황이 아닐지라도 삶의 다양한 장면에서 생각하는 것처럼 중요한 것은 없다. 생각의 부재는 이미 인간으로서의 존재 가치를 상실한 것이다. 나아가 나와 다르게 생각하는 사람들, 즉 생각의 다양성을 최대한 고려해야 한다는 점을 유념해야 한다. 억지 주장만을 펴는 사람에게 배우는 사람들은 흥미를 잃게 된다.

효율적으로 의사소통하라

앞에서 수업 상황은 본질적으로 경청을 우선으로 하는 대화 장면이어야 함을 지적했다. 또한 대화에서는 항상 내용이 형식에 우선해야 한다. 가트먼(Gottman)에 의하면 의사소통을 불협화음으로 몰아가고 산통 다 깨게 만드는 원인은 바로 형식이 내용을 지배하기 때문이다. 다음은 교수-학습 상황에서 필요한 의사소통의 몇 가지 기법이다. 첫째, 효과적으로 발문하라. 둘째, 교사의 발문에 대한 학습자의 대답에 대하여 지나치게 즉각 반응(반대는 반응 지체)하는 것을 조심하라. 셋째, 사물이 아닌 사람이 주인임을 전제로 하라. 학생들은 학습자의 생각을 무시하는 교사의 시범에 흥미를 잃기 마련이다.

마음챙김(mindfulness)과 모범을 활용하라

가르치는 사람은 누구보다 순수한 영혼의 지도자가 되어야 한다. 가르치는 사람의 언행과 가치관은 곧바로 배우는 이에게 직접적이고 강력한 영향을 미치기 때문이다. 가르치는 이에게 요구되는 마음챙김으로는 다음을 들 수 있다.

- 배려는 서로의 마음을 움직이는 힘, 모두를 만족시키는 원칙이다.
- 용서는 자신의 마음을 청소하는 것이며 좋은 관계 맺음을 위한 새로운 시작이다.
- 관용은 자신의 잘못을 투영한 공감이다.
- 정직은 인생의 선배로서 겪었던 좋은 점은 물론 어렵거나 나쁜 점에 대한 균형감 있는 고백이다.

이같이 가르치는 이의 올바른 마음챙김과 행동은 배우는 사람들에게 좋은 모범이 될 수 있다. 좋은 교사의 조건은 바로 좋은 모범을 보여야 한다는 것이다. 예수, 부처, 공자는 바로 제자들에게 좋은 모범을 보인 성현들이다. 학생들은 모범을 보이지 않고 주위 사람들로부터 좋지 못한 평판을 듣는 사람이 가르치는 수업에서 당연히 흥미를 잃게 된다. 모범은 의도성을 드러내지 않고 슬그머니 상대가 알게 모르게 행하는 것이 바람직하다. 그리하여 가르치는 자, 윗사람, 선배는 항상 바른 사고와 행동이 몸에 배어 있어야 한다.

심리학 지식을 지도 장면에서 활용하라

가르치는 행위는 억지나 억압으로 이루어지는 것이 아니다. 인간의 복잡미묘한 심리를 적절히 활용하는 경우 교수 및 지도의 효율성을 제고할 수 있다. 여기서 우리가 생각해 볼 만한 심리학 개념들로 로미오와 줄리엣 효과, 포화기법, 위약 효과(placebo effect), 피그말리온 효과(pygmalion effect), 낙인효과(stigma effect), 이중속박(double bind), 밴드웨건 효과(bandwagon effect)' 등이 있다.

창안적인 이벤트 혹은 심리적인 스트레칭을 활용하라

당해 수업 장면에 다루게 될 학습 주제와 관련된 창안적인 이벤트를 고안하여 활용하는 경우 흥미 유발에 큰 도움이 된다. 그러나 이때의 이벤트는 수업 내용을 미리 예시하거나 그에 관련된 것, 단시간에 행할 수 있는 것이어야 하며, 본말이 전도되어 지나치게 자극(파격)적인 내용이 학습 동기를 저해하는 것은 지양해야 한다.

교재는 무겁게 만들라(吉本均, 1994)

수업을 알기 쉽게 한다는 것은 교재(학습 내용)를 가볍게 한다는 것이 아님을 유의해야 한다. 내용이 가볍거나 축약된 교재는 학습자들의 사고, 표현, 본질 이해 등에 아무런 자극이 되지 않는다. 오히려 무겁고 풍부하고 다소 어려운 내용을 지닌 교재(학습 내용)로 자극할 때 학습자들이 곤란함, 모순됨, 비교 등의 상황에 부딪히게 됨으로써 발견(깨달음)의 놀라움을 경험하게 되고 학습 내용을 확실하게 알도록 하는 수업을 이끌 수 있다.

자연스러운 감동을 자아내라

우리는 매사에 혼신의 힘을 다하는 사람, 희생과 봉사에 열의를 보이는 사람, 권위의식을 버리고 상대나 조직을 위하여 최선을 다하는 사람에게 감동하게 되어 있다. 사람이 동물과 다른 종(種) 특성은 바로 감동할 줄 아는 감정이 있다는 것이다. 감동은 그 자체로 대단히 유용한 교육현상이다. 비단 학습 내용을 가르치고 배우는 것만이 교육의 전부가 아니다. 다른 사람에게서 감동을 경험한 사람은 스스로 자아실현을 하게 되고 또 다른 사람들에게서 감동을 자아내는 사람으로 성장할 것이기 때문이다. 한마디로 청출어람(靑出於藍)인 것이다.

미완성의 원리를 활용하라

대중들이 연속극에 열광하는 이유는 무엇인가? 그것은 최종회를 제외하고 매번 미완성인 채로 끝나기 때문이다. 미완성은 사람들에게 항상 호기심을 자극하기 마련이다. 교수-학습 상황에서도 이러한 미완성의 원리는 대단히 유용하다. 시험을 볼 때 정답을 올바로 맞힌 문제와 정작 시험에서는 틀렸지만 시험이 끝난 후 다시 풀어서 맞힌 문제 중에는 후자가 더 오래 기억에 남게 된다.

영화에서 해피엔딩보다 비극적 결말이 더 감동적이듯, 틀린 시험문제는 더욱 자극적이다. 그러므로 정답을 맞힌 문제보다는 틀린 문제를 다시 한 번 풀어 보는 기회를 제공하는 것이 매우 중요하다. 그런데 우리는 어찌 된 영문인지 시험을 코앞에 두고 정답을 맞혔던 문제들만 다시 한 번 정리하라고 강요한다.

계열성, 계통성의 원리를 준수하라

17세기에 이미 코메니우스(J. A. Comenius)는 효율적인 학습지도를 위하여 다음의 몇 가지를 제시한 바 있는데 이를 교수-학습을 위한 계열성의 원리라고 한다. 첫째, 쉬운 것부터 가르치라. 둘째, 학습자들에게 친숙한 것부터 가르치라. 셋째, 구체적인 것부터 가르치라. 넷째, 사실적인 것부터 가르치라. 다섯째, 사건 발생 순서대로 가르치라. 한편 계통성의 원리는 반드시 선행학습이 이루어져야만 다음 단계의 학습이 이루어지는 교과나 학습 상황을 이른다.

멀티(자료, 비주얼, PPT)미디어를 구성 · 활용하라

시간이 흐를수록 새로운 세대의 감각은 비주얼(visual)하고 감각적이다. 그들은 정형화된 교재를 읽거나 판서하는 방식의 수업 장면에 강하게 저항한다. 교사는 관련 수업 내용을 위한 다양한 자료, 시각자료(스틸사진, 동영상 등), 예화(에피소드) 등을 수집, 선정, 조직하고 산뜻(compact)하게 수업 내용을 구성(PPT)하여 활용할 필요가 있다. 물론 이러한 준비나 활용이 교수효율성과 학습 효율성을 반드시 제고하는 것은 아니다. 그러나 변화무쌍한 시대 상황에 민감한 학습자의 특성을 수업 장면에 반영하는 것도 무시해서는 안 된다.

성취도, 수행력 등과 관련된 꾸중의 기술을 개발하라

꾸중은 교수-학습 장면에서 피할 수 없는 것이다. 특히 성취도나 수행력과 관련된 경우 꾸중은 더더욱 필수적이다. 그러나 우리는 시험 성적이 인간에게 주는 이미지가 오로지 비굴함밖에 없다는 사실에 주목해야 한다. 심지어 성적이 아주 좋은 사람일지라도 나름대로 불만과 불평을 토로하기 마련이다. 객관주의와 평가의 공정성이라는 이유로 한 개인의 성취도와 수행력이 다른 사람들에게 공개(open public)되는 것은 그에게 비참함만 느끼게 할 뿐이다. 더욱이 학생의 잘못에 대하여 공개적으로 꾸짖는 것은 아무런 교육적 효과를 기대할 수 없다.

대부분의 교사는 이성이 아닌 감정으로 꾸짖게 되는데 이는 철저히 지양해야 한다. 벌은 그 이유에 합당하게 부과되어야 한다. 즉, 교사는 잘못한 사실에 국한하여 훈계해야 한다. 또한 공부나 숙제를 게을리하면 지벌(知罰), 태도가 불손하고 예의가 없거나 거짓말을 하면 덕벌(德罰), 근면하지 못하고 나태하면 체벌(體罰)을 주는 것이 합당하다. 그러나 우리는 공부를 안 해도, 게을러도, 거짓말해도 온통 체벌만을 고집한다. 우리 모두가 생각해 볼 부분이다.

학습 의욕의 저하요인을 규명하고 해결하라

학습부진에는 두 가지 이유가 있다. 구성원 간의 이질감, 배타감, 적대적 관계 상황에 놓인 경우와 학습자들이 스스로 설정한 학습목표의 중요도가 낮은 경우다. 학생과 학생, 교사와 학생의 관계가 서먹해지고, 서로 마주치기 싫어하는 심리적 상황에서 학습 동기는 떨어지기 마련이다. 이러한 경우가 발견되거나 그럴 개연성이 있을 경우 교사는 그 원인을 반드시 규명하여 해결해야 효율적인 수업 장면을 기대할 수 있다. 동기가 저하된 상황은 학습이 아니라 '생각의 학살' '기억의 학대'일 뿐이다.

스위치와 형광등의 역할을 분담하라

교수-학습 장면에서 교사는 스위치, 학생은 형광등으로 역할을 분담하는 것은 자기 주도적, 촉진적, 창의적 사고를 자극 · 확장하는 기법이다. 즉, 교사는 해답의 최전선[즉, 답을 유발하는 키워드(key words)나 키노트(key notes)만을 제시하는]까지 가되 마무리는 학생들이 하게끔 하는 절묘하고도 치밀한 상황을 연출하도록 평소에 준비해야만 한다. 또한 지나치게 성급하게 학생을 도와주는 것도 지양해야 한다.

콘텐츠 매핑을 활용하라

기존의 마인드 매핑(mind mapping)이 학습자가 학습 상황에서 활용하는 기법(자기 주도적 기억량의 증가가 목적)이라면, 콘텐츠 매핑(contents mapping)은 교사들을 위한 교수기법(학습자의 기억 활성화를 도와주는 것이 목적)이다. 학습심리학에는 '학습의 전이' 라는 개념이 있는데, 이는 유관학습 내용은 학습 효과의 시너지를 가져온다는 것이다. 즉, 일반적으로 국어를 잘하면 영어를, 수학을 잘하면 과학을 잘하게 되는데, 이러한 학습의 상승 효과는 수업 순간순간마다 유관 내용들을 전체적인 그림(picture), 형상(figure) 등으로 그려 나가거나 일화적 표현(episode) 등으로 설명하는 경우에 나타난다(semantic 부호보다 episodic 부호가 더 오래 기억됨).

지나친 전문용어 사용을 자제하고 가급적 단순화하라

대부분의 교사는 어려운 전문용어를 남발해야만 학습자가 자신들을 존경할 것이라 믿는다. 그러나 가장 좋은 수업 장면은 가급적이면 쉬워야 한다. 비단 수업 장면에서뿐만 아니라 훈육 상황에서도 윗사람의 단순하고, 직접적이고, 분명하고, 순수한 의도는 아랫사람에게 잘 전달되기 마련이다.

앞에서 언급한 영국 수상 윈스턴 처칠의 위대성은 그의 독특한 리더십에 있기도 하지만, 대중연설을 할 때 누구나 알기 쉽게 한다는 사실에 있었다. 수업 장면에서 가르치는 입장에 서 있는 사람들은 이를 반드시 명심해야 한다. 그러므로 교사가 자신의 수업 장면을 준비함에 있어 KISS(keep it simple & stupid)의 의미를 새기면서 강의안을 설계한다면 학습자의 흥미 유발에 큰 도움이 될 것이다.

예기치 못한 사건에 슬기롭게 대처하라

보통 수업 장면에서는 예기치 못한 일이 벌어지는 경우가 많다. 때로는 수업 분위기를 크게 저해하는 경우도 있다. 이때 교사는 나름의 기지를 발휘하여 소란의 원인을 만든 학생이나 대상에 대하여 감정이 상하지 않도록 지적하는 것이 좋다.

좋은 가르침을 위한 노력: 영국의 사례

영국에서는 '좋은 교사'의 모델과 교사의 교수 효율성에 대한 지속적인 연구와 실험이 이루어졌다.[1)] 왕립감사원(Her Majesty's Inspectorate, 이하 HMI라 함)의 '영국의 초등교육(HMI's Primary Education in England)'(1978)은 영국에서 이루어진 교사의 자질과 '좋은 교사'에 대한 구조화(정책 형성과 개념 설정) 논의에 상당한 영향력을 미쳤다. 무엇보다 이 보고서는 구체적으로 '매칭, 차별성, 전문성' 등이 '좋은' 교사에게 요구되는 기본적인 직무 특성(혹은 직무역량)이라고 규정하였다. 특히 교사들의 교과목

1) Woods (1996). pp. 20-33 번역 · 요약한 것임.

에 대한 특별한 책무성을 강조하고 있다.

여기서 '책무성' 이란 '모든 교사는 자신이 맡고 있는 교과목의 교육과정에 대하여 책임을 질 수 있고 또한 책임을 져야 한다.' 는 것을 의미한다. 따라서 교과의 전문성이야말로 '좋은 교사' 의 이미지를 만들어 내는 핵심이 된다. 좋은 교사의 모델은 매칭, 차별성, 학습자 특성 파악에 대한 정교한 교수학적 지식은 물론 학습자의 학습을 촉진시키는 다양한 (심리학적) 기술을 포함한 교사로서의 자질을 촉진시키는 개인적인 특성을 소유하는 것이다.

영국 교원교육에 관한 백서(白書)로 출간된 교육과학부(Department of Education & Science, 이하 DES라 함) '교사의 자질(Teacher's Quality)' (1983)은 1970년대에 촉발된 교사 전문성에 대한 논의를 확장시켰다. 이는 주로 (교육)환경, 매칭, 교과 전문성, 교사의 자질 등에 초점을 맞추었고, "교과 전문성, 매칭이야말로 학생들의 학업 성취도와 밀접한 관련이 있다." 라는 HMI의 주장을 적극 수용하였다. 또한 HMI가 발간한 '새로운 학교교사(The New Teacher in School)' (1982)에서 제기한 '교사의 개인적 자질은 교사 효율성에 있어 결정적인 요인임'을 다시 한 번 언급하였다.

> 좋은 교사가 되기 위해서는 자신이 맡고 있는 교과의 수업에 대한 숙달된 기술과 학생 특성의 차별성에 대한 적절한 고려가 필요하다. 그러나 좋은 교사란 이러한 학급 장면뿐만 아니라 학부모나 지역사회와의 연대 및 학교 밖에서의 생활지도 등과 같은 직무 수행에 관한 특별한 기술도 갖추어야 한다. 정부는 모든 교사가 각 교과의 교육과정 측면에서 책무성으로 중무장되어야 한다고 믿고 있다(DES, 1983).

결국 '좋은 교사' 란 전통적인 교수기술을 갖고 있어야 함은 물론 교육과정의 전문적인 리더로 행동하기 위한 관리능력과 더불어 교과 전문성을 지니고 있어야 한다. 여기서 우리는 좋은 교사의 모델이 교사의 개인적 특성을 강조하는 정책적 함의를 알 수 있다.

DES의 '더 좋은 학교(Better School)' (1985)는 일반적인 교육의 질을 향상하고, 학교에 투입된 자원의 효율성과 기준 향상에 관하여 논의하고 있다. 이는 교육과정의 목표, 매칭을 개선하기 위한 평가의 효율성 개선, 교사의 교수활동에 관한 관리와 교수 효율성 개선, 학부모와 정부의 학교 참여 방안의 개선 등을 포함하고 있다. 또한 전통적인 교사의 개인적 자질은 물론 교사의 교과 전문성에 대하여 특히 강조하고 있다. 이것은 교수역량(teaching force)에 대한 새로운 이해와 향상된 수업 관리의 효율성을 포함한다.

DES의 '초등학교 교육과정 조직과 실제(Curriculum Organization and Classroom Practice in Primary Schools)' (1992)에서는 매칭 능력, 교사의 교과 전문성이 교사의 자질과 아주 밀접한 관련이 있다는 HMI의 보고서를 재차 강조하였다.

> (교사가 갖추어야 할) 교과 지식은 수업의 모든 과정(학습계획, 평가, 진단, 과업설계, 질문, 설명, 피드백 등)에서 매우 중요한 요인이다. HMI의 보고서 이후 교사가 알고 있는 지식과 교사의 자질 간에 실재하는 밀접한 관련성이 강조되고 있다(DES, 1992).

여기서 강조하는 '좋은 교사'의 모델은 다음과 같다. 교사는 학급에서 학생들로부터 공부를 촉진하는 자질을 지니고 있어야 함은 물론 수업 관리의 경쟁력도 갖고 있어야 한다. 물론 초등학교에서의 교과 전문성은 교과 전담으로 운용되는 중등학교와 차이가 있다. 초등학교에서조차 중등학교에서처럼 교과전담제를 시행하는 대안은 행정적으로 어려움이 있다. 이러한 점을 고려하여 DES에서는 generalist, generalist/consultant, semi-specialist, specialist의 네 가지 유형의 교사 역할을 제안하고 있다.

이처럼 보다 확장되고 전문적인 개념으로서의 좋은 교사에 대한 관점은 교사를 연구하는 사람들이 제안하는 '누가 좋은 교사인가?'의 개념을 규정하는 데 영향을 미쳤다. 이를 통하여 초등학교의 '좋은' 교사들이 지니고 있는 경쟁력에 대한 아주 특수하고 행정적인 정의(定義)가 가능하게 되었다.

영국에서 이루어진 교육과정 개선의 초점은 HMI가 이미 제안한 바로 학교에서의 교과 조정자(subject co-ordinator) 활용 방안이다. 이는 국가수준 교육과정 도입과 동시에 진행되었으나 여러 가지 이유로 인해 효율적으로 이루어지 못하였는데, 이것은 전적으로 교사의 책무성과 교육제도상의 문제점에서 기인하였다. 국가교육표준국(Office for Standards in Education, 이하 OFSTED라 함)은 많은 지면을 할애하여 바로 이러한 문제점을 적시(摘示)하고 있다. 그 핵심은 교육과정 조정자의 역할에 있어 관리 측면의 중요성을 크게 강조했다는 점이다. 그러나 교과 조정자는 교과 매니저(subject manager)라는 말로 대치되었는데, 이는 교과 조정자라는 말이 기술적(記述的)인 특성이 강하다는 이유에서였다.

OFSTED는 '초등학교 현안(Primary Matters)'(1994)에서 수석교사(headteacher)가 교과 매니저로서의 전문적인 역할을 담당할 것을 제안하였다. HMI는 OFSTED가 감사(inspection)라는 개념 틀(frame)을 사용한 것과 같이 '교과 조정, 수업 모니터링, 평가' 등을 각각 특수한 영역으로 구분하였다. 이런 점에서 수석교사는 학교에 상주(常住)하면서 교육과정 운용에 대한 감사의 역할을 담당하는 사람이 될 것이며, 국가수준 교육과정에서 요구하는 바가 '단위학교에서 어떻게 운용되는가?'를 평가하게 될 것이다.

이는 1992년에 발표된 논의들에서 개진된 교사의 자질에 대한 개념적인 재규정을 강조하고 있다. 오늘날 좋은 교사란 교수학적 기술(技術)을 지니고 있음을 의미하지만, 동시에 다양한 (교내 구성과의) 협동 작업을 통하여 교육과정을 개선하고, 장학활동에 참여하며, 동료들이 수행하는 전문적인 직무를 모니터링해 주거나 개선하도록 자극하는 것과 같은 '좋은' 교과 매니저로서의 역할을 갖춘 사람이다.

OFSTED의 '학교감사 핸드북(The Handbook for the Inspection of Schools)'(1993)은 교사의 자질이나 '좋은 교사'에 대한 정의를 정교하고 명쾌하게 제시하였다. 이는 교사의 전문성과 책무성을 신장시키기 위하여 새롭게 도입된 감사(inspector)를 훈련하기 위한 일종의 매뉴얼이었다. 이 보고서는 감사나 교과 조정자가 좋은 교사를 판정하는 데 사용할 수 있는 평가 지표(criteria)를 다음과 같이 제시하였다.

- 교사는 자신이 담당하는 교과수업에 대한 분명한 목적이 있어야 한다.
- 학생들은 교사의 이러한 수업목표에 대하여 분명하게 인지해야 한다.
- 교사는 교과수업에 있어 엄격한 책무성이 있어야 한다.
- 수업은 적합한 내용으로 이루어져야 한다.
- 수업활동은 학습을 증진시키도록 조심스럽게 선택해야 한다.
- 수업활동은 모든 학생이 수업에 참여하도록 동기화하거나 도전의식을 북돋우고, 그들이 일정한 속도로 점차 나아지도록 만들어야 한다.

감사는 앞의 평가 지표들을 활용하여 교사의 실제 수업행동에 대하여 다음과 같은 내용들을 파일로 만들어 보고하도록 훈련받았다. 감사는 다음 사항에 기초하여 교사가 수행한 수업의 질을 판정하게 된다. 그것은 '수업방법의 적절성, 교사의 자신감, 교과 내용을 다루는 능력, 학생의 특성을 고려한 차별적 수업 진행, 학급 운용의 효율성' 등이다. 결국 '좋은' 교사의 특성을 파악하기 위하여 교사의 교수 효율성이라는 개념이 형성되기에 이르렀다. 오늘날 교사의 자질은 개인이 갖고 있는 자질(특성)보다는 (객관적이고 보편적인) 기술적(技術的) 경쟁력의 개념에 의하여 정의된다고 할 수 있다.

- 교사의 수업 준비도, 수업 효율성, 학생들의 학업 성취 수준

- 교사가 활용한 교수기술의 범위와 그것의 수업목적과의 적합도
- 교사의 교과에 대한 전문적 지식 수준
- 매칭(수업이 학생들의 지식 수준이나 수행 능력에 상응하여 이루어졌는가)의 정도

참고문헌

고요한(2011). 용례로 배우는 교양심리학. 서울: 일문사.

김태현(2010). 내가 사랑하는 수업. 서울: 좋은 씨앗.

윤옥한(2008). 명강의 교수법. 서울: 학지사.

이성호(2002). 교수방법론. 서울: 학지사.

정 숙(2011). 스토리텔링으로 소통하라. 서울: 차림.

조 벽(2001). 조 벽 교수의 명강의 노하우 & 노와이. 서울: 해냄.

조용개 외(2009). 성공적인 수업을 위한 교수전략. 서울: 학지사.

吉本均(1994). 수업과정의 인간화(박병학 역). 서울: 교육과학사.

Bruner, A. B. (1992). 교육과정철학(윤팔중 역). 서울: 성원사.

Dinkmeyer, D. et al. (1998). 당신도 유능한 교사가 될 수 있다: 효율적인 교수를 위한 체계적 훈련(임승렬 역). 서울: 원미사.

Eggleston, J. (1989). 교육과정사회학(김종석 외 역). 서울: 형설출판사.

Gagné, R. M. (1998). 교수-학습이론(전성연 외 역). 서울: 학지사.

Hirst, P. H. (1974). *Knowledge and the curriculum* (pp. 101-115). London: Routledge & Kegan Paul.

Hyman, R. T. (2001). 교수방법(권낙원 역). 서울: 원미사.

Joyce, B., Weil, M. (1991). 수업모형(윤기옥 외 역). 서울: 형설출판사.

Phye, G. D. (Ed.). (1997). *Handbook of Academic Learning: Construction of Knowledge*. San Diego: Academic Press.

Smith, H. P. (1954). *Psychology in Teaching*. New York: Prentice-Hall, Inc.

Strike, K. A., Soltis, J. F. (1996). 가르침의 윤리학(조동섭 외 역). 서울: 원미사.

Torrance, E. P., Myers, R. E. (1972). *Creative Learning and Teaching*. New York: Dodd, Mead & Company.

Walker, D. F., Soltis, J. F. (1996). 교육과정과 목적(허숙 역). 서울: 교육과학사.

Wilkinson, B. H. (2001). 배우는 이의 7가지 법칙(홍미경 역). 서울: 디모데.

Woods, P. (Ed.). (1996). *Contemporary Issues in Teaching and Learning*. New York: Routledge.

제 3 장

대학에서의 가르침

모든 교육 장면에서 가르침과 배움은 과연 예술인가 혹은 기술인가? 이는 교수학 분야의 오래된 물음이면서 동시에 본원적인 탐구 주제다. 다음은 큰 가르침의 전당인 대학 강의에서 창조적이고 인간적인 가르침을 실천하기 위하여 진지하게 생각해 볼 만한 몇 가지 에피소드다.

에피소드 1: 자신의 힘으로

Y대학 법학과 Y교수의 강의는 우수하기로 학교 안팎에 소문이 났다. 그는 강의 5분 전 입실하여 3시간을 휴식 없이 속강하면서 자신의 전공 분야를 열강하였고, 학생들도 언제나 그의 수업에 몰입하였다. 그는 매번 아무 말 없이 수업과 무관한 낡은 인체해부도를 칠판 오른쪽에 걸어 놓고 강의를 시작하곤 하였다. 한편 학생들은 그림에 별다른 주목을 하지 않고 오로지 전공과 관련된 교수님의 말 한마디도 놓치지 않으려고 듣고 적으면서

한 학기를 열심히 수강하며 보냈다.

드디어 학기 말 시험이 되었고, 시험문제를 받아 든 학생들은 경악을 금치 못했다. 그것은 논술문제로서 인체해부도를 그리라는 것이었다. 전공과 무관한 어처구니없는 시험문제에 대부분의 학생은 분노하였고 백지 답안지를 제출함으로써 무언의 반항을 표출하였다. 교수님은 모든 학생에게 F학점을 주었고, 이에 학생들의 분노는 더욱 치솟았다.

수강생들은 자발적으로 대표학생을 뽑고 성적 정정기간을 이용하여 교수님의 처사가 불합리를 넘어 불법적이었음을 규명하기 위하여 국내외의 각종 판례를 수집하고 온갖 법전을 참조하면서 열심히 공부하였다. 마침내 성적 정정기한을 앞두고 학생대표는 자신들이 어렵사리 공부한 두툼한 결과물(보고서)을 교수님에게 제출하였다. 이를 꼼꼼히 검토한 교수님은 수강생 전원의 성적을 A학점으로 정정해 주었다. 교수님은 단순히 시험을 치르기 위하여 하는 암기식 수업(learn)보다 앞에 놓인 문제를 해결하기 위하여 스스로 해결 방안을 찾아보고 자신의 창조적인 안목과 관점으로 정리하는 학습 경험이 무엇보다 중요한 공부(study)임을 학생들에게 일러 주었다.

앞서 이미 살펴본 바 있지만 마빈 토케이어는 동양 국가들의 높은 교육열에 대한 참여관찰과 평가 작업을 통하여 learn과 study는 분명히 다르다고 역설하였다. 그는 learn이 일종의 시험을 준비하는 수험공부(성취목표 동기)라면 study는 '학습의 즐거움을 만끽하는 살아 있는 공부(배움목표 동기)' 인데, 동양의 학생들은 외견상 study처럼 보이는 열공(?)을 하지만 사실은 learn에 철저히 길들여져 있다고 신랄히 비판하였다.

이는 우리가 특히 대학에서 하는 공부의 본질을 고려할 때 꼼꼼히 따져보아야만 하는 일종의 경고성 메시지를 내포하고 있다. 그리하여 learn 환경 기반의 교수-학습 상황에서 교수는 학생들에게 무조건 'memory! memory! memory!'를, study 환경 기반의 교수-학습상황에서는 'think! think! think!'를 강조하거나 요구한다.

에피소드 2: 생각하는 힘과

대학원 재학 시절 '교육방법 및 교육공학' 강좌의 필드워크 수업에서 경험한 일이다. 계룡산에 있는 동학사는 비구니들만 있는 사찰로 유명하다. 그곳에는 학승(學僧)들을 잘 가르치기로 유명한 고승 한 분이 계신다. 그곳은 고승 한 분이 나이가 60대 정도가 되시는 4~5명의 중견 스님들을 대상으로 수업을 하고, 그분들은 다시 각자 나이가 30~40대 정도 되시는 스님들을 약 20~30여 명씩 수업을 하며, 마침내 그분들이 젊은 학승들을 가르치는 강의 시스템으로 운용된다. 현장 연구에 참여한 우리는 때마침 고승의 수업을 어렵사리 참관하게 되었다.

고　승: 지금부터 오늘 수업을 시작할 테니까 잘 듣고 배우기 바란다.

스님들: 큰 스님, 열심히 배우겠습니다.

(그런데 이후 거의 1시간 동안 아무런 대화가 오고 가지 않는다.)

스　님: (마침내 정적을 깨고 울먹이며 볼멘소리로) 큰 스님, 오늘따라 공부가 잘 되지 않습니다. 어찌하면 좋습니까?

고　승: (크게 분노하며) 너희가 공부를 열심히 하지 않으니까 공부가 잘 되지 않느니라!

우리는 어떤 대화도 오가지 않았음에도 '공부' 를 이야기하는 스님들의 수업 장면을 목격하고 처음에는 실망과 분노를 느꼈다. 그러나 잠시 시간이 흐른 후 이 수업 장면이야말로 교육학을 공부하는 우리에게 많은 단상을 자아내게 만든 일종의 충격이었음을 알게 되었다. 이러한 장면은 물론 불교가 불립문자(不立文字)라는 독특한 사유체계를 바탕으로 하고 있음을 인정한다 치더라도 우리의 학교교실에서 창조적 교학의 새로운 모델을 이미 넌지시 암시하고 있었기 때문이다.

우리가 생각하는 '공부' 의 전형적인 모습은 교수의 열변과 학생들의 열공(?)이 교묘하게 결합된 장면만을 떠올리게 마련이다. 여기서 우리는 학생들로 하여금 스스로 생각하게(thinking) 만드는 기회와 훈련을 박탈하고, 학생들은 마치 오로지 기억과 모방에 길들여진 기계로 조형(shaping)되어 나갈 뿐이다. 그러므로 열린 생각의 기회를 박탈하는 교수는 학생들을 지식의 도살장으로 인도하는 일종의 중대한 범죄행위자다.

에피소드 3: 암기는 기본으로

A대학 문예창작과 K교수의 수업과 시험문제가 대중에 회자된 적이 있다. 그는 한 학기 동안 수강생들에게 '새로운 생각, 새로운 시도, 새로운 창작' 의 중요성에 대하여 역설하였고, 학생들도 이에 크게 공감하였다. 순조롭게 한 학기를 마친 후 학기 말 시험문제를 받아 든 학생들의 얼굴이 일그러지기 시작하였다. 그들을 당황하게 만든 시험문제란 다름 아니라 다섯 개의 현대시를 제시하고 5분 동안 외운 후 답안지에 그대로 다시 옮겨 쓰라는 것이었다.

한 학기 내내 수업을 통하여 새로운 것의 중요성을 강조한 내용과 무관하게 자신들의 암기력을 알아보려는 듯한 시험문제를 접한 학생들은 크게 분노하였다. 말할 나위 없이 그들은 동맹하여 백지 답안지를 제출하였고, 당연히 교수는 모두 F학점을 매겼다. 이에 대하여 학생들은 법적인 차원에서 문제의 해결을 요구하게 되었고 사태는 점점 커졌다. 평가에 대한 교수의 부당함에 분노하는 학생들을 위하여 그는 법정에서 다음과 같이 진술하였다.

> 우리가 무언가를 외우는 것이야말로 새로운 것을 만드는 초석(礎石)이요 원동력이다. 그러나 간편함과 단순함에 길들여진 오늘날의 대학생들은 외우는 것을 무조건 혐오하며, 그저 생각나는 대로 지껄이고 글

> 을 쓰는 태도에 익숙해져 있다. 이것이야말로 우리 사회에서 합리적으로 생각하고 소통하게 만드는 것을 방해하는 아주 못된 생각의 습관이다. 나는 이를 예방하기 위하여 학생들에게 멋진 창작을 위한 의미 있는 암기연습을 요구했던 것이다.

시험을 잘 보기 위하여 아무런 생각 없이 무조건 달달 외우는 것을 끔찍이 혐오하는 것은 어쩌면 당연한 생존 반응과도 같다. 우리가 외우는 것의 본질을 창조의 조건으로 삼을 때 외우는 것은 매우 즐겁고 유쾌한 작업이 될 것이다. K교수는 학생들에게 이러한 사실을 일러 주기 위하여 시험문제의 소란을 일으킨 것이다. 가만히 생각해 보면 K교수는 대학에서 창조적인 수업을 하기 위한 하나의 의미 있는 실험을 우리에게 던져 주었다.

에피소드 4: 다양하게 공부하라

미국 유학을 마치고 E여자대학에 부임한 H교수는 파격적인 수업 장면을 선보였고 많은 학생의 입에 오르내렸다. '여성학' 분야의 전문가답게 진보적이고 실험적인 수업 내용은 물론 수업방법도 기존 방식과 전혀 다른 혁신적인 모델들을 구사하였다. 그런데 문제는 학기 말 시험에 일어났다.

관행적으로 이루어지던 조교 감독 대신 자신이 직접 시험감독을 하였다. 시험문제를 받아들고 답안지를 작성하려던 학생들에게 H교수는 청천벽력 같은 주문을 던졌다. 그것은 "여러분이 오늘 시험을 준비하기 위하여 작성한 '커닝 페이퍼' 를 책상 위에 올려놓으시오!" 라는 것이었다.

어처구니없는 교수의 지시에 우왕좌왕하던 학생들은 슬그머니 몰래 숨겨 두었거나 시험을 준비하기 위하여 동원된 갖가지 준비물을 제시하였다. H교수는 아무 말 없이 모든 증거물을 수거하였고, 준비된 양의 많고 적음에 따라 이를 최종 학점에 반영하였다. 어찌 보면 이러한 처사는 평가의 공정성과 객관성에 가장 위험하고도 부당한 방법임에 틀림없다. 그러나 우리가 공부에 대한 현상학적 관점과 학습의 외연적 확장이라는 측면에서 볼 때 커닝도 일종의 공부인 셈이다. H교수는 이러한 교육학적 명제를 몸소 실천했을 뿐이다.

이제 앞과 같이 다소 생경하고 이채로운 수업 장면과 평가방법을 염두에 두고 오늘날 대학에서 추구하는 바람직한 창조적 교학의 조건을 생각해 보기로 한다. 어떤 형태의 수업 장면일지라도 우리는 교실에서 창조적인 교학을 수행하기 위한 몇 가지 조건을 상정해 볼 수 있다. 그것은 교수 개개인의 심리적-물리적 조건과 그를 둘러싼 여러 가지 환경적 조건의 효과적인 결합에 의하여 이루어질 수 있다.

- 교수 개인의 조건으로, 교수역량(teaching capacity)을 기반으로 하는 장인정신, 구속과 속박을 벗어나되 정의를 사랑하는 자유정신, 도전과 모험을 두려워하지 않는 실험정신 등을 들 수 있다.
- 환경적-제도적 조건으로, 객관성과 공정성의 신화에 푹 빠져 있는 평가 시스템의 개선, 창의적 수업을 지원하는 학사지원 시스템 구축, 경쟁을 지양하는 자유롭고 인격적인 학내 분위기 조성 등을 들 수 있다.

그런데 우리 대학교육의 현실은 어떠한가? 대부분의 교수가 상대평가 방식의 부담에 짓눌려 자신만의 창의적이고 실험적인 강의와 평가를 자유롭게 펼치지 못하고 있다. 더욱이 구조화된 질문(8개)들로 이루어지는 강의평가 방식에서 불이익을 당하지 않기 위하여 각 문항들을 염두에 두고 마치 사슬에 묶인 양태의 수업을 꾸려 나가기 마련이다. 학생의 성취도에 대한 교수의 상대평가와 교수에 대한 학생들의 지필형 강의평가 방식이 대학의 창조적인 교학을 방해하는 최대의 적이 된 지는 이미 오래되었다.

예를 들어, 강의평가 문항에 있는 것처럼 '교수는 강의계획서대로 수업을 진행하였는가?' 에 붙박혀 옴짝달싹 못하고 계획서대로 수업을 꾸려 나갈 경우, 우리는 변화무쌍한 지식 형성의 사회 상황에 유연하게 대처하는 창조적이고 실험적인 수업을 기대하기 어렵다. 학생과 교수가 다음 시간에 수업할 내용을 매번 즉흥적으로 결정하는 파격적인 수업 운용은 어찌 보면 공정한 학사행정 원칙에 대한 당돌하고도 무모한 도전으로 보인다.

강의평가는 그 아름다운 본질을 잃은 채 일종의 교수에 대한 학생들의 감정평가나 인기도 평가로 흐르게 되어 한없이 표류하고 있는 것이다. 다음은 앞에 적시한 여러 어려움을 슬기롭게 극복하고 비본질적 평가 수행의 굴레로부터 벗어나 자유롭고 창조적인 교학을 구현하기 위한 일종의 물 흐르는 듯한(flow) 수업의 결과 꼴(frame)의 예시다.

포르멘(formen): 신뢰 기반의 관계 형성

1. 래포형성(attractiveness & rapport)
2. 평가원칙수립(interpersonal belief by mass's evaluation)
3. 긍정적 분위기 조성(optimism in class)

교수의 강의 수월성이 교수 개인의 강의역량에 달려 있음은 자명하다. 그러나 학내 구성원들의 소리 없는 평판은 이미 수업의 모양과 질을 결정하는 중대한 요인으로 작용한다. 강의의 직접적 소비자들인 재학생들로부터 혹은 학교 구성원들로부터 좋지 못한 평판을 듣는 교수는 이미 창조적인 수업을 하기 위한 가장 중요한 조건을 잃은 셈이다. 이를 해결하지 않고 창조적인 수업을 설계한다는 것은 마치 교도소 철창 안에서 정의를 부르짖는 모양과 크게 다르지 않다.

당해 수업시간에 다루게 될 학습 주제와 관련된 창안적인 이벤트를 고안하여 활용하는 경우 흥미 유발에 큰 도움이 된다. 그러나 이때의 이벤트는 '수업 내용을 미리 예시하거나 그에 관련된 것, 짧은 시간에 행할 수 있는 것이어야 하며, 본말이 전도되어 지나치게 자극(파격)적인 내용이 학습 동

내러티브: 생동감 있는 이야기

1. 흥미유발(interesting ignition)
2. 교재의 창조적 재구성(creative reconstruction of contents)
3. 재미있는 수업진행(joyful narrative or funny story-telling)

기를 저해하는 경우는 지양해야 한다.

앨 앤더슨(Al Anderson)의 연구보고서인 '웃음과 학습과의 관계' 에 의하면 웃음과 유머는 학습의 효율성, 집중력, 기억력, 좋은 학습 분위기, 학업 성취도 등에 모두 긍정적인 영향을 미친다. 영국 속담처럼 웃음을 잃은 강의나 연설은 이미 청중에 대한 말없는 폭력이다. 교실에서의 청교도주의나 엄숙주의는 '학습의 인간화' 를 위한 걸림돌이 분명하다.

반대로 재미있는 수업 장면은 교사나 학생 모두에게 창조적인 사고를 연습하기 위한 디딤돌임이 분명하다. 교실의 엄숙함을 극복하기 위한 적극적인 방안은 학생들과 호흡하려는 교수의 태도와 마음가짐이다. 다시 말해, 그들의 생활은 물론 생각의 습관을 적극적으로 배우려는 열린 마음이 요구된다. 교수가 약간의 체면과 권위를 포기한다면 학생들에게 빵빵 터지는 큰 재미를 줄 수 있다.

플로우: 절정을 향한 질주

1. 수동학습이 아니라 주도학습(not learning but studying)
2. 능동적인 태도(not drill & kill but positive thinking)
3. 의미학습 경험(meaningful learning(logic & phenomenological)

단순히 중간이나 기말 시험을 치르기 위하여 고역을 감내하는 수험공부(learn)가 아니라 그야말로 '생각의 난장(亂場)' '자유로운 영혼의 놀이터'

와 같은 수업 장면을 이루어 내기 위하여 교수는 억지 주장으로 목소리를 높일 것이 아니라 마치 물 흐르는 것과 같은 절정감으로 자연스럽게 이끌어 가는 수업의 안내자가 되어야 한다.

Trust: 축제 같은 시험과 신뢰 기반의 평가

1. 평가의 인간화(humanization of evaluation)
2. 결과에 대한 낙관성(optimistic happiness for result)
3. 애정 어린 충고(mindful advice)

우리가 앞서 살펴본 에피소드의 내용들을 창조적으로 재구성하여 축제 같은 시험을 설계하고, 기존의 엄정한 평가방식을 크게 거스르지 않는 범위에서 '측정 및 평가의 인간화'를 도모하는 실험적인 평가방식을 모색하는 적극적인 자세가 요구된다.

다소 자의적인 구분일지 모르지만, 교학(수업) 장면은 대개 다음의 세 가지 패턴으로 이루어진다. 이를 대학에서의 수업 장면과 관련지어 생각해 보자. 우스개 얘기처럼 들릴지 모르지만 이미 알려진 바대로 대학수업에 대한 재미난 법칙(?)이 있다. 수업시간에 전임강사는 학생들만 아는 내용을, 조교수는 자신만 아는 내용을, 부교수는 오직 신만 아는 내용을 그리고 정교수는 신도 모르는 내용을 떠든다는 것이다.

철모르는 호사꾼들이 지껄여 대는 조롱조의 비야냥쯤으로 치부할 수도 있지만, 그 속에는 반드시 우리가 새겨들어야 할 '반성할 거리'가 숨겨져 있다. 비록 최고의 강의는 없을지라도 최선의 강의는 있을 수 있다. 어떤 수업이든 교수의 강의가 수강생 전원의 만족감을 이끌어 낼 수는 없다.

다만 매 순간 혼신의 힘을 다하는 수업을 꿈꾸며 실천하는 자세를 몸에 배게 하도록 기도하며 준비하는 교수의 진지한 마음은 반드시 전제되어야 한다. 그것은 바로 수업에의 몰입이며, 몰입은 창의적인 교학의 원천이다.

이러한 몰입은 자기 자신에 대한 긍정적인 이해로부터 비롯되며 마침내 감동을 자아낸다. 이처럼 감동을 자아내는 교수는 자신의 처지, 입장, 위치 등에 대하여 항상 긍정적으로 이해한다. 이러한 긍정적인 자기이해는 3애(교육애, 자기애, 인간애)의 원천이다. 한마디로 3애는 몰입 상황의 필요조건이다.

몰입을 통하여 교수와 학생은 감격에 가까운 큰 만족감을 얻는다. 태어나서 처음으로 맛보는 듯 벅찬 행복감이 가슴속으로 밀려온다. 우리가 몰입을 통하여 문제를 해결하면 자신감과 확신이 생긴다. 또한 기분이 좋아진다. 몰입은 학생들에게 웃음을 머금은 창의성과 생각의 힘을 길러 준다.

이처럼 몰입은 모든 긍정심리학의 항목 중에서 최상위 가치를 지니고 있다. 수업은 학생의 배움을 기쁘게 만드는 것이다. 배움은 사실 배움 자체로 남는다. 그래서 배움 자체를 남들과 나누는 일 자체가 쉽지는 않다. 동시에 배우려고 하는 욕망 역시 완전히 개인적인 일이다. 배우는 일의 시작은 욕파불능(欲罷不能)의 심정이어야 하기에 더욱더 그렇다. 학습자가 배움의 즐거움에 홀려 몰입되면 그만두려 해도 도저히 그만둘 수 없는 상태가 된다.

길본균(吉本均)은 '호소' '설득' '절정' 의 개념을 통하여 인간화된 수업모형을 구안하였는데, 이는 현상학을 바탕으로 긍정적인 교육의 본질을 탐구하는 데 유용한 도움이 되고 있다. 그는 수업이 드라마 전개와 같아야 한다고 보았다. 드라마는 본래 플로우, 즉 이야기의 흐름이다.

누구나 탄탄한 구성력을 가진 이야기에는 자신도 모르게 빠져들게 된다. 또한 재미있는 이야기는 항상 절정을 향해 치달아 나간다. 그는 수업에서의 절정이란 '의견의 대립, 모순, 분화를 격화시키고, 사고활동을 뒤흔들고 유도하여 보다 높고 새로운 차원에서의 공감, 토론에 이르게 하는 장면' 이라고 하였다. 좋은 수업은 주입으로 학생들의 자유로운 사고를 방해하는 것이 아니라 창의적 상황을 전제로 사고활동의 절정으로 안내하는 것이다.

근본적으로 가르치고 배우는 행위는 심리현상이다. 인간의 복잡 미묘한 심리이론을 적절히 활용한다면 교수 및 지도의 효율성을 제고할 수 있다. 그런데 여기서 가르치는 사람은 배우는 사람보다 더 많은 심리학적 이론과 원리를 숙지할 필요가 있다. 인간의 심리적 본질에 대한 이해는 교수-학습 환경을 인간화할 수 있는 좋은 방안이 된다. 따라서 교수는 반드시 교수설계(teaching map)에 앞서 앞과 같은 유용한 심리학적 지식을 선행 학습하는 과정이 요구된다.

다소 억지일지 모르지만, 상대성 이론의 공리($E=mc^2$)를 교학의 측면에서 재해석한다면 아마도 m은 기억력으로, c는 창의력으로 치환하여 상정할 수 있을 것이다. 여기서 두 가지 교육현상학의 공리를 이끌어 낼 수 있다. 즉, '기억은 창의에 선행한다.' 와 '창의력은 기억력의 제곱이다.' 라는 것이다.

기존의 우리 교육학 이론이 기억(m)의 메커니즘에 바탕을 둔 교수-학습의 환경과 효율에 치중했다면, 앞으로는 몰입과 창의의 메커니즘(c)에 주목하는 노력을 경주해야 할 것이다. 여기서 우리는 m과 c를 다음과 같이 즐겁게 상정해 볼 수 있을 것이다.

우선 m은 must, massive, misery, mystery, military, machinery, mad, magnitude, maintenance, majority, manner, majesty, maniac, manifest, marketable, mark(score), mastery, material, measurement, meditative, merit, mighty, mimicry, mind, minute, model, monotonous, morale 등과 같이, c는 can, carve, chance, change, clever, comfortable, common, complicate, confidence, curiosity 등과 같이 다양한 스펙트럼으로 바라보는 것이다. 전체적인 뉘앙스를 볼 때 전자는 부정과 비관, 강박과 경쟁 등의 이미지를 내포하고 있고, 후자는 긍정과 낙관, 희망과 조화의 이미지를 내포하고 있다.

참고문헌

고요한(2011). 용례로 배우는 교양심리학. 서울: 일문사.

김은주(2006). 명강의 핵심전략: 상호작용을 높이기 위한 37가지 귀뜸. 서울: 연세대학교 출판부.

김재만(1994). 진보주의교육과 생장이론. 서울: 교육과학사.

윤팔중(1995). 전인교육을 위한 교육과정. 서울: 배영사.

장미정(2005). 하버드 vs. 서울대. 서울: 도서출판 답게.

정 숙(2011). 스토리텔링으로 소통하라. 서울: 차림.

조 벽(2001). 조 벽 교수의 명강의 노하우 & 노와이. 서울: 해냄.

吉本均(1994). 수업과정의 인간화(박병학 역). 서울: 교육과학사.

德田和嘉子(2006). 도쿄대 공부법(지세현 역). 서울: 들녘.

立花隆(2003). 도쿄대생은 바보가 되었는가(이정환 역). 서울: 청어람미디어.

Bok, D. (1986). *Higher Learning*. Harvard University Press.

Duderstadt, J. J. (2004). 대학혁명(이철우 외 역). 서울: 성균관대학교출판부.

Green, K. (2006). 아이비리그 천재들의 공부법(정신아 역). 서울: 황금가지.

Leitner, S. (2005). 공부의 비결(안미란 역). 서울: 들녘.

Light, R. (2003). 하버드 수재 1600명의 공부법(조갑제 편). 서울: 월간조선사.

Phye, G. D. (Ed.). (1997). *Handbook of Academic Learning: Construction of Knowledge*. San Diego: Academic Press.

Pollock, E. (2004). 아이비리그로 가는 공부기술: 에릭 폴락의 일류학생 프로젝트(신영지 외 역). 서울: 어진소리.

Smith, H. P. (1954). *Psychology in Teaching*. New York: Prentice-Hall, Inc.

Torrance, E. P., Myers, R. E. (1972). *Creative Learning and Teaching*. New York: Dodd, Mead & Company.

Wilkinson, B. H. (2001). 배우는 이의 7가지 법칙(홍미경 역). 서울: 디모데.

Woods, P. (Ed.). (1996). *Contemporary Issues in Teaching and Learning*. New York: Routledge.

제 4 장

서양의 교수학: 가르침의 기술 1

페다고지든 안드라고지든 교육의 본질은 가르침과 배움의 교호 작용을 전제로 이루어지는 인지적, 정의적, 행동적 측면의 변화에 있다. 다만 페다고지와 안드라고지의 가장 큰 차이는 가르침의 영향력에 있다. 페다고지가 주로 교수의 효율성에 초점을 두고 있다면, 안드라고지는 학습의 자율성을 강조한다. 이해 편의를 위하여 이항(二項)모형(binary model)을 기반으로 가르침의 두 가지 패러다임을 설정하면 〈표 4-1〉과 같다.

〈표 4-1〉 가르침과 배움의 패러다임

학문	구분	이항모형	
철학	존재론	소유(to have mode)	존재(to be mode)
	가치론	보편(universality)	상대(relativity)
	인식론	객관(objectivism)	구성(constructivism)

심리학	사고형태	패러다임 (paradigmatic thinking)	내러티브 (narrative thinking)
	지능유형	유동지능 (fluid intelligence)	결정지능 (crystallized intelligence)
	지식유형	형식지(explicit knowledge)	암묵지(tacit knowledge)
	지능이론	일반지능(GI)	다중지능(MI)
	두뇌회로 (brain-wiring)	직선형 (linear/result oriented)	나선형 (circular/process oriented)
	기저심리학	행동주의(behaviorism)	인본주의(humanism)
	지식구성체	발견(discovery)	발명(originality)
	뇌 활성	좌뇌형(left brain)	전(全)뇌형(all brain)
	동기화	결핍동기(difficulty needs)	성장동기(growth needs)
	획득지식	평가지 (test-taking knowledge)	습관지 (ritual knowledge)
	지식 활용	이론지향[theoretical(scholar) knowledge]	실용지향 (practical knowledge)
교육학	교육철학	항존주의(perennialism)	진보주의(progressivism)
	핵심가치	이성(reason)	변화(change)
	학습형태	수동학습(learn)	주도학습(study)
	학습장면	구조적(constructive)	상황적(situational)
	교육이념	페다고지(Pedagogy)	앤드라고지(Andragogy)
	교수형태	교수teachering)	멘토링(mentoring)
	교육과정	표면적 교육과정 (surface curriculum)	잠재적 교육과정 (hidden curriculum)
	공부동기	평가목표동기(evaluation goal)	학습목표동기(learning goal)
	이해구조	교재중심 (text bound/book smart)	상황중심(context bound/ street smart)
	학습경험	실라버스중심(syllabus bound)	탈(脫)실라버스(syllabus free)
사회학	리더십	강력한 카리스마 (charisma)	다양한 리더십 (situational leadership/ servant leadership/ self leadership/ silent leadership)

전제로 한다.

학습 내용은 학습자의 능동적, 비판적, 반응적, 분석적 참여를 자극하기 위하여 계획되어야 한다. 그것들은 학습자가 그 자신만의 언어로 자신만의 경험적 바탕에서 학습 내용의 용어들을 재구성하도록 만든다. 그리하여 학습 내용들은 단순히 축어적으로 학습되는 것이 아니라 학습자의 인지구조 안에서 잘 조직화될 수 있고, 다가올 미래 상황에서도 학습자에게 유용한 채 남아 있도록 그 스스로가 의미 있는 방식으로 배우게 된다. 이러한 두 가지 학습계획을 실시하기 위한 교수(teaching)전략은 매우 적절하고 포괄적인 조직자(organizers)의 활용을 포함한다.

선(先)조직자(advance organizer)는 새로운 교수자료의 단위가 (수업에서) 요구되는 개념적 토대를 제공하는 것과 병행되어야 한다. 그리고 학습자가 이미 지니고 있는 인지구조 속에서 의미 있는 방식을 통해 새로운 교과와 관련된 문제들을 부담스럽게 만들서는 안 된다. 선조직자란 상세한 진술에 앞서는 상당히 일반적이고 포괄적인 수준에서 쓰인 아주 간단한(포괄적인, umbrella) 진술이다. 선조직자의 가치가 부분적으로 '얼마나 학습 내용을 잘 조직하였는가?'에 의존하고 있는 것은 명백하다.

의미 있는 학습과 기억을 위하여 두 가지 종류의 선조직자가 사용될 수 있다. 하나는 설명적인(expository) 조직자로서, 학생들에게 완전히 친숙하지 않은 학습 내용에서 매우 적절하게 최적의(proximate) 포괄성을 제공할 수 있다. 이러한 포괄성은 우선 학습자에게 이미 친숙한 측면에서 개념적 연계를 제공한다. 다른 하나는 비교에 의한(comparative) 조직자로서, 학생들에게 상대적으로 친숙한 학습 내용에서 자신의 인지구조 안에서 새로운 개념을 기본적으로 유사한 개념들과 통합할 뿐만 아니라 새롭거나 실재하는 개념들 간에 차별성을 높이기 위하여 사용될 수 있다.

오스벨의 의미수용 학습이론은 학생들이 새로운 정보체(bodies of new information)를 만났을 때 발생하는 학습의 형태다. 그의 이론은 습득과 파지를 통제하는 변인들을 분리시키고, 학급 장면에서 학생들에게 전형적으로 제시되는 잠재적으로 의미 있고 유관된 토론체로 전이시키기 위한 시도다.

오스벨이 정립한 교수이론의 핵심 요소는 인지구조라고 불리는 개념으로 학습자에게 어떤 새로운 정보가 제시되었을 때 이미 그가 갖고 있는 어떤 교과목에 대한 사고조직을 의미한다. 개인이 갖고 있는 인지구조의 정확성과 종합성은 새로운 교과 정보를 습득하거나 파지를 촉진하는 데 매우 중요한 역할을 한다. 학습부진과 쉽게 잊어버리는 것은 부적합한 인지구조의 기능 때문이다.

교사의 중요한 기능은 교과의 지식들을 텍스트, 강의, 토론, 영화 등과 같은 장치들을 통하여 학생들에게 전달하는 것이다. 수업은 반드시 의미 있는 과제를 활용해 이루어져야 하며, 그 방법은 교과목이 학생들의 인지구조와 통합되도록 구성되어야 한다. 교사의 중요한 임무는 교과목의 잠재적인 의미를 고려하여 그것을 인지구조의 사전 요소와 연관시키고, 학생들의 인지구조에서 일어나는 포섭 작용이 방해받지 않도록 하거나 최소한 금지되도록 유의하는 것이다.

오스벨에 의하면, 학습이란 학습 과제로 제시된 잠재적 의미로부터 (실질적인) 의미를 습득하고 그것들을 유용하게 만드는 과정을 의미한다. 학생은 교사가 한 말이나 교과서에 제시된 단어나 말의 순서를 단순히 복제하는(duplicate) 것이 아니라 자신이 배운 기초 개념과 아이디어를 숙지하도록(master) 노력해야 한다. 오스벨의 이론은 학습 과제의 조직적 속성과 대량의 교육 정보가 학생들에게 선택적으로 처리되어 유용한 형태로 보존되는 조건들을 강조하고 있다.

한마디로 오스벨의 구두식(口頭式) 유의미 학습이론은 대단히 힘 있어 보이지만 한계가 있다. 그의 이론은 인지적 변인의 원인이 되는 특이한(differential) 망각에 대한 상당한 영향력에 대해 강점이 있다(학습 과제에 대한 망각의 원인이 단순한 암기식 수업방식에 기인한다는 점을 규명한 것). 이 이론의 또 다른 강점은 비언어적 혹은 문제 해결 경험 없이도 의미 있는 학습을 내면화할 수 있다는 점이다.

오스벨의 이론은 그의 저서와 논문들을 통하여 충분히 명료하게 제시되었다. 그가 말하는 의미학습의 과정, 특히 선조직자의 역할, 점진적 차별의 원칙, 통합적 조정, 포섭과정 등을 강조하는 것에 충분히 공감할 수 있다. 그러나 그가 사고기술의 발달을 어떻게 다루고 있는지는 명료하지 않다. 그는 과연 모든 학습자를 경쟁력이 있는 비판적이고 창조적인 사고자로 만들 수 있음을 전제로 하고 있을까? 그의 이론에 내재된 비교적 덜 복잡한 종류의 인지학습은 이해하기 어렵다. 우리는 그것들을 어떻게 다루어야 하는가?

오스벨의 이론은 학생들이 내적인 정신적 조작이 가능하고, (또한 현재의 구체적-실증적 경험이 없는 경우) 구두로 제시된 전제들을 이해할 수 있을 때까지는 효율적이거나 실제적인 방법이 되지 못한다. 피아제(J. Piaget)의 인지발달이론 개념(감각운동기-전조작기-구체적 조작기-형식적 조작기)에 비추어 볼 때 형식적 조작기 혹은 그 이후에나 가능한 것으로 보인다. 또한 학습 과제의 내용이 발견에 의하여 제시되는 것이 아니므로 수반되는 학습활동이 새로운 의미를 이해하고 그것들을 현존하는 인지구조에 통합하는 데에는 한계가 있는 것처럼 보인다.

오스벨의 이론은 단순 암기식 학습 형태를 비난하고 사전에 제시된 과제 없이도 새로운 학습 과제를 통합하기 위하여 조직의 원칙을 강조하는(cherish) 교수법에 효과적인 접근법들을 열거하고 있다. 그의 이론은 아마 초등학교 수준에서 다루는 주제를 제외한 어떤 주제에 관한 교실수업에서 효과적으로 활용될 수 있으며, 교사에게 흥미를 느끼는 학생들을 자신의 수업전략에 동화시키기 위한 경우에 상당히 좋다.

오스벨은 내적 정신과정으로서의 인지적 학습모형 발전에 독특한 공헌을 했다. 그의 이론은 특히 우리나라의 학교들에서 가르치는 대부분의 방법이 구두방식이며 단순 암기방식인 상황에서 교수과정에 대한 풍부한 시사점을 제공했다. 우리가 앞으로 그의 이론을 적용할 때는 다음의 사실에 주의해야 한다. 즉, 의미수용 학습 상황에서 학습자는 자신이 단지 모호하고 복잡한 원칙(generalities)을 파악했다고 여기지만, 어떤 경우든 실제 의미의 포착이 아닌데도 사전에 의도했던 의미를 실제적으로 포착한 것으로 믿는 것처럼 잘못 이해하는 경향이 있다는 것이다.

사고-전략 기반의 가르침[2)]

타바(H. Taba)는 효율적인 수업전략의 준거를 개발하기 위하여 이론적인 구성을 발전시켰다. 그녀는 사고의 학습이란 근본적으로 개인과 그를 둘러싼 환경 간의 활성화된(역동적인) 교류라고 보았다. 사고의 발달에서 단순하고 좀 더 구체적인 수행(연습)이 선행되어야 하고, 이것들은 향후 좀 더 복잡하고 추상적인 것들을 위하여 준비하는 순서를 따른다고 여겼다. 그리고 개념적 인지구조가 부단한 재조직을 수행한다고 생각하였다.

이러한 재조직의 역동성은 현존하는 개념적 인지구조 속으로 (새로운) 정보를 수용하거나[피아제의 동화(assimilation) 개념], 받아들인 정보나 문제가 (기존의) 인지구조와 맞지 않아 부조화를 유발하는 경우마다 확장과 재조직[피아제의 조절(accomodation) 개념]의 순환으로 시각화할 수 있을 것이다. 타바는 인지구조의 요구나 특별한 내용의 논리와 관련지어 자율적인 정신과정을 고양하기(cultivating) 위한 전략의 필요성을 강조하였다.

- 수업전략의 핵심은 학습자를 문제 상황에 직면하도록 하는 것인데, 그것은 실패의 감정을 유발하고 탐구 의욕을 자극한다.
- 탐구행위에 도전하고 자율적인 탐험이나 실험을 위한 기회를 유지하

2) 김순택(1988), 이성호(1999), 이성호(2003), Bruner (1968), Gagné (1916), Gredler (1992), Hyman (2001), Joyce & Weil (1980), Nacino-Brown, Oke, & Brown (1989) 등에서 해당 사항을 참조하여 재구성함.

기 위하여 어떤 정보는 보류하고 어떤 정보는 상당 수준 일반화하는 것이 관례다.

- 수업전략은 대개 개인들에게 정보 변용의 책임을 부과하도록 정치(定置)시키고, 그들이 새로운 통찰을 얻도록 정보를 재수집하는 것을 목적으로 한다.
- 교과의 개념(학습목표)과 정신적 작동은 연합, 정교한 차별화, 고수준의 추상화, 전이와 적용을 요구하기 위하여 추상성과 복잡성을 향상하는 반복적 위계 속에서 조직되어야만 한다.

타바는 수업전략을 다음 두 가지 범주로 구분하였다. 첫째는 일반적 전략으로서, 비교적 정확하게 특성화할 수 있다. 둘째는 개인적이고 개성적인 전략으로서 개별 교사들에게 독특한 것이다. 그녀는 교수 모듈을 개발했는데, 이는 학생들로 하여금 높은 수준의 사고를 만들어 내는 안내와 같은 것이며 순차적으로 이어지는 일종의 교수행위의 순서다. 수업 모듈은 교사의 질문이나 진술의 여러 가지 형태로 만들어질 수 있다.

질문에 초점 맞추기 (교사가 머릿속으로) 생각 중인 수업 주제와 (학생들에 의하여) 수행되어야 할 인지 작동을 구축한다. 최초의 주제로 되돌아가서 토론을 유발하기 위하여 재초점화가 필요할 수도 있다.

동일 수준에서의 사고 확장 사고가 다른 수준으로 상승하기 전에 충분한 양의 동화를 허용하기 위한 준비를 충족한다. 이것은 본질적으로 어떤 한 학생의 대답만으로 다음 질문으로 상승하는 것이 아니라, 일단(一團)의 학생에게 동일한 질문에 대한 반응을 유도하기 위한 전략이다.

사고 수준 상승 교사든 학생이든 이전의 사고 수준보다 더 고차적인 수준으로 사고를 이동시키는 정보를 주거나 탐색할 때 일어난다.

사고의 조정 교사가 (단순한) 설명을 찾는 대신에 (자신이) 관찰한 현상을 범주화 혹은 유목화하거나 설명하는 것과 같이 학생 스스로 자발적으로 수행해야 할 것을 제시할 때 발생한다.

타바는 교실 참여의 다면적인 분석을 통하여 학습자의 숙달된 사고 수준이 교사에 의하여 단순히 주어진 반응을 유도하는 단일 행동의 본질에 의한 것에만 영향을 받지 않는다는 것을 발견하였다. 그녀는 수업전략이 효율적이기 위해서는 첫째, 초점 맞추기, 확장하기, 상승하기, 조정하기 기능 등의 특별한 조합, 둘째, 동화의 속도와 이러한 기능의 타이밍, 셋째, 각 단계의 속도 변화와 각 단계에서의 학습 고원 상태를 어느 정도 계속할 것인가를 결정하는 것 등으로 구성되어야 한다고 믿었다.

이처럼 타바는 이들 간의 조화가 단순히 초점 맞추기 단계에서 이루어지는 이동의 빈도뿐만 아니라 수업전략의 전체를 구성한다고 생각하였다. 언젠가 그녀는 (학생들에게) 적당한 반응을 이끌어 내는 데 성공하는 것이야말로 (교사가 수행하는) 수업전략의 효율성 수준을 가늠할 수 있다고 말했다.

사고의 교수 가능한 측면과 학습 가능한 측면에 다다르기 위한 노력을 거듭하면서, 타바는 세 가지 인지 과제의 순차를 계층화하여 제시하였다. 그녀는 각각의 이전 단계는 다음 단계를 숙지하는 데 사전에 요구되는 것임을 믿었다.

개념 형성 개념 발달은 세 가지 절차와 수행으로 구성된다. 첫째, 어떤 대상이나 사건의 성격이나 속성을 구별하는 과정이다. 둘째, 서로 다른 대상이나 사건을 정렬하는 과정에서 어떤 공통적인 속성을 추상화하고 그것들이 지닌 어떤 유사한 속성에 근거하여 그룹으로 묶는 소위 집단화의 과정이다. 셋째, 별개의 대상이나 사건을 망라하거나 조직화할 수 있는 범주나 개념의 발견으로 간주되는 범주화와 명명화의 과정이다. 이들 과정은 또한 상위 조정 혹은 하위 조정의 과정을 포함하기도 한다. 즉, 각각의 아이템들이 어떤 범주에 속하는지를 결정하는 과정이다. 교실에서 이러한 인지 과제는 첫째, 구체적인 아이템들을 열거하고 그들의 차이점을 목록화하는 형태, 둘째, 유사한 것들끼리의 집단화, 셋째, 그 그룹에 이름을 붙여 주는 형태로 이루어진다.

자료 해석과 추론　자료의 해석과 그로부터 유도되는 추론은 전형적으로 일반화에 도달하는 귀납적인 절차로 이루어진다. 이러한 인지 과제는 구체적인 자료의 분석으로부터 일반화되고 원칙을 만들어 내는 것으로 구성된다. 이것은 자료들에 어떤 특별한 점이 있는가를 확인하기(모으기), 특별한 아이템이나 사건을 설명하기와 정보 각각의 중요한 의미들을 확충시키고 관계성을 구축하기, 직접적으로 주어진 것을 뛰어넘는 추론과 일반화를 형성하기 등의 하위 절차를 포함한다. 교실에서 이러한 인지 과제는 학생들이 한 종류 혹은 그 이상의 (통계적으로나 개념적으로 가공되지 않은) 원자료와 마주칠 때마다 발생할 수 있다.

원칙의 적용　세 번째 인지 과제는 알려진 조건으로부터 결과를 예측하기 위하여 그리고 새로운 현상을 설명하기 위하여 알아낸(혹은 발견한) 원칙과 사실들을 적용하는 것이다. 이 인지 과제는 본질적으로 두 가지 전혀 다른 수행을 요구한다. 첫째, 예측하기와 가설(假說) 세우기다. 이 과정은 어떤 사실과 원칙이 적절한지 아닌지를 결정하기 위하여 조건이나 문제의 분석을 필요로 한다. 둘째, 사실상 상당한 예언이나 설명을 가능하게 만드는 조건과 예언의 임의적인 결합을 구성하는 정보나 논리적 변수들(parameter)을 발전시키는 것이다.

타바의 귀납적 이론은 발견을 가능하게 만드는 조건에 부합하는 교수-학습 전략을 담고 있다. 피아제의 작업에 기초하여 그녀는 정보의 변용과 그것을 새로운 통찰로 재통합하는 책무를 학생들에게 부여하는 것을 목적으로 하는 수업전략을 발전시켰다.[3] 특별히 초점 전환의 빈도와 교류의 전체적인 모습에서 교사의 행동은 학습에 영향을 미치는 중요한 요인이다. 순차적으로 계층화되어 있는 세 가지 인지 과제의 순서는 개념 형성, 자료 해석과 추론, 원칙의 적용으로 나타난다.

타바의 귀납이론은 인지 발달의 반영, 특히 사고력을 위하여 가르치고 배운다는 점에서 상당한 장점이 있다. 그녀의 이론적 토대는 특히 효율적인 수업전략의 구축이라는 면에서 다소 실제적이며 실현 가능한 측면과 응집력이 있다. 순차적으로 계층화되어 있는 세 가지 인지 과제는 질문을 추출해 내는 과정과 원칙의 적용 단계에서 역동성을 지니고 있다.

타바는 사고전략 발전의 복잡성을 보다 차별적이고 명료하게 제시하였다. 우리는 그녀의 이러한 이론에서 일반화, 차별화, 개념 형성 등과 같은 사고전략의 독특성을 간취(看取)할 수 있다. 그녀는 교육목표로서의 사고장치(도구)를 위한 이론적이고 실험적인 기초를 제공함으로써 그 개념들에 대하여 쉽게 이해할 수 있도록 하였다. 그러나 여전히 '사고'란 궁극적으로 무엇으로 구성되며 어떻게 그것들을 가르칠 수 있는가의 개념에 의심을 갖지 않을 수 없다. 덧붙여 세 가지 사고 과제의 순차에 대한 논리는 사용된 스키마(schema)의 평가(rating)라는 맥락에서 이해하기 힘든 부분이 있다. 타바는 실제적인 교실 장면에서 자신의 이론을 구체화할 수 있는 많은 증거를 보여 주었다. 그녀의 이론은 교육의 추상적인 목표가 지배하는 오늘날 우리나라의 교실 장면에서 보다 더 유용하다고 볼 수 있다. 그러나 그녀의 귀납적 수업이론은 발견을 위한 전략이 수업 장면에서 전략적으로 사용되지 않는 한 효율성이 없다.

3) 반면에 교사의 역할은 학생이 문제 상황에 직면하도록 만들어서 스스로 질문을 이끌어 내어 탐구과정을 시작하도록 도와주고, 학습 과제의 순서를 결정하며, 다른 학생과 더불어 각자의 보조를 맞추어 가며, 자율적인 탐험과 실험을 진행해 나가도록 도와주는 것이다.

타바의 사고력에 대한 교수의 접근은 문화 혜택이 박탈되어 불이익을 당하거나 학습이 더딘, 즉 상대적으로 학습의 초기화가 덜된 학생들에게 영향을 미칠 수 있다. 그녀의 접근은 개별적인 차이가 확연한 교실수업에서는 효과적일 수 있다. 그녀의 수업전략은 다양한 교과에서 제한 없이 적용될 수 있겠지만, 학생의 연령 수준에는 제한을 두어야 할 것으로 보인다. 그녀의 수업전략은 학습의 초기 수준은 물론 마무리 단계에서도 모두 적합할 것으로 보인다.

타바는 능동적인 탐구에 초점을 맞추고 추상적인 개념의 사용을 조직화할 필요가 있는 커리큘럼 개발 분야에서 독특한 공헌을 하였다. 그녀는 교실에서의 학습 경험이 사고의 숙련이 이루어지는 순차로 구성되도록 제안하였다. 그녀는 사고력의 교수(teaching)와 그것의 분석에 과학적으로 접근할 수 있는 가능성을 열어 놓았다. 물론 그녀의 논의 중 모순적인 내용이 없는 것은 아니다. 그러나 적절한 수업전략만 잘 짠다면 추상적 사고학습의 가능성은 학습이 지연되었다고 믿거나 자신의 사고력이 너무 낮아 고등의 정신활동에 미치지 못한다고 생각하는 학생들에게 열려 있을 수 있다.

타바의 귀납적 학습이론은 지적 생산성과 자율성을 위한 주요한 양식으로 부단히 간주될 것이다. 왜냐하면 그러한 학습 유형은 좀 더 영구적이며 전이가능성이 높기 때문이다.

직관-사고 기반의 가르침[4)]

브루너(J. S. Bruner)는 표시라는 것이 행위(몸짓), 이미지 그리고 기호(언

4) 김순택(1988), 이성호(1999), 이성호(2003), Bruner (1968), Gagné (1916), Gredler (1992), Hyman (2001), Joyce & Weil (1980), Nacino-Brown, Oke, & Brown (1989) 등에서 해당 사항을 참조하여 재구성함.

어)의 미디어 속에서 영향을 받고, 각각의 표시 형태는 운동행위의 수행, 이미지 조직, 상징 조작을 지원하기 위하여 특수화된다는 것을 인정하였다. 또한 개별 미디어는 고유의 용어를 통하여 각각의 목표를 달성하기 위한 것으로 여겨진다. 브루너는 다음과 같이 세 가지 표시체계(내적 과정)를 추출하였다(예를 들면, 손을 흔듦-금연 그림-금연이라는 단어).

행위 유발 표시(행위) 행위 속에서 이루어지며 (어떤 자극에 대한) 반응학습이나 습관 형태에 기초하고 있다. 예를 들어, 아이들에게 자극 사태로 야기된(evoked) 행위는 대부분 그것들을 정의하기 위하여 기능할 것이다. 브루너는 행위 유발(enactive) 표시의 기원은 정확하게 행위 요구와 어떤 시각 영역의 속성(property)을 연관시키는 데 도움이 되는 조회(reference) 안에서 구축되었다는 점을 제안하였다.

아이콘 혹은 시각 이미지 표시(감지) 원칙상 인지조직의 원칙과 지각(知覺)조직 안에 있는 경제적 변용(economical transformations)에 의하여 영향을 받는다. 이 표시는 주변 환경의 표면적인 속성에 대한 집중과 이러한 속성을 이미지로 보존하는 특성을 지니고 있다.

상징 표시(상징화) 단어나 언어 속에 있는 표시다. 상징적인 활동(언어)은 다른 동물과 차별적인 인간만의 종(種) 특성을 기반으로 하는 원시적인 체제로부터 유래한다. 학습자가 이러한 상징 표시를 학습하는 적기(適期)는 문법체계에 대한 실질적인(productive) 규칙이 의미구조뿐만 아니라 실제 세계에 연관되는 때다. 상징체계에서 몇 가지 최소단위를 들면 범주, 위계, 서술(predication), 인과관계(causation), 수정(modification) 등이 있다. 특정상징활동, 특히 언어는 이러한 속성이 없다면 논리적이거나 경험적으로 사고할 수 없다.

이러한 세 가지 표시체계는 병행적이기는 하지만 각각의 독자성이 있다. 동시에 그것들은 각각 부분적인 변용이 가능하기도 하다. 여기에는 인지 발달을 위한 매우 중요한 원동력 하나가 숨어 있다. 왜냐하면 두 가지 표시체계가 상응하지 않는다면 심각한 불균형을 초래하기 때문이다.

좀 더 구체적으로 표현하면 두 가지 표시체계가 서로 연관되는 데는 세 가지 기초적인 방식, 즉 조합, 모순되는 조합, 각각 분리 등을 고려해 볼 수 있다. 두 가지 표시체계를 조합하는 경우 유기체는 어떤 특별한 문제 해결 없이 그것의 일상적인 수행과 궤를 같이한다. 그러나 두 가지 표시체계가 잘못 조합되는 경우 둘 중의 하나가 다른 하나를 지배하거나 그 두 가지를 조정하는 스키마 속에서 약간의 교정이 이루어진다.

브루너는 '지식의 구조' 라는 용어를 사용함으로써 학계에 새로운 흥미를 자극하였다. 그는 지식의 구조를 포착한다는 것은 수많은 것이 그 구조와 의미 있게 연관되도록 허용하는 방식으로 그것을 이해하는 것이라고 믿었다. 한마디로 지식의 구조를 배운다는 것은 곧 '사물들이 서로 어떻게 연관되어 있는가?'를 배우는 것이다. 브루너는 (학생들에게) 지식의 기초적인 구조를 가르치기 위한 세 가지 원칙을 다음과 같이 제시하였다.

- 지식의 구조(기초)를 이해함으로써 지식을 좀 더 종합적으로 파악하게 된다.
- 세세한 학습자료들은 그것들을 표시하는 단순화 방식을 통하여 기억 속에 보존된다. 이처럼 단순화된 표시는 '재생적 특성' 이라고 부른다.
- 기초적인 원칙과 개념에 대한 이해는 훈련의 적절한 전이에 이르는 주요한 통로로 나타난다.

초등학교나 중등학교에서 학생들은 배운 (지식의) 기초적인 특성에 대한 부단한 평가를 통해 기초적인 지식과 새롭게 알게 된 지식 간의 간극(gap)

을 최소화할 수 있다. 브루너는 '학생이 교과(지식)를 배운다.' 는 것은 정보의 획득, 변용, 평가라는 세 가지 자극과정을 포함한다고 생각하였다.

정보의 획득 학생이 이미 배운 것을 묵시적 혹은 명시적으로 대체하는 것이다. 최소한 그것은 사전에 학습한 지식을 정교화하는 것이다.

정보의 변용 새로운 과제에 적합하도록 지식을 다루는 과정이다. 변용은 어떤 정보를 단순한 정보 이상으로 다루는 방식을 포함한다.

정보의 평가 우리가 다루는 정보들이 과제에 적합한지의 여부를 체크하기 위한 과정이다.

분석적 사고와 대조적으로, 직관적 사고는 그 특성상 조심스럽거나 정교하게 규정된 순서로 이루어지는 것이 아니다. 그것은 전체적인 문제에 대한 함축적인 지각에 기반을 둔 전략적 행동(maneuver)을 포함하는 경향이 있다. 그것은 대개 관련된 지식의 영역이나 (지식)구조의 정통함(familiarity)에 의지한다. 지식에 대한 통달은 (그 누구든) 생각하는 사람이 그것이 연역적이든 귀납적이든 간에 좀 더 분석적인 용어를 통하여 결론에 대한 최종적인 재검토를 요구하는 방식으로 (학습) 단계를 뛰어넘거나 (학습의) 첩경을 사용함으로써 도약을 가능하게 만든다.

브루너는 소위 다양한 발견과정에 대한 교수를 직관적 사고와 연관시켰다. 발견과정은 본질적으로 문제를 해결하기 위한 엄격한 방식이 아니다. 발견과정은 종종 어떤 문제를 해결할지라도 그 행위에 대한 아무런 보장도 없다. 반면에 알고리즘은 어떤 문제가 해결되기만 한다면 한 사람이 몇 가지 절차 내에서 그 문제에 대한 해법을 발견했다는 것을 보증하는 문제해결 절차를 말한다. 직관적 사고의 몇 가지 양상에 대하여 요약하면 다음과 같다.

활성화　어떤 문제해결 절차에서 첫 번째 요구사항은 초기화, 행위하기, 학습자를 몇 가지 트랙에 맡기기, 그의 내적 사고과정을 외현적으로 요약하도록 허용하기 등이다.

자신감　학생이 스스로 초기화하는 것은 어떤 과제를 수행하는 능력에 대한 자신감을 향상한다.

시각화　대부분의 직관적 발견의 범위와 범주는 직접적인 지각이다. 학생이 최종적으로 '무언가를 알았다' 고 말하는 것은 때로 그가 시각적 혹은 감각적 구상(embodiment)으로 대상을 감지했다는 것을 의미한다.

비언어적 표현　학생은 (어떤 과제를 수행한 결과에 대하여) 자신이 왜 그런 절차를 채택했는지 혹은 어떤 특별한 차별성을 만들어 냈는지에 대하여 장황하게 구술(口述)적으로 변호할 수 없다.

비형식적 구조화　직관이란 비형식적이고 종종 어떤 과제에 대하여 말로 표현할 수 없는 구조화를 기반으로 하는 일종의 지름길(shortcut)이다.

유용한 정보의 부분적 사용　학생은 그가 관심을 기울이는 사물의 범위를 철저히 축소한다.

한편 브루너는 학생이 어떤 것을 설명하는 것에 대한 측정을 반대하여 지적인 성장의 본질에 대한 기준을 다음과 같이 설정하였다.

- 성장이란 어떤 미디어의 자극적 속성(nature)으로부터 반응의 독립성을 증대시키는 것으로 특성화된다.
- 성장이란 환경과 상호작용하는 기억체계에 내면화된 사태에 의존한다.

- 지적 성장이란 자신이 무엇을 했는지 혹은 무엇을 하기 원하는지에 대하여 단어나 상징 수단을 통해 자기 자신에게 혹은 다른 사람에게 설명할 수 있는 능력을 신장시키는 것을 포함한다.
- 지적 성장은 교수자와 학습자 간의 체계적이고 지속적인 상호작용에 의존한다.
- 교수는 대부분 언어의 수단에 의하여 촉진된다. 그것은 궁극적으로 (수업 장면에서) 교환의 수단이기도 하지만, 학습자가 외부 환경으로 나가서 스스로 사용할 수 있는 수단이 되기도 한다(end by).

지적 성장이란 여러 가지 대안을 동시에 다루는 능력, 동일한 시간대에 여러 가지 결과를 내는 능력, 이러한 다양한 요구에 적절한 방법으로 시간과 주의(집중력)를 배분하는 능력을 증진시키는 것에서 두드러진다.

브루너는 교수자와 학습자의 관계는 단순히 어떤 지식이 그것을 아는 사람으로부터 잘 모르는 사람에게 일방적으로 전달되는 것 이상의 그 무언가를 포함한다고 보았다. 교수자는 일종의 정보 소통자이기는 하지만 또한 (학생들에게는) 지적인 기능의 모델이거나 잠재적인 동일시 모델이 되기도 한다. 지식의 정보는 교수자와 학습자 간의 상호작용을 포함하지만, 이러한 상호작용이 지체되기보다는 즉각적인 경우에 좀 더 효과적으로 진행될 수 있다. 그렇다면 이러한 상호작용은 어떻게 진행되는가?

축소-확장의 순환 주기 이 주기는 학습자가 사용한 용어를 교수자가 확장하는 것으로 특징지을 수 있다. 학생은 교사의 설명을 축소한다(요약하여 정리한다). 그러나 교사는 학생의 진술을 확장시킨다(부단히 발문한다).

아동에 의한 진술, 성인에 의한 확장 이 주기에서 교사의 발언은 아동이 설명한 것에 대한 확장보다는 그에 대한 해석에 가깝다.

이처럼 교사와 학생 간의 부단한 관계란 교사가 학습자의 출발점—학생이 무엇을 알고 있고, 어떤 기술과 능력을 지니고 있는지—을 초기화하거나, 학생이 드러내는 것에 대하여 확충과 확장으로 이끌고, (수업활동에서) 주제의 어떤 측면을 고려해야 하는가를 결정하는 데 학생들도 참여하도록 허용하고, 교사와 학생 양자 간에 발생할 수 있는 몰이해를 (직접적으로) 표현할 수 있는(signaling) 기회와 용기를 충분히 주어야 한다는 것을 함축한다.

성장하는 사람은 표시체계의 세 가지 유형, 즉 행위 유발, 이미지, 상징의 수단으로 자신의 경험을 나타낸다. 이들 각각은 어떤 표시를 위한 사태(events)에 따라 독자적인 방식을 지니고 있다. 인지가 발달했다는 것을 명시적로 표시하는 것들(manifestations)은 외부 영향으로 내부에서 일어나기도 하지만 반대로 내부로부터 외부로 일어나기도 한다.

브루너는 (실재하는 지식)구조의 중요성과 (지식구조 간의) 관계성을 추구하는 것이 바람직하다는 사실을 강조하였다. 지식 분야의 광범위한 기초적인 구조 안에서 그들 간의 명확한 맥락을 무시한 채 특별한 주제나 기술을 가르친다는 것은 심각하게 말해서 비경제적이다.

발견학습은 마치 과학자들이 새로운 지식을 향해 부단히 질문을 만드는 방식과 매우 흡사한 과정으로 학생들에게 탐구의 경험을 제공하는 것이다. 발견학습은 의미 있게 배움으로써 그 결과에 따라 유용하거나 혹은 무용하게 만드는 교과목들을 배우도록 학생들에게 자극을 가하는 일종의 장치(vehicle)다. 또한 (학교의) 교과목이란 (학생들에게) 발견적 사고를 가르치는 일종의 수단이다.

발견학습은 학생들의 적극적인 수업 참여가 학습을 위한 필수적인 조건이라는 점을 전제로 한다. 수업의 과제는 교사가 학생들에게 일반성(이미 알려진 원리나 규칙 등)에 대한 명시적인 설명 없이 오히려 학생들이 그 일반성을 추론해 나가는 방식으로 수업조건을 정렬하는 것이다.

브루너의 접근방식은 학습은 물론 '사고' 와도 관련이 있다. 그의 수업모형은 표시체계의 수단에 의한 내적인 과정에서 이루어지며 직관적 사고를 통한 지식의 적용을 반영한다. 그의 이론의 구조는 교사와 학생 간 지속적인 상호작용의 실재에 대한 설명으로부터 시작된다. 발견적 상황에서 학생이 궁극적으로 일반성을 추론하기 위한 것으로부터 일련의 자극을 받을 것이라는 점은 명백한 사실이다. 그러나 교사가 (지적) 자극의 구조 안에서 '어느 정도까지 조심스러워해야 하는가?'의 문제는 앞으로 고려해야 할 점이다.

더욱이 교실에서 이루어지는 발견학습은 학생들이 학습과 사고의 과정에 능동적으로 참여하고 그 수업에 관심을 갖는 한 발견이라는 특징이 나타날 수 있다는 점에서 브루너 이론 중 강력한 장점이기도 하다. 그렇다면 우리는 어떻게 학생들을 발견적 상황으로 동기화할 수 있을 것인가? 교사가 수업에 들어가기 전에 여러 가지 표시의 유형, 경제성, 영향력 등에 대한 수업 내용을 적절하게 구조화할 수 있을까?

발견학습은 수업의 질을 분석하기 원하는 학급교사에게는 아주 실제적이다. 학습의 세 가지 유형과 표시 간의 상호작용을 보장하기만 한다면 오히려 이 이론의 적용은 상대적으로 쉬울 수 있다. 콘텐츠의 개념에서 볼 때 브루너의 접근은 자연과학과 마찬가지로 사회과학, 언어, 수학 등과 같은 교과에도 적절한 방식이다. 학생들에게 어떤 본질적인 동기가 있는 한, 브루너의 접근방식은 학습의 초기 단계에서 매우 적합한 것으로 보인다.

참고문헌

강인애(2001). 왜 구성주의인가. 서울: 문음사.
김순택(1988). 수업모형. 서울: 배영사.
김종문 외(1998). 구성주의 교육학. 서울: 교육과학사.
윤옥한(2008). 명강의 교수법. 서울: 학지사.
윤팔중(1995). 전인교육을 위한 교육과정. 서울: 배영사.

이성호(1985). 교육과정과 평가. 서울: 양서원.
이성호(1999). 교수방법의 탐구. 서울: 양서원.
이성호(2003). 교수방법론. 서울: 학지사.
이홍우(1987). 교육과정 탐구. 서울: 박영사.
정 숙(2011). 스토리텔링으로 소통하라. 서울: 차림.
조연주 외(1998). 구성주의와 교육. 서울: 학지사.
조용개 외(2009). 성공적인 수업을 위한 교수전략. 서울: 학지사.
주삼환 외(1999). 수업관찰과 분석. 서울: 원미사.

吉本均(1994). 수업과정의 인간화(박병학 역). 서울: 교육과학사.

Bruner, J. (1996). *The Education of Education*. Harvard University Press.
Bruner, J. S. (1968). *Toward a Theory of Instruction*. New York: W. W. Norton & Company. Inc.
Dinkmeyer, D., Mckay, G. D., & Dinkmeyer, D. Jr. (1998). 당신도 유능한 교사가 될 수 있다(임승렬 역). 서울: 원미사.
Dreikurs, R. (1971). *Maintaining Sanity in the Classroom: Illustrated Teaching Techniques*. New York: Harper & Row Pub. Inc.
Ellis, R. (2004). *Task-based Language Learning and Teaching*. London: Oxford University Press.
Flitner, A., Scheuerl, H. (2000). 사유하는 교사(송순재 역). 서울: 내일을 여는 책.
Gagné, R. M. (1916). *The Conditions of Learning*. Florida State University.
Gagné, R. M. (1998). 교수-학습이론(전성연 외 역). 서울: 학지사.
Gredler, M. E. (1992). *Learning and Instruction: theory and practice*. New York: Macmillan Pub. Com.
Heck, S. F., Williams, C. R. (1984). *The Complex Roles of the Teacher*. New York: Teacher College, Columbia University.
Hirst, P. H. (1974). *Knowledge and the curriculum* (pp. 101-115). London: Routledge & Kegan Paul.
Hyman, R. T. (2001). 교수방법(권낙원 역). 서울: 원미사.
Joyce, B., Weil, M. (1980). *Models of Teaching*. New Jersy: Prentice-Hall, Inc.
Joyce, B., Weil, M. (1991). 수업모형(윤기옥 외 역). 서울: 형설출판사.
Korthagen, F. A. J. et al. (2007). 반성적 교사교육: 실제와 이론(조덕주 외 역). 서울: 학

지사.

Lipman, M., Sharp, A. M., & Oscanyan, F. S. (1980). *Philosophy in the Classroom.* Philadelphia: Temple University Press.

Nacino-Brown, R., Oke, F. E., & Brown, D. P. (1989). *Curriculum and Instruction: An introduction to methods of teaching.* New York: Macmillan Pub.

Nagel, G. K. (2009). 가르침의 도(김홍옥 역). 서울: 아침이슬.

Phye, G. D. (Ed.). (1997). *Handbook of Academic Learning: Construction of Knowledge.* San Diego: Academic Press.

Pinar, W. F. et al. (2001). 교육과정 담론의 새 지평(김복영 외 역). 서울: 원미사.

Resnick, S. A., Wolff, R. D. (1987). *Knowledge and Class.* Chicago: University of Chicago Press.

Schmidt, S. J. (1995). 구성주의(박여성 역). 서울: 까치.

Schort, E. C. (1991). *Forms of Curriculum Inquiry.* State University of New York Press.

Smith, H. P. (1954). *Psychology in Teaching.* New York: Prentice-Hall, Inc.

Torrance, E. P., Myers, R. E. (1972). *Creative Learning and Teaching.* New York: Dodd, Mead & Company.

Tyler, R. W. (1971). *Basic Principles of Curriculum and Instruction.* Chicago: University of Chicago Press.

Wilkinson, B. H. (2001). 배우는 이의 7가지 법칙(홍미경 역). 서울: 디모데.

Woods, P. (Ed.). (1996). *Contemporary Issues in Teaching and Learning.* New York: The Open University.

제 5 장

서양의 교수학: 가르침의 기술 2

학습-사태 기반의 가르침[1)]

가네(Gagné)는 학습이 일어나는 상황, 소위 '학습의 조건' 몇 가지를 규명하거나 구분하려고 시도하였다. 그는 학습의 발생이 학습 상황 전후에 나타나는 것으로 인간 행동의 차이로부터 추론된다고 여겼다. 그러나 대부분의 전통적인 학습 형태(prototype)에 따르면 선행하는 (학습)능력의 실재는 종종 무시되거나 소홀히 취급되었다. 가네는 학습자의 초기 능력이 그가 행하는 향후 학습조건에 중요한 역할을 한다고 믿었다. 가네는 학생이 소유하는 최초의 (학습)능력을 학습자의 내적 조건(internal conditions)이라

1) 김순택(1988), 이성호(1999), 이성호(2003), Bruner (1968), Gagné (1916), Gredler (1992), Hyman (2001), Joyce & Weil (1980), Nacino-Brown, Oke, & Brown (1989) 등에서 해당 사항을 참조하여 재구성함.

고 불렀다.『학습의 조건(*The Conditions of Learning*)』을 발표한 후, 가네는 학습의 차별적인 조건의 다양성을 탐구하거나 규명하고자 노력하였다.

가네는 학습의 유형을 여덟 가지로 구분하였다. 각각은 독자적인 규칙을 바탕으로 내적 능력의 (측면에서 볼 때) 상이한 지점에서 출발하고, 학습의 수행이 효과적으로 발생하기 위해서는 각각 상이한 내적 상황을 요구하는 것처럼 보인다. 그러나 가네는 여덟 가지 학습목표(학습 유형)를 단순한 것에서 복잡한 것으로 위계화하였다.

그런데 이것은 학습의 위계상 하위에 있는 내용이 반드시 숙달된 후에 차상위의 학습을 수행할 것을 전제로 한다. 가네는 학습 형태를 각각 구분하는 조건의 가장 중요한 단계(class)는 학습의 최초 단계, 다시 말하면 (학습의) 필수조건(prerequisities)이라고 믿었다. 여덟 가지 단계별 학습 유형(학습 위계)을 요약하면 다음과 같다.

유형 1: 기호학습 학생들은 어떤 기호에 대한 일반적이고 산만한(diffuse) 반응 형태로 학습한다.

유형 2: 자극반응 연결학습 학생은 차별적인 자극에 대한 (비교적) 실질적인(precise) 반응을 습득한다.

유형 3: 운동 연쇄 앞에서 습득한 것을 한두 가지 혹은 그 이상의 자극-반응의 결합으로 연결한다.

유형 4: 언어적 연합 언어적 연합이란 언어적인 연결을 학습하는 것이다. 근본적으로 그 조건은 자전거의 체인과 흡사하다.

유형 5: 변별학습 학생은 (외부에서 가해지는) 갖가지 자극에 대하여 차별적인 반응을 학습한다. 그것들은 마치 몸집의 크고 작음과 같다.

유형 6: 개념학습 학생은 마치 각각의 몸집 크기에 따라 보편적으로 이루어지는 자극 위계에 대한 일반적인 반응능력을 습득한다.

유형 7: 규칙(원리)학습 쉽게 말해, 규칙은 두 가지 혹은 그 이상 개념의 연계를 의미한다. 그것은 언어적 형태로 제안된 방법으로 (학생의) 행동을 조정하는 기능을 한다.

유형 8: 문제 해결 문제 해결은 대개 사고라고 부르는 내적 사태를 필요로 하는 학습을 말한다.

가네는 주의집중(attentional sets), 동기, 발달상의 준비 상태 등과 같은 학습의 전제조건을 규명하였다. 이러한 것들은 학습의 준비를 구축할 때 중요한 세 가지 요인이다. 가네는 모든 학습 유형에 일반적으로 적용되는 학습 순서의 국면을 제시하였다. 일단 어떤 자극 상황(기대 등을 통한 동기 유발 단계)이 제시되면 그것을 이해하기 위한 시간이 필요하다. 이러한 이해 국면(선택적 지각 등의 주의를 통한 포착 단계) 뒤에는 획득 국면(기호화 등을 통한 단기기억 단계)이라고 명명된 사태(event)가 잇따른다. 이때 새로운 능력의 기초가 되는 중심적인 신경 시스템상의 변화가 실질적으로 일어난다.

획득 국면 후에는 새롭게 배운 것(entity)을 일정 기간 동안 파지할 수 있도록 하기 위하여 기억저장소에 보내는 (정신의) 내적 활동이 뒤따르는데, 이를 저장 국면(장기기억을 통한 파지 단계)이라고 한다. 네 번째 주요한 국면은 재생(再生)으로 학생이 학습하거나 기억한 능력을 일정한 방식으로 회복하거나 다른 사람들에게 수행하여 보여 주는 것이다.

가네는 이해와 획득의 국면을 학습으로, 저장과 재생의 국면은 기억으로 묶었다(shorthand term). 학습에 후속되는 일련의 사태로 기억을 고려하면서 가네는 기억되는 것에 관하여 어떤 구분을 마련하였다.

- 재인(recognition): 학습자는 이전에 만났거나 이해했던 어떤 장소나 사물을 기억을 통하여 유지하거나 기억을 통하여 재생할 수 있다.
- 언어 정보의 기억: 가장 기초적인 원칙은 바로 연합이다. 또 다른 예는 연속(contiguity)원칙과 오스벨이 강조한 포섭원칙이다.
- 기술의 기억: 중요한 범주로서의 지적 기술은 변별, 연쇄, 범주화, 규칙 사용, 문제 해결 등과 같은 상징적인 활동을 포함하기 때문에 운동기술과는 전혀 다르다.

가네는 지적 기술을 기억하는 과정을 언급하기 위하여 복구(reinstatement)라는 용어를 사용하였다. 어떤 개념을 복구한다는 것은 단순히 언어적 진술이라기보다 그것의 연관 의미를 강조하는 것을 의미한다. 학습자가 목적으로 삼는 능력뿐만 아니라 그가 최초에 갖추어야 할 지적 기술은 둘 다 한 개인이 예전에는 할 수 없었던 것을 지금은 할 수 있게 되었다는 것을 추론하는 데 본질적인 것이다.

가네는 학습자마다 학습의 위계를 지니고 있다고 가정하였다. 그는 각각 순차적 연관을 지닌 일련의 특수한 지적 능력을 언급하기 위하여 이 용어를 사용하였다. 학습 위계는 배울 수 있는 모든 것뿐만 아니라 심지어 이미 배운 것을 대표하며, 그 영역 안에서 기술이 시도된다. 대신에 '대표한다는 것' 은 모든 학습자(entire sample)에게 최대의 긍정적인 전이에 대한 가장 확실한 예측이다. 또한 개별적인 상위 능력은 만약 하위 능력이 사전에 이미 획득되어 있거나 회상이 쉽게 이루어만 진다면 아주 빠르게 학습된다. 더 나아가 가네는 학습 위계의 기초적인 기능단위는 두 개의 지적 기술로 구성되어 있다고 말하였다.

학습 위계는 오로지 내적 조건, 다시 말해서 학습될 수 있는 능력과 이를 위하여 전제되는 능력과 관련되어 있다(pertain). 이처럼 학습자 안에 있는 능력의 차이는 다양한 교과 영역에서 수업 순서에 대한 계획의 가능성을 제공한다. 가네는 지적 기술의 순차(順次)와 수업설계에서 일련의 프레임을 제시하는 순서 간에 어떤 연관성이 있다고 간주하였다. 가네가 지적하는 것의 핵심은 소위 '잘 조직된' 것에서 시작되어 다양한 방식에 의하여 변용되어 제시되는 (수업의) 순서로부터 학생들은 언어적 지식, 심지어 지적 기술을 획득할 수 있다는 것이다.

가네는 학습 위계에 반영된 사태를 '점증(누적)학습'이라고 불렀다. 처음에 가네는 개별적인 학습의 과정(history)은 그 성격상 점증(누적)적인 것이며 학습은 점증 효과를 지니고 있다고 믿었다(다시 말해, 초기의 기초학습이 선행되지 않고도 학습 진도상 중간 단계부터 탁월한 수행능력을 보이는 것은 거의 불가능하다는 것이다).

가네는 점증(누적)학습에도 잠재적인 순서가 존재함을 깨달았다. 그것은 첫째, 낮은 수준으로부터의 전이(skipping), 둘째, 아주 상이한 지식 영역으로부터의 전이, 셋째, 하위 기술들의 전형적인 결합 등이다. 가네는 각각의 새로운 학습 세트에 도달하는 것이 긍정적 전이과정에 달려 있다고 믿었다. 그런데 이런 긍정적 전이는 적절한 하위 학습 세트의 회상과 교수 효과에 달려 있다.

또한 가네는 마지못해 학습이 일어나는 시간에 학습자를 둘러싸는 자극 조건의 순서나 시간, 학습자에게 사용되는 언어적 교수(대화) 수단의 종류를 포함하는 학습의 외적 조건이 있음을 시인하였다. 학습 장면에서 외적 사태에 대한 통제는 전형적으로 수업이라는 단어를 의미한다. 수업의 일반적인 기능은 학생들로 하여금 학습 장면(사태)의 시간과 순서가 학습의 발생 (그들이 학습하기에) 적합하다는 것을 확신시키는 것이다.

좀 더 특수한 기능들은 주의를 집중시키고 통제하는 것, 학생들에게 기대되는 성과를 일러 주는 것, 적절한 사전 능력의 회상을 자극하는 것, 학습 과제에 부과된(inherent) 자극을 제시하는 것, 학습을 위한 안내를 제공하는 것, 피드백을 제공하는 것, 수행에 대하여 칭찬하는 것, 전이 가능성을 준비하는 것, 기억을 확신시키는 것 등이다.

가네는 (학습 성과로서) 지적 기술, 인지전략, 언어 정보, 운동기술, 태도의 다섯 가지의 학습 영역(목표)을 개발하였다. 지적 기술에는 변별, 구체적이고 정의된 개념, 규칙, 문제 해결로 배우는 고도의 순서규칙 등의 하위 범주들이 제시되었다. 언어 정보는 언어적으로 시작된 사실이나 일반성, 운동기술은 육체적인 동작 수행의 실행(글자 쓰기나 달리기 등), 태도는 개인적인 행동과정의 선택 등이 포함된다.

가네는 학습(수행)이 최적의 효과를 창출하기 위해 필요한 (학습)행동을 단순한 것에서 복잡한 것으로 여덟 가지로 위계화하였다. 그가 이렇게 한 가장 중요한 이유는 만일 전제조건이 우선 규정된다면 보다 더 복잡한 형태를 위한 학습조건이 보다 명료하게 기술(記述)될 수 있다는 점을 보여 주기 위해서다.

위계화된 학습행동이란 다음과 같다. 문제 해결과 전략 사용의 학습은 원칙(규칙), 개념, 변별, 언어연합, 연쇄, S-R 연합 등의 사전학습을 필요로 한다. 가네가 학습현상을 설명하는 데 바탕이 되는 철학은 '학습이 가능한 학생이 실제로 존재해야 한다.' 는 전제와 '여덟 가지의 점진적이지만 상이한 학습 형태 간에 어떤 연관성이 실재한다.' 는 가정(postulation)에 기반을 두고 있다. 따라서 그의 이론은 분명히 절충적인(eclectic) 것이 아니다. 그리고 그는 학습이 근본적으로 모든 유형에서 동일하다는 해석을 부정했다. 학습은 단일한(unitary) 실재가 아니다. 다양한 학습 형태의 차이가 그들의 유사성보다 더 중요한 것으로 여겨지고 있다.

이미 과거에 발표된 모든 이론을 구분하는 대신, 가네는 각각 하위 수준의 숙달에 의존하는 학습과 사고 순서에 대하여 생각하였다. 그의 접근방식은 오로지 (학습)행동의 외적이고 관찰 가능한 측면만을 강조하는 최근의 학습이론은 물론 인지적 변인에 대한 관심의 증가를 모두 밝히고 있다.

가네는 개념, 원칙, 문제 해결 등과 같은 학습 성과의 고차원 형태에 포함되는 수업변인에 관련된 명료한 특수성을 제시하였다. 또한 그가 (자신이 설명하는 학습의 여러) 유형들 중의 하나 혹은 다른 것에 따라 학교에서 이루어지는 학습의 수많은 종류를 설명하는 것이 상대적으로 쉽다는 것을 발견하였다는 점은 직관상 명백하다. 그리하여 학습에서 다양한 형태가 반복적으로 자신을 주장하는 일종의 '순환적인 발달'이 있음은 당연하다.

그러나 누구든 '내가 학습을 통하여 경쟁력을 갖추는 과정을 시작했을 때 학습의 최고 수준까지 이르는 과정을 실제적으로 어떻게 지속할 수 있는가?'와 같은 물음으로부터는 자유롭지 못하다. 위계 중의 하위 수준이 상위 수준을 학습하기 전에 (반드시) 숙달되어야 한다는 점은 분명히 수용하지만, 가네가 '위계의 개념에 대하여 어떻게 다루고 있는가?'의 문제는 누구에게나 여전히 의심스러운 점이다.

가네의 접근방식은 만일 아동들에게 전제조건의 학습이 이루어지기만 한다면 그들은 우리가 원하는 어떤 지적인 것을 학습할 수 있다는 점을 확신시켰다. 점증(누적)학습이론과 여덟 가지 위계로 제시된 것을 비추어 볼 때, 가네의 전체적인 노력은 충분한 실천 가능성을 반영하고 있다. 그러나 다양한 형태의 구성요소들에 대한 학습은 상이한 종류의 수업절차를 필요로 한다는 그의 전제적인 가정은 조심스럽게 인식되어야 한다.

수업설계라는 관점에서 가네가 제안한 (학습)체제는 가장 적합한 것일 수 있다. 그의 노력은 우리가 활용하는 데 필요한 수업의 변인들을 구체적으로 설명하는 데 있었다. 그의 수업모형은 '(학습)행동의 어떤 단계가 주어진 조건에서 설계되어야 하는가?'를 결정하기 위한 내용을 구체적으로 설명하는 일에 대단한 영향력이(conductive) 있다. 가네가 이미 보여 주었듯이, 그의 수업모형의 사용은 추상성이라는 대단히 복잡한 것을 요구하는 수준을 제외하고는 학습 내용과 과정에서는 크게 제한받지 않는다.

가네는 (학습) 개념과 기술의 적절한 순차에 관한 비전을 교사, 교재 집필자, 수업 설계자 등에게 제공하였다. 그의 수업모형은 구성적 요소와 그들 간의 관계라는 점에서 볼 때 단위구조를 설명하기 위한 절차와 범주에서 지침을 제시하였다. 그의 구조적 설명은 특징적인(diagnostic) 수업을 마련할 수 있다는 탁월한 청사진을 제공하였다.

특별히 각 종류의 학습능력을 (획득하기) 위한 적절한 학습의 내적 및 외적 조건에 대한 그의 규명은 '다음의 두 가지 수업설계 양상을 어떻게 전개해야 하는가?'에 대한 함의를 제공하였다. 첫째, 추후 시도되는 새로운 학습을 수행할 수 있기 전에 학습자에게 필수적인 것으로 가정하는 사전 학습을 어떻게 헤아릴 수 있는가? 둘째, 각각의 학습 성과의 달성을 위하여 요구되는 적절한 (학습의) 외적 조건의 관점에서 새로운 학습을 어떻게 설계해야 하는가?

과제중심 소통-참여 기반의 가르침[2)]

과제중심 소통-참여 기반의 교수법은 '언어의 가르침이 목표 달성보다는 과정, 의미에 초점을 두고 있다.'는 이론에 근거하고 있다. 여기서 과제는 언어 습득과정에서 중요한 기능과 의미를 중심으로 형태에 대한 습득도 일어나게 한다. 또한 이 교수법은 언어의 구조적, 기능적, 상호작용적 세 가지 모형에 의존하고 있다. 이 교수법에서는 '대화'를 가장 중요한 언어 습득의 도구로 간주한다.

이 교수법은 입력변인뿐 아니라 출력자료까지 모두 활용하여 언어를 사용하는 것에 초점을 맞추고 있다. 과제가 이러한 과정에 동기를 부여할 수 있고 학습의 어려움은 협상을 통해 조정될 수 있다고 간주한다. 또한 타인과의 상호작용을 매우 중요하게 생각하며, 상호작용을 통해 비계(飛階)를 설정하고 실제적으로 도움이 되는 의사소통 능력을 기를 수 있다고 설명한다. 이로 미루어 볼 때, 이 교수법은 사회적 구성주의를 기반으로 한다는 것을 알 수 있다.

이 교수법에서 가장 의미 있는 것은 바로 과제다. 그렇기에 '과제'가 무

2) Ellis (2003). pp. 243-278을 번역 · 요약한 것임.

엇을 뜻하며 어느 정도까지를 포함하는 개념인지를 파악하는 것은 중요하다. '과제' 에 대한 학자들의 다양한 의견은 〈표 5-1〉과 같다.

〈표 5-1〉 과제에 대한 다양한 정의

학자명	정의 및 범주
Long (1985)	비행기 예약하기, 책 빌리기, 신발 사기 등과 같이 실제 생활에서 (대개는 비언어적인) 목적을 이루기 위해 직업과 놀이 환경에서 일어나는 언어를 사용하는 모든 일상적인 활동
Skehan (1998)	의미를 우선으로 두는 활동으로 과제의 성공 여부는 결과물 성취에 달려 있으며 일반적으로 실제 생활에서의 언어 사용과 닮아 있음
Richards & Rogers (2001)	과제는 언어를 사용하여 수행되는 활동으로 퍼즐 해결하기, 지도읽고 찾아가는 법 알려 주기, 전화 걸기, 편지 쓰기, 안내서대로 인형 조립하기 등과 같은 것
Ellis (2003)	인지활동을 통해 언어 지식의 구조화 및 재구조화가 이루어지며 이로 말미암아 습득이 일어남
Nunan (2004)	좀 더 구체적으로 소통적 과제는 학습자가 형태보다는 의미에 집중하면서 목표어를 이해하고 조작하고 생산하고 목표어로 상호작용하여 완성해 가는 교실에서 일어나는 일종의 업무로서, 각각의 독립적 의사소통 행위
Willis (2007)	과제는 문법연습과는 달리 학습자들이 흥미를 가지고 참여하는 의미 중심의 활동들이며 결과물을 만들어 내야 하며 목표 형태를 미리 정할 수 없음
Samuda & Bygate (2008)	총체적 언어 사용으로 개인이나 그룹 활동을 포함하고 유의미한 결과물이 요구되며 입력자료가 주어지고 다양한 단계로 구성되고 과제 수행조건을 조작하여 다양화할 수 있음
Breen (2009)	학습자가 의사소통 중에 목표어 지식과 능력을 다듬을 기회를 가지게 하는 구조화된 계획으로, 즉각적인 의사소통을 요구하는 조금은 복잡한 계획부터 간단한 연습문제까지 모두 포함하는 개념
Larsen-Freeman & Anderson (2011)	학습자들이 수행하면서 의사소통을 해야 하는 것으로, 교수자와 학습자들은 결과물을 통해 과제 수행 중의 의사소통이 성공적이었는지를 확인할 수 있음

출처: 김영주(2012). pp. 17-18 참조.

〈표 5-2〉 과제중심 수업설계의 틀

단계(국면)	활동 사례
과제 수행 전	목표행동(성과) 설정, 시간운용 계획, 유사활동 수행
과제 수행 중	시간 제한, 참여자 수
과제 수행 후	보고서 제출, 의식고양 활동, 과제 반복하기

출처: Ellis (2003). p. 244.

표에 제시된 정의를 종합해 보면, '과제'는 언어를 사용하여 수행하는 의미 중심의 활동으로서 의사소통을 통해 결과물을 만들어 내는 것이다. 엘리스(Ellis, 2003)는 수업에서 이루어지는 모든 언어 사용을 활동(activities)으로 정의하면서 그중 의미중심 언어활동은 과제(task)로, 형태중심 언어활동은 연습(exercise)으로 구분하였다.

형태에 대한 교육을 등한시하던 일반적인 '과제중심 교수법'과는 달리, 엘리스는 의사소통 과제 내에서 문법 도입 및 연습을 제안하며 목표 문형을 미리 설정하고 그것을 명시적 혹은 암묵적 방법으로 학습자에게 노출해야 한다고 주장하였다. 엘리스가 정리한 과제중심 소통-참여 기반의 교수법에 따른 실제 수업설계는 〈표 5-2〉와 같이 세 가지 국면으로 이루어지는데, 이는 수업 전개의 시간상 흐름을 반영한 것이다.

과제 수행 전 단계

이 단계의 가장 중요한 측면은 수행해야 할 과제를 구조화(framing)하는 것인데, 이를 위해 과제 수행활동을 통해 학습자가 달성해야 할 학습목표, 즉 선조직자를 그들에게 제시하는 것이 무엇보다 중요하다. 한편 학습 과제를 제시하는 것(목표 및 활동의 유용성 등에 대한 설명)이 학생들을 동기화하는 데 유용하다. 나아가 활동을 준비할 때는 과제를 수행하는 학생들의 흥미를 자극하는 전략(예를 들어, 학생들에게 어떤 활동을 할 것인가에 대하여 추측하도록 요구하는 것과 같은)이 반드시 포함되어야 한다.

유사활동 수행

이 단계에서 교사는 장차 수행하게 될 주요 활동과 비슷한 내용의 활동을 전체 학생들과 함께 실행하는데, 이는 개별 학생들이 그러한 주요 활동을 사전에 준비하게 하는 데 큰 도움이 된다. 이러한 활동은 질문—대답 형태의 상호작용을 통하여 수행되어야 한다. 교사들은 사전에 수립한 성과목표에 학생들이 한 걸음씩 나아가도록 안내하고, 만약 그들이 어떤 어려움에 부딪히면 학습 속도를 늦추거나 학습능력상의 개인차를 고려한 병행 수단을 강구할 필요가 있다.

그리하여 교사들은 과제 수행 전 활동 및 일련의 수준별(graded) 질문을 포함한 수업계획을 사전에 제시해야 하는데, 이것들은 실제 교실 장면에서 교육적 대화(pedagogic dialogue)로 구체화된다. 과제 수행 전 단계는 활동 과제에 대한 단순한 예시의 차원이 아니라 그것의 본질적 측면에 대하여 숙고하는 의미가 있다. 또한 전문가로서 교사는 학생들이 주요 활동 과제를 수행하는 데 어느 정도의 타자규율이 자기규율을 촉진할 수 있다는 기대감을 갖고 이 단계를 활용한다.

활동모형 제시

이 단계에서 할 수 있는 또 다른 사전 활동은 학생들에게 과제 수행에 대한 큰 부담 없이 그 과제를 수행할 수 있는 모델을 찾아보도록 물어보는 것이다. 최소한 이것은 그 과제를 수행하는 데 이상적인 활동을 예시하는 텍스트(구두든 혹은 기술된 것이든)를 제시하는 것을 포함한다. 이처럼 단순히 다른 방식들을 관찰해 보는 것만으로도 학생들의 인지적 부담을 줄여 주는 데 어느 정도 도움이 된다.

(과제 형태를 띠지 않는) 준비활동

이때 교사들이 선택할 수 있는 준비활동들은 다양하다. 분명한 것은 그것들이 학생들에게 작용하는 인지적 혹은 언어적 부담(demand)을 최소화해야 한다는 것이다. 학습자의 인지 상황(schemata)을 활성화하고 (활동 과제에 대하여 사전에) 배경 정보를 제공하는 것은 향후 수행하게 될 활동 과제의 주제 영역을 분명하게 만드는 수단으로 유용하다.

이를 위하여 브레인스토밍과 마인드 매핑을 활용할 수 있다. 학습자가 어떤 활동을 수행하기 전 자신들이 무엇을 말하고 쓸 것인가?를 알고 있을 때, 그들이 수행한 성과행동의 양적 측면을 설명하는 데 필요한 언어들이 폭넓게 정형화됨은 물론 사용하는 언어의 유창성과 복합성이 크게 향상될 것이다. 또한 문법적인 요소보다 어휘적인 요소와 관련된 활동은 과제를 성공적으로 수행하는 데 도움이 될 것이다.

전략계획

주어진 과제를 수행할 때 시간 제한을 두는데, 이는 '전략(strategic)계획' 개념과 과제를 수행하는 도중에 발생할 수 있는 '실시간 대응(online)계획' 개념을 모두 포함한다. 특히 전략계획을 선호하는 교사들은 다양한 방법을 선택할 수 있다. 학생들은 자신들이 수행하는 활동 가운데 어떤 사항(예를 들어 언어의 유창성, 복합성, 정확성 등)에 주의를 집중해야 하는지 분명하게 알고 있어야 한다.

〈표 5-3〉 전략계획의 예(Balloon Debate 활동을 위한)

전략계획	설 명
전체 파악 (no planning)	학생들에게 이 활동의 내용을 설명하고 역할을 분담시킨 후, '누가 희생되어야 하는가?'에 대하여 논쟁하게 한다.
언어중심 (guided planning)	학생들에게 이 활동의 내용을 설명하고 의사가 희생되지 않아야 할 이유를 설명함에 있어 동사 형태와 조건문 등을 어떻게 사용해야 하는지에 대하여 예시한다.
내용중심 (guided planning)	학생들에게 이 활동의 내용을 설명하고 각각의 사람들이 이 Balloon에 남아 있어야 할 권리를 내세우기 위해 사용해야 할 각자의 성향들을 제시하게 한다. 학생들이 여기에 자신들의 생각을 덧붙여 의견을 개진하도록 안내한다.

출처: Ellis (2003). p. 248.

과제 수행 중 단계

이 단계에서 교사들이 선택할 수 있는 유용한 방법으로는 크게 두 가지다. 첫째, (교실 장면에서) 교사가 사전에 설계한 과제를 실제적으로 수행할 때 '무엇을 우선하여 실행해야 하는가?'와 관련된 다양한 변인으로서 '과제 수행 선택사항'이라 부른다. 둘째, '부과된 과제를 어떻게 완성시켜 나갈 것인가?'에 대하여 과제 수행 도중에 교사와 학생이 실시간으로 의사결정을 하는 것으로서 '절차적 선택사항'이라 부른다.

과제 수행 선택사항

과제 수행 선택사항에서는 세 가지 선택사항을 고려할 수 있다. 첫째, 학생들의 과제 수행에 시간 제한을 둘 것인가의 여부, 둘째, 과제 수행 도중 투입자료(input data)에의 접근을 허용할 것인가의 여부, 셋째, 학생들이 과제를 수행하는 과정에 서프라이즈한 요소들을 어떤 형태로 끌어들여 구성하는가의 문제다.

절차적 선택사항

절차적 선택사항은 과제를 수행하는 방식에서 교수법상의 의사결정보다는 대화의 절차적 방식에 더 초점을 두고 있다. 다시 말해, 과제 수행 선택사항이 어떤 과제를 실제적으로 수행하기 이전에 선택될 수 있는 것이라면, 절차적 선택사항은 반드시 과제가 진행되는 도중에 이루어지는 것이라는 점에서 차이가 있다.

교사가 과제를 수행하는 과정에서 '어떤 대화방식을 전개할 것인가?'의 문제를 실시간 대응방식으로 결정하는 것에는 교사의 이론 활용방식과 실질적인 지식이 반영된다. 동시에 학생들의 입장이나 생각도 반영된다. 즉, 교사나 학생들이 수행하는 과제에는 자신들의 옛 경험이나 특수한 교수-학습 장면에 대한 개인적인 정의(定義)들이 반영될 것이다.

과제중심 수업법의 일반적인 전제는 과제 수행에 의해 그리고 그것을 통해 구성되는 '텍스트, 산만한 대화, 학습의 사회적 실재' 등의 구조는 비교육적 상황에서 벌어지는 것과 일견 흡사하다는 것이다. 비교육적 상황은 첫째, '텍스트(참여를 통해 만들어지는 구체적 언어)' 는 전형적으로 교사 중심적이고, 둘째, '산만한 대화(텍스트가 생산되는 수단들)' 는 학생들이 대화 장면에서 단순하게 반응하거나 아주 소극적으로 참여함으로써 구성되고, 셋째, '사회적 실재(텍스트나 대화활동을 구성하는 조직적, 제도적 환경)' 는 사회적인 문젯거리들을 가급적 회피하는 방향으로 향하고 있다.

그러나 과제중심 수업은 이와 정반대다. '텍스트' 는 학생 중심적이고, '산만한 대화' 는 그 대화를 능동적으로 조절하거나 만들어 나가는 데 큰 도움을 주며, '사회적 실재' 는 사회적으로 발생하는 문제들에 적극적으로 부딪히고 그것을 해결하려는 것에 초점을 맞추고 있다. 〈표 5-4〉에서는 상이한 두 가지 교실수업 장면을 상세히 비교하고 있다. 전통적 형태중심 수업방식에서 언어는 철저히 목적으로 작용하며 학생들은 그저 학습자일 뿐인 반면, 과제중심 수업방식에서 언어는 대화를 위한 수단으로 작용하며 이때 교사와 학생들은 언어를 사용하는 일차적인 사용자로서 기능한다.

그러나 많은 연구 결과를 보면 의사소통 기반의 수업을 주창하는 교사가 실제로 행하는 수업 장면에서조차 〈표 5-4〉의 우측과 같은 수업방식은 거의 이루어지고 있지 않음이 지적되곤 한다. 이런 현상이 생기는 원인은 무엇인가? 대부분의 교실이 '교육적 긴요함(educational imperative)' 에 압도당하고 있음에 기인한다. 그것은 오로지 학습 성과만을 지향하는 일종의 심리적 압박이기도 하다. 이러한 상황에서는 언어가 소통의 수단으로 기능하는 것을 기대하기 어렵고, 교사와 학생 모두 언어의 사용자라는 것이 어울리지 않게 된다.

사실상 과제중심 수업은 학생들로 하여금 자신들이 어디에 있는지, 왜 거기에 있는지를 까맣게 잊고 수업 상황에 참여할 것을 요구하고, 정형화된 방식으로 언어를 가르치고 배우는 것이 아니라 자연스러운 소통 장면을

〈표 5-4〉 전통적 형태중심 수업과 과제중심 수업

전통적 형태중심 수업방식	과제중심 수업방식
IRF(최초 행동-반응행동-피드백) 수업방식에 기반을 둔 엄격한 대화구조를 지속적으로 반복한다.	인접한 짝과 맺어진 다소 느슨한 대화구조를 유지한다.
교사는 수업 주제 개발을 통제한다.	학생들이 수업 주제를 통제할 수 있다.
교사가 turn-taking을 일방적으로 결정한다.	turn-taking은 매일의 대화를 다루는 일관성 있는 방식으로 이루어지며, 발표자는 이를 자율적으로 선택할 수 있다.
질문자는 이미 답을 알고 있는 질문들을 나열한다.	질문자가 답을 알지 못하고 행하는 추론적 질문들을 사용한다.
학생들은 제한적인 기능 수행의 범위 안에서 반응하거나 부수적으로 활동한다.	학생들은 자극-반응의 두 가지 기능을 수행하며, 요청하기, 정보 제공하기, 동의와 동의하지 않기, 지도하기 등과 관련된 폭넓은 언어를 사용한다.
의미를 협상하기 위한 대화 기회가 전혀 필요 없다.	의사소통상 문제가 발생했을 때 의미를 협상할 수 있는 기회가 제공된다.
수업 전개는 일차적으로 학생들이 정확한 문장을 사용하도록 하는 데 향해 있다.	수업 전개는 일차적으로 학생들이 생각하는 바를 말할 수 있도록 힘을 주는 데 향해 있다.
교사가 명시적 혹은 암시적으로 학생의 어휘 사용의 옳고 그름에 대하여 지적하는 언어 형태 중심의 피드백이 이루어진다.	학생들이 사용한 언어의 메시지 내용에 반응하는 내용 중심의 피드백이 이루어진다.
교사는 학급 전체에 이익이 되는 학생들의 말에 대하여만 응대하거나 이를 반복한다.	과제수업을 간(間)주관적으로 완성하기 위하여 교사와 학생들은 반복할 내용을 선택하고 실시한다.

출처: Ellis, R. (2003). p. 253.

통해 그들 자신이 '비지시적으로 언어를 배울 수 있다' 는 신념을 바탕으로 행동할 것을 요청한다. 단순한 해석(interpretation)이 아닌 (능동적인) 교환(transmission)의 교육학적 원리에 따라 학급에서 학생들의 참여가 이루어진다면 이러한 요구는 더욱더 특별한 것이 된다. 교사가 빠진 상태로 동료들 간 상호작용이 이루어지는 경우 과제의 성취는 더욱 수월해질 것이고,

과제중심 교수법에서 요구하는 위기감수 행동들도 자연스럽게 유발될 될 것이다. 이것이 곧 과제중심 수업에서 '왜 짝 혹은 그룹으로 작업이 이루어져야 하는가?' 라는 물음에 대한 하나의 이유가 된다.

그러나 아무리 과제활동에 참여하는 사람들이 언어를 수단으로 취급하고 언어 사용자로서의 기능을 수행한다 할지라도 과제 수행이 지닌 언어 습득의 조장(助長)적 특성에 부합하지 않거나 어긋나는 경우도 있다. 특별한 성과 달성을 목표로 이루어지는 과제 수행이야말로 본질적으로 제한적인 소통으로 흘러갈 것이라는 것은 분명한 사실이다. 그러나 어느 정도 제한된 대화 형태가 오히려 학생들의 목표(행동)에 더욱 부합할 수도 있을 것이라는 점에 대한 논쟁의 여지 때문에 그리고 상호작용의 본질은 '과제의 성격을 어떻게 구상하는가?'의 문제와 '그것들을 어떻게 구체화해 나가는가?'의 절차에 달려 있기 때문에 다소 과장된 면이 있다.

교실 장면에서의 의사소통 환경은 학교 밖에서 이루어지는 맥락적 소통과 구별되는데, 이러한 사실로 인해 교실 안에서 이루어진 대화의 소통적 측면을 평가한다는 것 자체가 도전받고 있다. 또한 '교실에서 이루어지는 과제중심 수업에서는 학교 밖에서 이루어지는 소통행위를 어느 정도 모사(replicate)할 필요가 있다.' 는 전제는 논박당하고 있다. 그럼에도 불구하고 이 상황에서 교사가 '지도자(instructor)' 와 '대담자(interlocutor)' 가 혼합된 역할을 성공적으로 수행하기 때문에 교실 장면에서 이루어지는 대화야말로 교육적으로 효과가 있다. 이 점이 바로 과제중심 교수법이 추구하는 바다. 그렇다면 우리는 수업 장면에서 이를 어떻게 효과적으로 구현할 수 있을까?

첫째, 형태중심 수업방식을 과제 수행의 방식과 혼합해서 내용학습은 학생 중심으로, 형태학습은 교사 중심으로 이루어지도록 수업 형태를 다소 변형시키는 것이다. 둘째, 과제 수행 단계에서 이루어지는 교정(correction)이 본질상 체계적, 의도적 형태로 이루어지기보다는 비체계적, 우연적 형태로 이루어지도록 하는 것이다.

교사들은 형태(문법 등)에 초점을 맞춘 수업목표를 효과적으로 달성하기 위하여 명시적 혹은 암시적 기법을 활용할 수 있다. 이 기법들은 의미 협상이 필요한 경우와 같이 소통상의 문제가 발생했을 때 교사가 '소통 참여자' 혹은 '사용자' 로서의 역할을 포기하고 '지도교사' 로서의 역할이 필요하거나 혹은 의미보다 형태를 협상해야 할 순간에 사용된다. 교사는 협상의 초기 단계에서 직접적으로 개입할 수 있지만, 학생들이 이미 시작한 협상과정에 슬그머니 간섭하여 도움을 주거나 문제 해결을 위하여 넛징(nudging: 슬그머니 옆구리를 찌른다는 의미)하는 형태로 이루어진다.

과제중심 수업을 성공적으로 구현하기 위한 특성적 요인들 중의 하나로 일종의 수업절차 측면을 다루는 사회문화적 이론에 대하여 살펴본다. 이것은 '과제를 수행하는 과정에서 과제 참여자들에게 의미 있는 행동들이 왜 필요한가?' 의 문제에 초점을 두고 있다. 그런데 이 점은 과제 참여자들이 달성해야만 하는 간(間)주관성(intersubjectivity)의 중요성을 강조하는 것이다.

〈표 5-5〉 명시적, 암시적 기법

기 법	상호작용 장치	설 명
암시적	해명 요구	과제 참여자는 다른 참여자가 말한 어떤 사실에 대한 해명을 요구함으로써 최초의 참여자가 자신의 말이나 입장을 정정할 수 있는 기회를 제공한다.
	변경	과제 참여자는 다른 참여자가 사용한 언어를 부분적으로 혹은 전체적으로 다시 말하거나 바꾸어 말한다.
명시적	분명한 수정	과제 참여자는 다른 참여자가 틀리게 사용한 언어 형태를 분명하게 바로잡아 준다.
	메타언어적 조언 및 질문	과제 참여자는 현재시제와 과거시제를 혼동하여 잘못 사용한 참여자에게 주의를 주거나 질문을 한다.
	질문	과제 참여자는 과제를 수행하면서 발생한 특수한 단어의 사용법에 대하여 질문한다.
	충고	과제 참여자(대개 교사)는 특수한 단어의 사용에 대하여 충고하거나 훈계한다.

출처: Ellis (2003). p. 257.

사회문화적 이론에 따르면, (교실 장면에서와 같은 지도 상황에서) 전문가가 초보자에게 제공하는 것 혹은 초보자가 스스로 참여하여 만들어 나가는 것으로 이루어지는 발판 혹은 뒷받침 역할(scaffolding)이야말로 학생들이 새로운 언어 양상을 만들어 내는 데 결정적일 수 있음을 여실히 보여 주고 있다. 또한 과제 참여자들이 상호 협동하는 형태로 과제활동에 참여하고, 서로 간에 대담자로서의 감수성을 보여 주면서 상대방의 공헌에 대하여 수용할 준비가 이루어질 때 과제의 중요성은 증가된다.

이에 대하여 많은 학자가 학습 장면에서 (효율적인) 대화 상황을 구축하도록 안내하는 방안을 제시하였다. 교수학적 대화를 통하여 교사는 학생들이 새로운 언어 양상(과제)을 원만히 수행하여 중추적인 역할을 하도록 도움을 줄 수 있다. 이러한 상황에서 교사는 오로지 교육적 목적을 달성하기 위하여 학생들의 대화 장면을 제멋대로 조형하는(shaping) 것이 아니라 그들과 동반관계 차원에서 대화할 수 있는데, 이때 교사는 '지도교사' 와 '대담자' 의 역할을 결합한 형태의 행위를 수행한다. 이러한 내용을 분명하게 기술할 수 없겠지만, 그럼에도 과제활동에서 요구되는 참여방법과 절차들을 탐구하는 것은 필요하다. 이를 요약하면 다음과 같다.

첫째, 본질적으로 대화는 '소통적인' 것이어야 하는데, 이것은 (단순한 의미 전달의 수준을 넘어) '교육적인 소통' 을 포괄할 수 있다. 둘째, 대화는 가급적 명시적 형태의 메시지를 장려하는 것이어야 한다. 셋째, 학생들에게 언어적 위험을 (잘못된 단어 사용이 용인되도록) 감수할 수 있는 기회를 제공해야 한다. 넷째, 과제 참여자들에게 특수 언어에 대하여 명시적으로든 혹은 암시적으로든 집중하게 만드는 계기를 제공한다. 다섯째, 수행하고자 하는 과제의 목적을 공유한다. 여섯째, 참여자의 노력에 대한 효과적인 뒷받침이나 발판 역할이 이루어지도록 한다.

과제 수행 후 단계

과제 반복하기

많은 학자가 과제 수행을 통해 거둔 성과를 다시 반복하여 실행하게 함으로써 다양한 내용이 개선될 수 있음을 밝혔다. 이러한 과제 반복활동은 처음 수행한 동일한 조건에서 이루어지거나 전혀 다른 조건에서 이루어지기도 한다. 물론 이러한 활동은 과제 수행 중 단계는 물론 과제 수행 후 단계에서 모두 이루어질 수 있다.

수행한 과제에 대하여 되돌아보기: 보고서

학생들에게 어떤 방식으로 과제를 수행했는지 혹은 무엇을 결정하고 발견했는지에 관한 보고서(구두상 혹은 서면상)를 제출하게 하는 것은 필요하다. 이것이야말로 모든 과제 수행절차상의 자연스러운 결론이다. 이때 교사의 역할은 주장의 몫과 비슷하며 학생들에게 용기를 북돋아 주는 것이다. 보고서는 우선적으로 과제에 따른 성과를 요약하는 것이어야 한다.

이를 통해 학생들은 자신들의 과제 수행방식을 되돌아보고, 나아가 계획, 모니터링, 평가 등과 같은 메타인지적 전략(언어학습에서 특히 중요한 것으로 간주되는)들을 발전시켜 나갈 수 있다. 특히 앞의 내용들 중에서 다섯째는 교사가 향후 수업설계를 하는 데 도움을 줄 것이다.

실수에 대한 검토

학생들이 그룹 활동을 수행할 때 교사는 그룹들 사이를 돌아다니며 학생들이 행하는 명백한 실수를 듣거나 기록할 수 있다. 과제활동이 종료된 후, 교사는 전체 학생에게 이 내용을 공표한다. 잘못 사용된 문장의 예를 교사가 칠판에 쓰면 학생들이 수정하고 최종적으로 수정된 내용을 다시 한 번 써 보게 하며 간단한 이유를 설명한다. 과제 수행을 분석하는 흥미로운 방식으로는 검산(proof-listening)이 있다. 이는, 첫째, 과제를 수행한 학생이 자신의 행동을 검토하거나 구성하고, 둘째, 영상 기록을 다른 학생들에게 들려주고 논평, 지적, 질문 등을 요구하며, 셋째, 교사가 간과된 부분들을 지적하여 준다.

의식을 고양시키는 작업 수행

의식고양(CR) 활동은 본질상 수업 장면에서 중요한 작업으로 활용될 수 있다. 그러나 그것은 통상 우리가 추수지도(follow-up)라고 부르는 과제(잘못 사용한 특수 형태들을 분명하게 바로잡아 주거나 주요 과제에서 빠뜨린 내용들을 지적함)로도 활용될 수 있다. 추수지도로 사용될 때 CR 작업은 과제를 수행한 학생의 기록물로부터 유용한 자료를 추출할 수 있다. 예를 들어, 학생의 단어 사용 빈도, 동일한 실수를 반복한 모든 사례, 실수를 확인하라고 경고받은 횟수, 문장 수정 횟수 등이 확인될 것이다.

성과를 숙달시키는 활동

또 다른 방식 혹은 앞과 같은 CR 작업에 덧붙여 전통적인 방식의 활동을 제공할 수 있다. 전통적인 방식으로는 반복, 대체, 변형, 대화 등 다양하다.

과제 수행에 대한 논평

과제 수행에 대한 추수활동으로 개발된 논평방식에 대하여는 다양한 의견이 있다. 구술(dictation)연습을 활용할 수 있고, 학생들이 자신들이 수행한 과제들로부터 발췌본(약 90~120초 분량)을 만들어 보도록 할 수 있다. 물론 발췌된 내용은 학생 자신의 의사에 따라 새롭게 편집할 수 있게 허용된다. 교사는 워드프로세스 작업을 통하여 그것들을 교사 버전으로 재구성하고, 다음날 그것을 학생들에게 제시하여 학생들이 작성한 것과 서로 비교하게 만든다. 이러한 발췌 작업은 학생들이 상호 간에 효율적인 협응활동을 수행하고, 몇몇 잘못된 내용을 수정하며, 자기 자신이 저지른 실수는 물론 다른 친구가 저지른 실수를 수정하는 데 몰두하게 만드는 장점이 있다.

수업활동 참여 형태

수업에서의 참여 형태란 '조직화된 과제 수행에 교사나 학생이 어떤 형태로 참여할 것인가?'에 대한 절차적 문제다. 이 형태는 참여 형태가 개인적인가(학생 각자 과제를 수행하는) 혹은 사회적인가(참여자 간의 상호작용이 이루어지는)에 따라 구분된다. 후자의 경우에는 다양한 선택변인이 있을 수 있다. 첫째, 교사가 학급 전체에서 락스텝(lockstep: 앞 사람과의 거리를 천천히 좁혀 나가는 보행법)의 형태로 활동을 지휘하는 것, 둘째, 한 학생이 교사의 역할을 하며 나머지 학생과 함께 과제를 수행하는 것, 셋째, 학생이 짝이나 그룹의 형태를 정하여 상호작용하는 것 등이다. 참여 형태의 선택은 학급 내에서 이루어지는 상호작용의 범위와 형태에 영향을 미친다. 나아가 과제중심 수업에서 이루어지는 상호작용의 중요성은 수업 양상에서 분명히 상당한 의미를 지니고 있다.

참여 형태는 어떤 형태든 모든 수업 장면(주요 과제를 수행하는 장면을 포함)에서 각각의 유용성을 내포한다. 과제중심 수업에서 이루어지는 토론은 '주요 과제는 짝이나 그룹의 형태로 이루어져야 한다.'는 전제를 기반으로 한다. 과제 수행에는 정보 교환, 협동 작업, 동등한 참여 기회 등이 요청된다. 학생들이 짝이나 그룹으로 과제를 수행하는 것을 '과제 순환(task cycle)'이라 한다.

학생들의 과제 수행 참여와 상호작용을 당연하게 여기는 '과제중심 교수요목을 어떻게 구성하는가?'는 중요한 문제다. 과제중심 수업법과 관련된 기존의 연구물들은 바로 이에 대하여 빠짐없이 언급하고 있다. 그러나 그것이 항상 정당성을 용인받는 것은 아니다. 이는 두 가지 이유에 기인한다. 첫째, 모든 과제 수행이 상호작용인 것은 아니기 때문이다. 비상호적 학습 과제는 과제참여자 간의 상호작용을 필요로 하지 않는다. 예를 들어, 대부분의 읽기, 쓰기 과제는 학생 개별적으로 작업하는 것이 필요하다. 둘째, 상호적(사회적) 과제는 전체 학급 차원의 상호작용 속에서 이루어지기 때문이다.

〈표 5-6〉과 같이 동일한 과제에서 다양한 참여 형태에 따라 수업 장면이 어떻게 다른가를 예시할 수 있다. 활동 과제는 직소(jigsaw) 퍼즐(그림조각 짜맞추기)로, 하나의 이야기가 다섯 개의 그림 세트로 구성되어 있다. 이 활동의 목적은 무작위로 제시된 그림들을 바탕으로 의미 있는 이야기를 구성하는 것이다.

〈표 5-6〉 학급에서의 참여 형태

참여 형태	전형적인 참여 유형
개인적	개인적 차원의 언어 사용에 의한 개인 내적(intrapersonal) 활동
사회적	개인 간(interpersonal)
교사-학급	교사 ↔ 학생들
학생-학급	학생 ↔ 교사 혹은 다른 학생들
소그룹 혹은 짝	학생 ↔ 학생(교사)

출처: Ellis (2003). p. 263.

〈표 5-7〉 학급 차원의 과제 수행절차 예시

단계	설명
1	다섯 명의 학생을 앞으로 나오게 한다. 무작위로 각각의 학생에게 조각난 그림 하나씩을 준다. 이때 각각의 학생은 다른 친구의 그림을 볼 수 없다.
2	각각의 학생은 돌아가며 자신의 그림을 설명한다. 그림에 대한 설명은 순서에 따라 이루어지는 것이 아니다.
3	학급 내 다른 학생들은 각 그림의 설명에 대하여 질문을 한다. 앞에 나와 있는 학생은 그 질문에 대하여 각각 답한다.
4	교사는 앞에 나와 있는 학생이 아닌 나머지 학생 중에서 한 학생을 지명하여 그림의 스토리를 이야기하게 한다.
5	교사는 학생의 이야기가 아직은 완전한 것이 아니라고 전체 학생에게 일러준다. 교사는 학생들이 그림에 대한 또 다른 질문을 하도록 허용한다. 이 단계에서 앞에 나와 있는 학생들은 다른 친구들이 들고 있는 그림을 볼 수 있다.
6	조각난 그림들을 연결하여 의미 있는 이야기가 만들어질 때까지 4, 5단계를 반복한다.

출처: Ellis (2003). p. 264.

여기서 주목할 것은 참여자가 아닌 관리자/조직자로서의 교사 역할이다. 그러나 학급 전체 활동의 맥락에서는 교사도 참여자의 역할을 수행하는 셈이 된다. 예를 들어, '틀린 그림 찾기' 라는 활동 과제를 수행하는 경우 (틀린 것을 찾아내기 위하여 제시되는) 모든 그림은 교사가, 다른 한 장은 학생들이 갖고 과제를 풀어 나갈 수 있다. 이 경우 교사는 학급 내의 모든 학생과 각 '그림 쌍들(each pairs)' 의 같은 점과 다른 점에 대하여 개별적으로 상호작용할 수 있게 된다. 그리하여 다양한 형태의 참여 유형이 만들어질 수 있을 것이다.

개별 학생들의 참여

과제 수행과정에서 원한다면 다른 친구들 혹은 교사와 상의할 수 있다. 이러한 활동의 분명한 이점은 학생의 개인차를 충족하고, 개성 혹은 학습 스타일에 따라 과제에 대한 독립적 혹은 사회적 접근방식을 학생 스스로 선택할 수 있다는 점이다. 또한 이렇듯 개인적 차원에서 이루어지는 과제 수행의 또 다른 이점으로는 독립성과 자율성 신장을 들 수 있다.

- 실제적 이유: 몇몇 학생에게는 자기 주도적 학습이 필수적인 경우가 있기 때문이다.
- 교육적 이유: 자기 주도적 학습 경험이야말로 바른 언어 사용자(good language learner)가 갖추어야 할 특성이기 때문이다.
- 동기적 이유: 개별적으로 수행하는 작업은 본질적으로 동기부여의 측면이 강하기 때문이다.
- 주도적 이유: 그룹에서 다른 친구들과 과제를 수행하는 경우보다 개인적으로 과제를 수행하는 경우가 소요되는 시간을 자유스럽게 조절할 수 있기 때문이다.

사회문화적 이론에 의하면, 개인 참여 형태를 비상호적인 것으로 규정하는 것은 옳지 않다. 왜냐하면 우리는 개인적 차원의 언어 사용을 개인의 자아 속에서 이루어지는 상호작용(interaction-with-self)으로 간주할 수 있기 때문이다. 학생들은 자신이 수행하는 과제활동에 대하여 숙고함으로써 수행능력이 향상될 수 있다. 사회문화적 이론에서는 이러한 숙고(자기대화)는 사회적 대화 못지않게 언어학습에서 분명한 도움이 된다는 사실이 규명되었다. 개별학습이 '과제 수행 중 단계' 에서 반드시 필수사항일 필요는 없다. 또한 과제 수행 전과 과제 수행 후 단계에서도 선택사항이다.

혼자 어떤 작업을 수행할 경우 가용(佳容) 자원은 철저히 자신이 갖고 있는 것에 제한되기 마련이다. 이러한 이유에서 개별적으로 과제를 수행하는 학생들에게 그들은 대체적으로 '과제 난이도를 어림잡아 정하는 경향이 짙다.' 는 사실을 일러 주어야 한다. 또한 개별적으로 과제를 수행하는 학생은 성공적으로 과제를 수행하는 데 필요한 전략상의 경쟁력이 크게 부족한 경우도 많다. 이러한 이유로 인해 이러한 참여 형태를 채택하는 경우 과제 수행 전 단계에서 학생들에게 과제 수행전략을 훈련시키는 것이 유용하다.

짝이나 임의 그룹 활동

듀이는 이러한 형태의 수업방법이 지니는 특성을 간략하게 언급한 적이 있다. "개인이 지니는 어떤 능력은 다른 사람과의 관계 속에서 이루어지는 자극을 통하지 않고는 발휘되지 않는다."

듀이의 공리(公理)가 교수학적 원리로 널리 수용되었다고 하지만, 실제 수업에 도입하여 전개하는 것은 아직도 요원하다. 모든 학생이 과제활동에 적극적으로 참여하지는 않는다. 학습자들은 소통적 활동보다는 전통적 방식의 수업을 선호하기도 하고, 학생중심 활동보다 교사중심 수업을 기대하는 경우가 종종 있다. 또한 그룹이나 짝을 이루어 수행하는 과제활동 경험이 언어학습에서 만족할 만한 성과를 거둘 수 있다는 것을 확신할 수 없다는 사실이 이러한 활동을 수행하는 데 방해가 되고 있다.

(단지 수업을 위한 수업 장면에서) 일시적으로 이루어지는 대화의 본질(덧없음)은 그룹 활동 참여자로 하여금 어떤 의미나 이유를 찾는 데 어려움을 느끼게 만드는데, 그룹 활동이 전개됨에 따라 대화수업의 본질에 대하여 더욱 확실한 신념(덧없음)을 갖고 참여하게 된다. 정확한 단어를 외우는 데 암기야말로 최고의 방법이고, 교재에 의존하지 않는다면 체계적으로 어휘 능력을 향상할 수 없다.

의사소통 언어수업설계(CLT)의 방법으로 그룹 활동을 반영하지 않는 이유는 그것이 교사에 의하여 수행되는 경우보다 언어 발달에서 요구되는 외

〈표 5-8〉 그룹 활동의 이점

이 점	설 명
발언 기회 증대	전형적인 교사중심 수업에서 교사의 발언 기회는 80% 수준이지만 그룹 활동의 경우 좀 더 많은 발언 기회가 학생에게 부여됨
대화 다양성	교사중심 수업에서 학생들은 반응적 역할을 수행할 뿐이지만 그룹 활동에서는 폭넓은 역할을 수행할 수도 있고 의미 협상 등의 과정에 적극적으로 참여할 수 있음
교수(敎授) 개별화	교사중심 수업에서 교사는 공부 잘하는 학생 중심의 수업을 전개하지만 그룹 활동에서는 모든 학생의 요구에 부응할 수 있음
걱정의 감소	전체 학생 앞에서 말하는 것보다 몇몇 친구와 대화하는 경우 걱정을 덜어 줄 수 있음
동기의 고양	그룹 활동을 하는 경우 덜 경쟁적 상황에 놓이고 학생 상호 간 격려와 충고가 쉽게 이루어짐
재미의 향상	학생은 '사회적 존재'로서, 학생을 배척하는 교사 중심의 수업 장면과 달리 학생 상호 간 이루어지는 작용을 통해 재미를 경험함
독립심 향상	그룹 활동은 학생들이 독립적인 학습자가 되도록 자극함
사회통합 능력 향상	그룹 활동을 통해 서로를 알아가는 과정을 경험할 수 있음
협동의 의미 학습	전형적인 교사중심 수업에서 학생은 상호 간에 배척적이지만, 그룹 활동은 협동학습의 의미를 배우게 하는 데 도움이 됨
학습능력의 향상	학생들은 위기 상황을 기꺼이 감수하고, 서로의 노력을 격려하거나 뒷받침해 줌으로써 학습능력이 향상됨

출처: Ellis (2003). p. 267.

국어의 좋은 모델(good model)에 노출되는 것이 어렵다는 사실 때문이다. 그는 이것이 또한 그룹 간 차이가 개인 간 차이보다 더 큰 경우가 많기 때문임을 지적하였다. 몇몇 학생은 동료 앞이나 교사 앞에서 실수한 경우 굴욕을 느끼게 되어 오히려 분노가 생기기도 한다(물론 이러한 경우는 문화 차이가 분명한 지역에서의 문제이기는 하다).

교사가 전체 학생 앞에서 수행해야 할 과제에 대하여 설명할 때 학생들의 주의력이 높아지는 것은 자명하다. 그러나 학생-학생 상호작용을 하는 경우에도 과연 그럴까? 그룹 활동을 수행하는 학생들은 언어 형태에 주의를 기울이는 강도가 떨어진다(구두로 이루어지는 수업에서). 또한 초급자 혹은 중간 수준의 학생들은 소통적 과제를 협동 작업으로 수행하는 동안 언어 형태에 주의를 기울이지 않다가 다만 선생님이 앞에서 지시하는 경우에만 주의를 기울이는 행태가 있다.

발생 가능한 문제점들을 교육학에 기반을 둔 유용한 협동학습으로 조정하는 방법은 무엇인가? 그것은 '협동 작업으로 이루어지는 대화가 어느 정도까지 협동적인 학습을 유발하는가?'의 성과 정도에 달려 있다. 학생들 간에 이루어지는 사회적 상호작용 자체는 과제의 성공적 수행이나 언어학습을 증진시키는 조건이 되지 못한다. 학습 과제를 수행하기 위하여 단순하게 학생들을 그룹 활동으로 내모는 것은 충분하지 않다. 중요한 것은 상호작용의 질인데, 이것은 효율적으로 과제를 수행하는 데 도움이 되고 학생들의 언어학습이 유용하게 이루어지도록 자극한다.

과제중심 교수에서 그룹 활동을 활용하는 데 핵심적인 사항은 학생들에게 주어진 과제를 효율적으로 수행할 수 있다는 점을 확신시켜 주는 것이다. 학생들은 항상 협동적으로 참여하는 것이 아니라 과제를 수행하는 것에 대한 어떤 실익(實益)이 있을 경우에만 그렇게 한다. 엘리스는 작업에 참여하는 학생들의 태도야말로 (협동 작업의 교수학적 의미를 구현하는 데) 가장 결정적인 사실임을 결론적으로 제시하였다.

협동적인 방식의 지식 형성이 이루어지기 위한 진보적 담화(progressive

discourses)가 이루어지기 위해 활동 참여자에게 요구되는 바는 다음과 같다.

- 모든 학생이 일반적인 이해가 만족스럽게 이루어지도록 활동한다.
- 학습 성과와 활동 수행 간에 분명한 관련성이 있음을 입증하는 질문이나 전제를 구조화한다.
- (앞서 구조화한) 타당하다고 여겨지는 전제를 전체적으로 확장시켜 나간다.
- 대화를 향상할 수 있다면 어떤 비판적 신념이라도 허용한다.
- 지식의 가공(artifact)능력을 증진시키기 위하여 협동 작업을 수행한다.

학생들의 언어능력이 미약하다는 판단은 적절치 못하다. 오히려 학생들이 경제적으로 진보적 담화를 수행한다는 사실은 그들이 수행하는 협동 작업이 효율적으로 이루어질 것이라는 징후다. 과제활동 참여자들은 가급적 지식활동(activity of knowing)에는 인색하게 참여해야 한다.

이런 점에서 볼 때 앞에서 제시한 다섯 가지 사항은 중대한 의미를 내포하고 있다. '무언가를 알기'를 위한 활동에 참여하는 수준은 다른 사람의 언설(言說)을 확장시키거나 질문하기 혹은 거절하기 위한 도구로서 유용하게 활용할 수 있는 능력을 지닌 참여자에 의하여 결정된다. 이것은 과제 수행이 구두활동보다는 작문활동이 이루어지는 경우에 더 용이하게 달성된다.

결국 학생들이 수행하는 협동 작업의 효율성과 성취 수준은 과제의 본질은 물론 그것을 달성하기 위하여 참여하는 학생들의 노력 여하에 달려 있음을 알 수 있다. 다음은 그룹이나 짝을 이루어 수행하는 활동에서 학생들의 협응을 촉진하기 위하여 교사들이 관심을 갖고 고려할 만한 실제적인 주제들이다.

과제에 대한 집중 학생들이 제시된 과제가 단순히 흥미를 위한 것이 아니라 가치 있는 것이라는 확신이 있을 때 그룹 활동은 효과적으로 이루어진다. 과제 수행을 통해 가능한 최고의 성과를 얻기 위해서는 진지하고 몰입적인 태도가 필요하다.

개인적 책무성 각 학생들은 그룹 활동을 완수할 때 각자의 공헌에 기반을 두는 책무를 분명하게 결정할 필요가 있다. 이를 위해 참여하는 모든 학생에게 각각 고유의 역할을 부여하는 것이 하나의 방법이고, 다른 하나는 보고서를 쓸 때 개인적으로 활동과정에서 공헌한 점을 분명하게 제시할 수 있도록 요구하는 것이다.

그룹 구성 그룹을 구성하는 데 가장 핵심적인 사항은 규모와 인원이다. 가장 이상적인 그룹 활동의 규모는 4명이며 필요에 따라 각각 두 쌍으로 나눌 수도 있다. 인종이나 숙련도에 따른 혼성집단이 동질집단보다 협동 작업에 유리하다.

정보의 배포 학생들의 상이한 숙련도에 따라 정보가 편재하는 경우, 서로 교환되는 정보에 대한 수준 낮은 학생의 태도 여하에 따라 협동 작업의 질은 달라질 수 있다.

좌석 배치 형태 서로 간 눈 접촉을 하고, 정보를 교환하고, 조용히 이야기할 수 있으며, 비교적 물리적으로 가까운 거리를 유지하기 위한 좌석 배치가 필요하다.

협동기술 교사는 학생들이 효율적인 협동 작업에 참여하는 데 필요한 전략들, 예를 들어 제시된 의견에 반대하는 법 혹은 의미를 협상하는 법 등에 대한 훈련을 미리 실시해야 한다. 나아가 이러한 전략을 활용할 수 있는 수준이나 정도에 대한 부단한 모니터링이 필요하다.

그룹의 일관성과 응집력 자신들의 그룹이 어떤 상태이며 협동학습을 통해 공동 과제를 효율적으로 수행하기 위한 방안을 찾아내기 위해서는 어느 정도의 시간이 필요하다. 만약 수시로 그룹의 구성원이 바뀌게 되는 경우, 그룹 응집력에 필수적인 것으로 간주되는 정적 연대감을 향상할 기회는 제공되지 않는다.

학급 전체 차원의 활동

그렇다면 과제는 전체 학급의 맥락 측면에서 어떻게 이루어져야 하는가? 학급 전체의 맥락에서 볼 때 교사가 학생들의 과제 수행과정에 참여하는 것은 매우 중요하다. 여기서 교사가 사용하는 교수언어의 질적인 측면이 가장 중요하다. 비상호적 과제가 이루어질 때 교사는 전형적으로 과제에 대한 투입변인을 제공하는 (일방적인) 참여자임에 반하여, 상호적 과제 수행 장면에서 교사는 좀 더 평등한 참여자가 될 수 있다. 이때 교사는 학생들이 과제를 수행하는 과정에 개입하여 자신의 전문적 식견과 기술을 바탕으로 학생들에게 지도(교육)적 대화를 펼칠 수 있는 특별한 역할을 수행할 수 있다. 또한 대안적인 방법으로 학생이 학생을 가르치는 동료학습 방식을 구사할 수도 있다.

교수언어

학습 장면에서 교사가 사용하는 교수언어의 중요성은 널리 인식되어 있다. 교수언어는 모든 언어 수준을 수정, 조정, 변경하거나 종합할 수 있는 모든 수준(음성학적, 어휘적, 문법적, 의사소통적)을 기반으로 한다. 대부분의 교사는 자신이 사용하는 언어에 대하여 의식하지 못하는 경우가 많다. 또한 교사들의 전문 지식과 교수역량은 천차만별이다. 교수언어를 사전에 계획할 수는 없으나, 가급적이면 적합성의 준거에 부합하도록 단순화하는 과정을 거치는 것이 필수적이다. 또한 교사는 학생들에게 어떤 사실이나 개념을 이해시키려는 것에 몰두하여 같은 말을 반복하는 등의 행동으로 수업 효과를 저해하기도 한다. 이처럼 과제중심 수업설계에서 교수언어는 중요성이 실재함에도 불구하고 연구가 미흡함은 물론 실제 수업에서도 충분히 고려되지 않고 있다. 과연 교수언어를 훈련시킬 방안은 있으며, 만일 있다면 어떻게 해야 하는가?

지도(교육)적 대화

지도(교육)적 대화란 '학생들이 스스로 할 수 없는 것들에 대해 정상적으로 기능할 수 있도록 그들을 안내하는 대화활동'이라고 정의할 수 있다. 학습 과제가 의미를 지향하는 경우나 언어학습 자체는 물론 이를 촉진시키기 위하여 지도적 측면까지 고려한 대화는 지도(교육)적 대화를 자극하는 이상적인 장치다. 이러한 대화가 이루어지기 위해 교사들은 전통적인 삼단(IRF)방식의 교사중심 수업을 포기해야 한다. 교육적 대화는 교육적으로 이루어지는 전이와 연관되어 있다. 협상을 위하여 이끌어 낸 교사의 질문은 (정답을 필요로 하는) 폐쇄적 질문에 비하여 풍성한 학생들의 참여를 이끌어 낼 수 있다.

〈표 5-9〉 지도(교육)적 대화의 목적

대화적 측면	교수학적 측면
• 대화를 이끌어 감에 있어 책무성을 공유한다. • 학생들이 교사가 하지 않은 논평을 해 보도록 기회를 준다. • 분명하게 대화 주제에 초점을 맞춘다. • 교사의 질문에 대하여 학생의 반응을 이끌어 내기 위해 보다 확장된 언어를 사용한다.	• 문제에 대한 해결책을 마련함으로써 과제수행에서 성과목표를 달성한다. • '모든 학생이 참여해야 한다.'는 것과 같이 효과적인 언어를 사용한다.

동료학습

동료학습 방식이란 교사를 대신하여 동료들을 가르치는 역할을 학급 중의 학생이 수행하는 것을 말하는데, 이는 여러 가지 측면에서 이점이 있다. 첫째, 교사가 사용하는 (수준 높은) 교수언어를 사용할 수 있는 좋은 기회를 가질 수 있다. 이를 통하여 학급 전체를 관리하고, 어떤 성과를 창출해야 하는 일종의 책임감을 느낄 수 있다. 둘째, 학급 내 다른 학생들은 친구가 교사의 역할을 수행함에 따라 자신의 발언 주제를 쉽게 표출하고, 대화적으로 행동하는 것이 크게 어렵지 않음을 알게 된다. 셋째, 과제 수행을 위해서 학생들이 사용하는 언어의 빈도와 수준은 향상될 것이다.

과제중심 수업방법의 전체적인 목적은 적절한 언어학습 기회를 만들어 내는 것이고, 협동 작업을 통하여 지식을 구성해 나가는 기술을 발전시키도록 하는 것이다. 다음의 몇 가지 원칙은 교사들이 이것을 달성하기 위하여 수업 참여 형태나 실천상의 조건들을 선택하는 데 매우 유용한 지침이 될 것이다.

- 원칙 1: 적정한 과제 난이도 수준을 유지하라.
- 원칙 2: 과제중심 수업의 분명한 목표를 설정하라.
- 원칙 3: 과제를 수행할 때 적절한 방향성을 학생들 안에서 개발시키라.
- 원칙 4: 과제중심 수업에서 학생들이 능동적인 역할을 하도록 허용하라.
- 원칙 5: 학생들이 위험을 감수하도록 심리적으로 지지하거나 환경적으로 자극하라.
- 원칙 6: 학생들에게 과제 수행이야말로 의미 있는 활동임을 확신시키라.
- 원칙 7: 학생들 스스로 그들의 과제 수행과 변화된 사항을 평가하도록 만들라. 학생 스스로 메타인지(책임감, 지도성, 윤리의식, 자아성찰 등)를 촉진하는 것도 반드시 필요하다.

참고문헌

김영주(2012). 제2언어 습득에서 과제의 정의와 기능. 38차 추계학술대회 자료집 (pp.17-18). 서울: 국제한국어교육학회.

강인애(2001). 왜 구성주의인가. 서울: 문음사.

김순택(1988). 수업모형. 서울: 배영사.

김종문 외(1998). 구성주의 교육학. 서울: 교육과학사.

윤옥한(2008). 명강의 교수법. 서울: 학지사.

이성호(1985). 교육과정과 평가. 서울: 양서원.

이성호(1999). 교수방법의 탐구. 서울: 양서원.

이성호(2003). 교수방법론. 서울: 학지사.

이홍우(1987). 교육과정 탐구. 서울: 박영사.

정 숙(2011). 스토리텔링으로 소통하라. 서울: 차림.

조연주 외(1998). 구성주의와 교육. 서울: 학지사.

조용개 외(2009). 성공적인 수업을 위한 수업전략. 서울: 학지사.

주삼환 외(1999). 수업관찰과 분석. 서울: 원미사.

吉本均(1994). 수업과정의 인간화(박병학 역). 서울: 교육과학사.

Bailey, C., Bridges, D. (1983). *Mixed Ability Grouping: A Philosophical Perspective*. London: George Allen & Unwin.

Bruner, J. (1996). *The Education of Education*. Harvard University Press.

Bruner, J. S. (1968). *Toward a Theory of Instruction*. New York: W. W. Norton & Company Inc.

Dinkmeyer, D., Mckay, G. D., & Dinkmeyer, D. Jr. (1998). 당신도 유능한 교사가 될 수 있다(임승렬 역). 서울: 원미사.

Dreikurs, R. (1971). *Maintaining Sanity in the Classroom: Illustrated Teaching Techniques*. New York: Harper & Row Pub. Inc.

Ellis, R. (2003). *Task-based Language Learning and Teaching*. London: Oxford University Press.

Flitner, A., Scheuerl, H. (2000). 사유하는 교사(송순재 역). 서울: 내일을 여는 책.

Gagné, R. M. (1916). *The Conditions of Learning*. Florida State University.

Gagné, R. M. (1998). 교수-학습이론(전성연 외 역). 서울: 학지사.

Gredler, M. E. (1992). *Learning and Instruction: Theory and practice*. New York: Macmillan Pub: Com.

Heck, S. F., Williams, C. R. (1984). *The Complex Roles of the Teacher*. New York: Teacher College, Columbia University.

Hirst, P. H. (1974). *Knowledge and the curriculum* (pp. 101-115). London: Routledge & Kegan Paul.

Hyman, R. T. (2001). 교수방법(권낙원 역). 서울: 원미사.

Joyce, B., Weil, M. (1980). *Models of Teaching*. New Jersy: Prentice-Hall, Inc.

Joyce, B., Weil, M. (1991). 수업모형(윤기옥 외 역). 서울: 형설출판사.

Korthagen, F. A. J. et al. (2007). 반성적 교사교육: 실제와 이론(조덕주 외 역). 서울: 학지사.

Lipman, M., Sharp, A. M., & Oscanyan, F. S. (1980). *Philosophy in the Classroom*. Philadelphia: Temple University Press.

Nacino-Brown, R., Oke, F. E., & Brown, D. P. (1989). *Curriculum and Instruction: An introduction to methods of teaching*. New York: Macmillan Pub.

Nagel, G. K. (2009). 가르침의 도(김홍옥 역). 서울: 아침이슬.

Phye, G. D. (Ed.). (1997). *Handbook of Academic Learning: Construction of Knowledge*. San Diego: Academic Press.

Pinar, W. F. et al. (2001). 교육과정 담론의 새 지평(김복영 외 역). 서울: 원미사.

Resnick, S. A., Wolff, R. D. (1987). *Knowledge and Class*. Chicado: University of Chicago Press.

Schmidt, S. J. (1995). 구성주의(박여성 역). 서울: 까치.

Schort, E. C. (1991). *Forms of Curriculum Inquiry*. State University of New York Press.

Smith, H. P. (1954). *Psychology in Teaching*. New York: Prentice-Hall, Inc.

Torrance, E. P., Myers, R. E. (1972). *Creative Learning and Teaching*. New York: Dodd, Mead & Company.

Tyler, R. W. (1971). *Basic Principles of Curriculum and Instruction*. Chicago: University of Chicago Press.

Wilkinson, B. H. (2001). 배우는 이의 7가지 법칙(홍미경 역). 서울: 디모데.

Woods, P. (Ed.). (1996). *Contemporary Issues in Teaching and Learning*. New York: The Open University.

제 6 장

우리나라 가르침의 유산

교육(敎育)의 순우리말은 'ᄀᆞᄅᆞ치다' 다. 이는 'ᄀᆞᄅᆞ다' 와 '치다' 의 합성어로 분별, 연마, 단련, 훈련, 안내, 지도, 감독 등을 통해 이루어지는 모든 교호적 행위의 총체다. 우리에게 익숙한 '공자 가라사대' '예수 이르되' '부처 말하기를' 등의 표현에서의 '가라사대, 이르다, 말하다' 등은 바로 교육적 교수(educational instruction)의 또 다른 이름이다. 이들은 우리 교육의 전통 속에서 다양한 방식의 교수법으로 드러나고 있다.

이학(理學)과 가르침

공맹(孔孟) 중심의 원시 선진유학, 이정(二程)과 주자 중심의 송학(성리학)에 대한 교육적 이미지는 보수, 고루, 엄격, 심학, 이기 등이 대표적이다. 그러나 이들은 우리나라를 포함한 동양문화에서 가르침의 원형을 정립하여 지금도 여전히 계승 · 발전되고 있으며, 오늘날의 교육이 이러한 전통과 유산에서 자유롭지 못함은 자명하다. 그러나 비근대성, 형식주의라는 이유로 가르침의 방법론적 유산에 대하여 지나치게 경계하거나 극단적으로 무시하는 태도는 금물이다.

우리나라 이학을 대표하는 학자인 율곡 이이는 주자가 언급한 왕도의 가르침에 대한 논의를 인용하면서 모본의 가르침과 덕교의 원칙에 대하여 다음과 같이 논의하였고 이는 오늘날의 교육 상황에서도 여전히 유효하다.

> 대개 그 가르치는 방법이 (다만) 기억하거나, 외우거나, 글 쓰거나 편지하는 공부에 지나지 아니하며, 일찍이 인(仁)과 효(孝)로써 예(禮)와 의(義)를 익혀 본 적이 없다……. 가르쳐야 할 방법이 이처럼 소홀하니……. 가르치는 자의 도리를 엄정히 하여 보고 느끼는 데서 본(本)을 받게 하여야 한다(이이, 성학집요).

> 정교(政敎)를 덕으로 인도하고 예(禮)로 다스리면(가르치면) 수치를 알고 또한 착한 데로 나아갈(格) 것이다……. 이처럼 덕교(德敎)로써 인도하면 그 덕교가 흡족해서 사람들의 기상이 즐겁고, 기풍이 애절해진다(이이, 성학집요).

이러한 가르침에서 가르치는 자의 모본과 방법론적 원칙으로 덕교(德敎)에 유의함은 추사 김정희와 청장관 이덕무에 의하여 재차 강조되거나 실천되었다.

> 누군가 바르고 큰 길을 알려 주고 또 굽은 길로 가서 안 되는 이유를 가르쳐 주는 사람을 만나면, 그 사람이 일러 주는 가르침이야말로 성심(誠心)을 다하는 것이라 할 수 있다(김정희, 완당선생전집).

> 가르치는 사람의 자격에는 네 가지가 있는데 많은 지식을 가르치는

것은 이에 해당하지 않는다. 스승된 자로서 가르침의 조건은 존엄, 공경, 믿음 등이다(김정희, 완당선생전집).

어린이는 모름지기 근면하고 온후하고 씩씩하고 엄격한 선비에게 의지하여 공부하게 만들어야 한다. 그리하면 그 아이는 저절로 바른 몸가짐을 갖추게 될 것이다(이덕무, 사소절).

한편 율곡은 지적인 가르침의 방법에 대한 논의와 더불어 덕성(德性)의 가르침인 훈육의 원칙을 소홀히 하지 않았다. 그는 다음과 같이 유용한 훈육의 몇 가지 원칙을 정립하여 제시하였다(이이, 성학집요).

- 교훈을 지키고 마음을 다른 일에 쓰지 않도록 가르친다.
- 부모가 시킨 일은 곧바로 시행하게 가르친다.
- 윗사람을 공경하고 악하고 거칠게 행동하지 않게 가르친다.
- 형제간에 다투지 않도록 가르친다.
- 음식을 다투어 먹거나 사양하지 않도록 가르친다.
- 친구들을 업신여기거나 그들과 다투지 않도록 가르친다.
- 다른 사람을 원망하지 않고 노여워하지 않도록 가르친다.
- 용모나 자세가 단정하도록 가르친다.
- 의미 없는 농담을 금하고 언행이 바르도록 가르친다.
- 이로움이 없는 일을 도모하거나 좋아하지 않도록 가르친다.
- 책 읽기를 열심히 하고 독서할 때 집중하도록 가르친다.
- 거짓을 행하지 않도록 하고 악함을 두둔하지 않도록 가르친다.
- 놀기 좋아하는 사람을 사귀지 않도록 가르친다.

이학의 전통에서 계승되고 있는 가르침의 원형은 마음공부와 이를 구현하기 위한 예악의 가르침이다. 공맹(孔孟), 정주(程朱), 퇴율(退栗) 등은 일관되게 마음공부의 선위성과 유의성을 강조하고 있다. 그런데 이러한 심(心) 우위 가르침은 근대성을 지향하던 실학자들에게조차 여전히 유효한 가르침의 원칙으로 수용되고 있었으며, 이는 이덕무의 논의에 잘 드러나 있다.

> 어린이를 가르칠 때는 반드시 먼저 마음가짐을 공명하게 하고 학업을 정대하게 하도록 인도한다……. 경전의 가르침을 배반하지 않아야 비로소 잡된 무리가 되는 것을 면할 것이다(이덕무, 사소절).

> 어린이를 가르치는 데는 오직 효도, 공경, 충성, 신의, 예절, 의리, 청렴, 수치를 알고 이를 실행하도록 힘써야 하는데 이를 가르치는 방법은 마땅히 시와 노래로써 유도하여 그 의지를 발달시키는 것이다(이덕무, 사소절).

이러한 가르침이 교육인간학적 합목적성을 충분히 구현하기 위한 방안은 무엇인가? 이에 대하여 이덕무는 유희 기반의 비형식성을 지향하는 가르침의 원칙을 다음과 같이 요연하게 제시하고 있다.

> 글을 가르치는 데는 부질없이 많은 내용을 가르칠 것이 아니라 다만 정독하여 익히 아는 것을 귀히 여기도록 만들어야 한다. 그러므로 사람마다의 자질과 성품을 헤아려서 가르쳐야 한다(이덕무, 사소절).

> 어린이들의 버릇은 모두 책 읽기를 싫어하고 일하는 것을 부끄러워하는 것이지만, 마침내 그들을 놀이하는 방식으로 가르치는 경우는 비록 권하지 않아도 잘하고 가르치지 않아도 부지런하다(이덕무, 사소절).

이러한 이학주의의 전통에서 상대적으로 소외의 길을 걸었던 여성의 가르침은 어떤 방식으로 이루어졌을까? 우선 '빙즉위처(聘則爲妻)요 분즉위첩(奔則爲妾)' '부부지도(夫婦之道)는 참배음양(參配陰陽)' '부(父)는 천(天)이요, 모(母)는 지(地)라.' 등의 말을 생각해 보자. 이는 일반적인 교육 상황에서 활용되었지만, 특히 여성을 가르치는 장면에서 많은 의미를 내포하고 있고 폭넓게 우리 옛사람들에게 익숙한 표현들이다. 대중은 이러한 표현들을 일상생활에서 듣고 배워 적용하였다.

회자(膾炙)란 '사람들의 입에 자주 오르내리는 것'을 의미한다. 이러한 회자를 구성하는 주요한 내러티브로서 명구(名句)는 전통적인 가정교육에서 중요한 교수학적 기능을 수행하였다. 회자명구의 교육적 의의는 무엇인가? 회자명구를 학습하는 것은 그 자체로 사회의 공동체 구성원으로 교육된다는 것을 의미한다.

이러한 회자명구는 서책(書冊)을 통하기도 하지만 대부분은 항간에 떠도는 '일상 언어'를 통하여 형성된다. 특별히 여성교육이 비형식성을 띠는 것은 바로 이에 기인한다. 회자명구는 대부분 문자명구와 달리 입으로 구전되는 형식으로 학습에 활용된다. 회자명구는 살아 있는 언어를 통하여 매개되기에 문자와는 달리 말하고 듣는 사람의 '어조, 표정, 태도, 화자와 청자의 관계, 전체적인 분위기' 등의 여러 가지 배경 상황 속에서 전개된다(이홍우, 1994: 177).

이처럼 회자명구는 당대의 교육받은 사람들이 공동으로 사용하는 교육적인 언어들을 예시적으로 보여 주는 일종의 '지적 유산의 편린(片鱗)'이며, 특히 부녀자들로 하여금 그 지적 유산에 순조롭게 입문하도록 조력하는 교수학적 방식이었다는 점에서 높이 평가할 수 있다.

실학(實學)과 가르침

우리 근대교육의 지평을 열어 준 성호 이익은 『성호사설』, 「위학(爲學)」

편, 『곽우록』 등에서 비교적 체계적이고 구체적인 가르침의 방법을 '일신전공, 취진공부, 구신호기, 부실기시, 서독질의, 경완서적, 진리보족, 진지' 등으로 구분하여 예시하였다. 이는 당대의 보편적인 교수학적 기술로 활용되었을 뿐만 아니라 오늘날 학교중심, 지식중심, 교과중심 교육의 행태에서도 준용(準用) 가능한 의미 있는 시사점을 던져 주고 있다.

일신전공(日新全功)

날마다 새로워서 새로운 공(功)을 온전히 함을 이른다. 성호는 『대학』에 나오는 탕(湯)의 반명(盤銘)을 인용하면서 "금일(今日)에 호문(好問)하고 명일(明日)에도 호문(好問)하여 굴굴히 종년(終年)하여 자만(自慢)한 뜻이 없어야 한다. 자만은 판로(坂路)로 미끌어지는 것이다."라고 하였다. 그는 자만을 경계하는 부단한 자기수양(변화)만이 가르침의 본질에 이르는 길임을 터득한 것이다. 호문자(好問者)는 풍유하게 되고, 자만자(自慢者)는 언덕에서 달구지가 미끄러져 내려가듯 망하는 것이니 이를 지극히 경계해야 한다(이익, 성호사설).

취진공부(驟進工夫)

힘차게 앞으로 나아감을 이른다. 즉, 부단한 학업 의욕 내지 동기의 중요성을 강조하고 있다.

> 독서궁리를 목적한다면 맹장(猛將)이 용병(用兵)하듯이 전선전진(前線戰陣)을 직충(直衝)하고 혹리(酷吏)가 용법(用法)하듯이 인정(人情)이 없이 단 매에 자국이 나고 첫 웅킴에 피가 나오도록 할 것이요, 그렇지 아니하면 대석(大石)을 운반하듯이 금일에 한번 흔들고 명일에 한번 흔들어 백십일을 두고 동(動)하면 반드시 일분이라도 동(動)할 때가 있다.

> 이때에 2~3분의 힘을 써서 굴리면 효과가 생긴다……. 일심전일(一心專一)하면 통한 것은 굳어지고 통하지 못한 것도 잊어지지 않다가 하일 하시(何日 何時)든지 혹은 침상(枕上)에서 혹은 마상(馬上)에서 혹은 측상(厠上)에서 갑자기 통각(通覺)할 때가 있는 것이다(이익, 성호사설).

가르침의 조건은 곧 배우고자 하는 동기의 내용과 방향에 달려 있다. 이로 미루어 볼 때 취진공부야말로 교수활동의 기초로서 중요한 의의를 내포하고 있다고 하겠다.

구신호기(求新好奇)

신기한 것을 좋아함을 이른다. 송대의 유학자 윤화정(尹和靖)이 "경전(經典)을 말할 때에 신기(神奇)한 것을 좋아하는 것은 위험하다."라고 한 것에 대하여 성호는 다음과 같이 적극적으로 반대하였다.

> 정세(精細)를 싫어하고 혼론(渾論)을 좋아하는 누습(陋習)은 그 환(患)이 구신호기(求新好奇)하는 것보다 크다(이익, 성호사설).

> 소의(小疑)는 소진(小進)하고 대의(大疑)는 대진(大進)하며…… 의(疑)가 없는 것도 의(疑)를 가지고 볼 것이니 의(疑)는 새것을 좋아하는 것과 마찬가지다(이익, 성호사설).

부실기시(不失其時)

때를 잃지 말 것을 의미한다. 성호는 사람들이 저지르는 세 가지 허비를 설명하면서 늘 노력할 것을 경계하였다.

> 소수 이단(異端)에게 유심(留心)하는 것이 정신의 허비요, 불급무익(不急無益)한 일에 노고하는 것이 근력의 허비요, 세월을 완탐(玩貪)하여 공연히 쇠노(衰老)하는 것이 년수의 허비다. 이 세 가지는 후회하여도 할 수 없는 것이니 가르치고 배우는 자는 마땅히 진작(振作)하여 때를 잃지 말지니라(이익, 성호사설).

이 언설(言說)의 '배움에 다 때가 있다.' 는 말은 역으로 '가르침에도 때가 있다.' 는 사실을 일러 주는 의미 있는 가르침의 원칙이다.

서독질의(書牘質疑)

글로 써서 질문함을 이른다. 성호는 그 경험에 비추어 학문의 질의와 연구 시 구두질의나 면담보다는 서간(書簡)으로 기술하는 것이 좋다고 하였다. 서독질의는 두 가지 차원에서 의의가 있다. 질문 자체를 잊지 않고 기록하는 것 그리고 의문점을 글로 표현하는 일을 계기로 하여 좀 더 자신의 의문사항의 핵심을 명백하고 조리 있게 하는 것이다. 성호는 퇴계의 말을 인용하면서 의문점은 언제나 기록으로 남겨 두어 질문 자체에 대하여 좀 더 침착하고 신중하게 생각할 수 있게 하고, 기록은 그 후로 여러 가지로 다듬을 수 있음을 지적하였다(이익, 성호사설).

경완서적(敬玩書籍)

서적을 사랑하고 공경함을 이른다. 성호는 지나(支那)의 범희문(范希文)이 스스로 책 사랑하기를 재물만큼 못한다고 탄식한 것을 칭찬하면서 다음과 같이 탄식하였다.

> 책은 읽어서 사람의 의지(意智)에 유익하게 하는 것이니 곧 엄(嚴)한

스승이다, 어찌 만홀(漫忽)히 여길 것이랴(이익, 성호사설).

지나치게 옛 문헌에 금고(禁錮)되는 것도 경계해야 하지만, 고전을 통해 인간의 위대한 사상을 전승하도록 만드는 것도 무시해서 안 된다는 균형감 있는 성호의 교육사상을 엿볼 수 있다.

진리보족

성호는 분분한 이론에 혹하여 요령을 잃고 번다(繁多)한 변설(辯說)에 시간을 낭비하여 실천의 겨를을 잃는 것을 반대하였다.

> 학자의 설성논심(說性論心)한 말이 분분하게 번다(繁多)하다. 이회제가 따로 『구인록(求仁錄)』을 저작하였는데 가위 해비(該備)하다. 해비(넉넉하여 잘 갖추어짐)할수록 말이 번다하니 고로 사람들이 중설(衆說)에 혹한 바가 되어 간략한 것을 좋아 구하는 것만 못하다(이익, 성호사설).

> 송(宋) 이후에 유학이 전심전은(轉深轉隱)하여 일자양자(一字兩字)의 뜻을 탐구 · 검토하여 변설(辯說)이 서협(書莢)에 가득 차니 사람이 골몰하고 또는 알아보기에 급하고 실행에는 늘어지게 되니 성인이 말한 바 여력이 있거든 학문을 배우라는 교훈에는 기상(氣像)이 맞지 않는다(이익, 성호사설).

진지(進止)

이 두 가지는 학문에 성(成)과 불성(不成)이 있음을 이르는 것이니 공자가 제자인 안연에게 말한 '여관기진(余觀其進)이요, 미견기지(未見其止)

라.' 에서 진지의 분기점을 말하였다.

> 혹 사고가 있다, 혹 기승행장(騎乘行裝)이 없다, 혹 힘이 부족하고 질환이 많다는 것 등은 다 부진(不進)하려는 제목(題目)이다. 겨를을 얻으면 일이 끝나기를 기다리나니 한 일이 끝나면 또 한 일이 생길 줄을 모르고 심하면 도박유희(賭博遊戱)를 하면서 용심(用心)을 아니하니 슬프다(이익, 성호사설).

이와 같은 교수법에서의 '진지' 는 지식과 관련된, 다음 논의할 '지행합일' 사상으로 이어진다. 성호의 교수방법론은 마음을 중요시하면서 '탐구, 집중, 점진, 실천주의' 의 기조 위에서 논의되었다. 즉, 마음을 올바로 하면 자연스럽게 외양이 바르게 되는데, 마음에 힘쓰지 않고 외모를 가꾸는 일에만 힘쓰면 결국 방종한 사람이 된다는 것이다.

이러한 심학(心學) 중심적 입장은 그가 최소한 사상적으로는 기왕의 성리학적 전통에서 크게 벗어나 있지 않음을 스스로 증명한 셈이다. 그러나 교수방법에 대한 논의에서 비교적 구체적이고 실천 가능한 내용들을 제시하고 있다는 점에서 창의적, 탐구적 교수방법론으로 이해된다. 그는 지식을 획득하기 위해서는 사물의 법칙을 꼼꼼히 연구해야만 하고, 그러한 연구가 많을수록 지식 또한 더 발전할 수 있다고 보았다.

> 지식으로 말하자면 오늘 한 사물을 연구하고 내일 한 사물을 연구하여, 연구가 많아지면 지식도 진전한다……. 배우지 않은 것은 배워야 하는데 그럴 수 없다면 조치할 수 없고, 변별하지 않는 것은 변별해야 하는데 그럴 수 없다면 조치할 수 없으며, 행하지 않은 것은 행해야 하는데 독실(篤實)하지 않으면 조치할 수 없다. 이것을 진전(進展)이라고 한다(이익, 성호사설).

또한 사물의 법칙을 파악하기 위해서는 반드시 여러 가지 사물에 대하여 연구하여 그 이치를 변별해야 하는데, 이에 대하여 성호는 "천하의 사물은 만 가지로 다르다……. 사물마다 각기 그 이치를 변별하여 빠뜨리는 것이 없어야 한다."라고 하였다. 그런데 여기서 중요한 것은 '다만 사물의 법칙만을 알고 그것을 이용하는 방안은 터득하지 못한다면 아직 사물의 법칙에 대한 인식에 도달하지 못한 것'이라는 사실이다.

이에 대하여 그는 "비록 사물의 이치를 변별하였다고 하더라도 내가 만약 그것을 처리하는 방법을 알지 못한다면 나의 지식이 완성되었다고 말할 수 없다."라고 하여 격물치지에 대한 합리적인 견해를 나타냈다. 나아가 "학문에는 몸으로 하는 공부와 마음으로 하는 공부가 있는데, 학문이라면 모두 행(行)이라고 할 수 있다."라고 말하며 다음과 같이 지식의 유용성에 대하여 결론지었다. "밝게 살피는 것은 지식을 얻기 위함이니, 행(行)이 지(知)보다 앞서는 것이 아닐까 생각하게 된다. 그러나 지(知)가 먼저이고 행(行)이 뒤라는 것은 의심할 수 없다."

결국 성호는 선대(先代)의 학설(주희의 '지선후행설'과 왕수인의 '지행합일설')의 주장을 비판적으로 수용하면서도 그들과 차별성을 두었다. 즉, 지(知)와 행(行)은 분명 불가리(不可離) 관계에 있지만, 결코 동일시할 것은 아니라는 점이다. 나아가 행우위(行優位) 사상이 다소 엿보인다. 이는 현대 교수이론에서 이론과 실천의 관계에 대한 논란으로 전승되고 있다.

기학(氣學)과 가르침

전통 이학과 새로운 학풍으로서의 실학을 합리적으로 융합하고 사유의 근대성을 지향한 혜강 최한기는 『인정(人政)』의 「교인(教人)문」 편을 통해 비교적 치밀하고 조직적으로 교수학적 원리를 제시하였다. 그 대강(大綱)은 차이 기반의 가르침, 가르침의 전일성, 가르침의 보편성, 가르치는 자의 자질론 등으로 요약할 수 있다.

차이 기반의 교수법

혜강은 가르침의 난이(難易)가 가르치고 배우는 자 모두에게 기품(氣稟)의 청탁(淸濁)과 천심(淺深)에 따라 다르다는 것을 분명히 밝히고 있어, 포스트모던의 핵심인 '차이의 철학'을 이미 구상한 것으로 높이 평가할 수 있다.

> 가르침은 마땅히 천심(淺深)과 고저(高低)에 따라 가르침의 방법을 자세히 설명해야 한다(최한기, 인정).

> 가르치는 사람이 가르칠 사람을 선택할 때는 그 재질과 성근(性根)을 보아야 하고, 반대로 배우는 사람이 스승을 선택할 때는 그의 가르침이 천인(天人) 정교(正敎)한지를 보아야 한다(최한기, 인정).

> 어린아이를 가르침에 있어 그 표준은 소학(小學)강습에 두되 기품과 재기(才氣)를 헤아려 이끌어야 하고 고금(古今)의 차이를 충분히 참작하여 상황에 맞게 가감(加減)하여야 한다(최한기, 인정).

> 자질이 맑은 자는 정명(精明)한 일로써 가르치고, 혼탁한 자는 질실(質實)한 일로써 가르치며, 강한 자는 어렵고 큰일로써 가르치고, 약한 자는 쉽고 조용한 일로써 가르쳐야 한다(최한기, 인정).

> 한 사람을 가르치는 것과 여러 사람을 가르치는 것이 다르고, 가까운 사람과 먼 사람을 가르치는 것이 다르고, 사람을 보고 가르치는 것과 보지 않고 가르치는 것이 다르며, 그 사람을 헤아려 보고 가르치는

것과 헤아리지 않고 가르치는 것이 다르다(최한기, 인정).

사람의 자품(資稟)에는 청탁(淸濁)혼명(昏明)이 있고 국량(局量)에는 대소(大小)천심(淺深)이 있어 가르침이 사람에게 받아들여지는 것이 그 자품과 기국에 따라 다르다(최한기, 인정).

사람을 헤아리지 않고 가르침을 베풀면 가르침이 행해질 수 없다……. 사람을 가르치는 방법에는 마땅히 먼저 그를 헤아리고 난 뒤에 교육해야 한다. 그에 대한 헤아림이 완전하면 교육이 쉽게 된다(최한기, 인정).

사람들이 가르침을 택함에 있어서도 각각 자신의 마음속에 품고 있는 바를 따를 것이다(최한기, 인정).

가르침의 전일(완전)성

교육현상학적으로 볼 때 '바른' 가르침은 심미적 완전성을 지향한다. 그것은 교학의 전일성, 천인(天人)의 전일성, 이론과 실제의 전일성, 고금(古今)의 전일성, 지행(知行)의 전일성 등을 망라하는 것으로 이해할 수 있다. 혜강의 주장에 의하면, '교육학적 가르침'은 사람들로 하여금 박학(博學), 호학(好學), 면학(勉學), 권학(勸學) 등을 이루기 위한 중요한 형식과 내용으로 이를 통해 가르침의 전일(완전)성이 이룩된다.

거짓된 인간이 거짓된 인간을 가르치는 것은 거짓된 배움이고 거짓된 가르침으로 배우지 않고 가르치지 않는 것만 못하다(최한기, 인정).

사례(事例)를 지적하여 사람을 가르치는 것은 그 가르침이 작고 사

> 람의 도(人道)를 통괄하여 천하를 가르치는 것은 그 가르침이 크다……. 또한 실적(實跡)을 들어 사람을 가르치면 가르침이 쉽게 받아들여져 크게 감복하게 된다……. 행사(行事)로써가 아니면 가르침이 되지 못하고 남을 가르칠 수도 없다(최한기, 인정).

> 가르치고 배우는 것은 두 가지 일이 아니다. 사람이 선(善)을 행하도록 바라서 성심(誠心)으로 깨우치고 지도한다면 배우는 것도 그 가운데 있다……. 단지 옛 지식을 주워 모을 뿐 깨달아 얻은 것이 없다면 남을 가르칠 수 없다(최한기, 인정).

> 배움의 성취는 가르침에 있고, 가르침의 성취는 천하후세에 있어야만 비로소 (가르침과 더불어) 배움이 성취되었다고 말할 수 있다(최한기, 인정).

가르침의 보편성

혜강은 가르침이 성별에 따라, 환경에 따라, 나이에 따라, 내용에 따라 방법론적 차이는 실재하지만, 일이관지(一以貫之)하는[그의 표현에 의하면 일통(一統)하는] 어떤 보편성을 담지하고 있다고 주장하였다. 이는 현대교육학 이론에서 '평생교육론'의 특성적 요건으로 수용되고 있다.

> 스승이 있는 곳에는 가르침이 반드시 시행되는 것이니, 눈에 부딪는 사물이 모두 가르침이요, 이행(履行)해 나가는 것이 모두 가르침이다. 생장(生長)노쇠(老衰)는 한 몸의 평생 가르침이요, 친의별서(親義別序)는 오륜(五倫)의 체통을 이루는 가르침이요, 예악(禮樂)형정(刑政)은 백성을 다스리는 가르침이다(최한기, 인정).

백성을 가르치고 기를 때 그 기르는 데 따라 가르치고 가르쳐서 기른다면 가르치고 기르는 것이 서로 도움이 된다(최한기, 인정).

어린아이로부터 노인에 이르기까지 자신의 집으로부터 천하에 이르기까지 모두 가르치는 것으로써 그 운화를 인도하고 통솔해 나가는 것이다(최한기, 기학).

천근(淺近)한 가르침을 뛰어 넘어 남과 자기에게 통하는 가르침은 반드시 어질고 지혜로운 사람에게 시행되는 법이다(최한기, 인정).

조정에서 사람을 가르치는 방법은 가까이에 있어서는 실행과 일로써 보여 주고, 멀리에 있어서는 상벌(賞罰)로써 믿게 하며, 말이 미치지 못하는 곳은 문자로써 깨우치도록 해야 한다(최한기, 인정).

세상의 모든 사람들을 가르치는 것은 가르침의 근본을 세우는 데 달려 있다……. 잘 가르치면 나라가 다스려지지만 못 가르치면 나라가 어지러워진다……. 오직 사리사욕으로 가르침을 행하면 잘못된 가르침이다(최한기, 인정).

여자의 가르침은 위로 부모를 섬기고 아래로 자녀를 기르며 가정의 질서에 순응하는 것이니 이는 남자를 가르치는 것이나 다를 바가 없다(최한기, 인정).

가르치는 자의 자질

가르침의 교육현상학적 이해에서 가장 중요한 것은 무엇인가? 아마 그것은 가르치는 내용과 성과에 선행하는 가르치는 자의 교육인간학적 자질문제일 것이다. 혜강은 온전한 가르침이라는 목표가 달성되기 위한 전제조건으로 가르치는 자의 인간학적 본성에 대하여 다음과 같이 설명하고 있다.

> 아는 사람이 모르는 사람에게 가르치게 한다면 큰 말썽이 없지만, 모르는 사람이 모르는 사람을 가르친다면 전혀 엉뚱하게 될 것이다(최한기, 인정).

> 그러므로 아는 사람으로 하여금 모르는 사람들을 위해서 가르침을 베풀어야 한다(최한기, 인정).

> 형기(刑器)를 남에게 가르치는 사람이 그것을 명백하게 아는 사람이 아니라면 배우는 사람을 깨우칠 수 없다……. 가르치는 사람이 단지 어렴풋하게 짐작하여 알 뿐이고 투철하게 깨우친 바가 없으면 가르칠 수도 없고 배울 수도 없다(최한기, 인정).

> 사람을 가르칠 때 알아듣지 못하게(不知) 되면 단지 가르치는 사람만 알아듣지 못하게 되는 것이 아니라 가르침을 받는 사람 역시 알아듣지 못함을 알게 된다(최한기, 인정).

> 세상 사람들이 누구나 가르칠 수 있으니 먼저 행한 일로 뒤에 일을 행하는 자를 가르치고, 먼저 얻은 것으로 뒤에 얻는 자를 가르친다(최한기, 인정).

이상의 논의를 통해 우리는 우리 교육문화의 유산 속에서 발견된 교수학적 방법론에 대하여 그 개요를 조망(眺望)할 수 있다. 현재라고 하는 실재는 과거의 유산으로부터 전승되어 온 사상과 제도로부터 연유한다. 그러므로 향후 우리가 가르침의 본연성 혹은 교육현상학적 탐구를 시도할 때 이를 간과해서는 안 될 것이다.

참고문헌

김정희(1995). 완당(阮堂)전집(민족문화추진회 역). 서울: 민문고.

박희병(1998). 선인들의 공부법. 서울: 창작과 비평사.

이덕무(1983). 사소절(士小節)(김종권 역). 서울: 양현각.

이민태(1989). 윤리와 윤리교육. 서울: 배영사.

이이(1997). 율곡집(민족문화추진회 역) 중 성학집요. 서울: 솔.

이익(1989). 성호사설(민족문화추진회 역). 서울 민문고.

이홍우(1994). 전통가족교육의 방법적 원리: 한국인의 전통 가정교육사상 (pp. 131-193). 한국정신문화연구원.

최한기(1989). 인정(人政)(민족문화추진회 역). 서울: 민문고.

최한기(1992). 기학(氣學)(손병욱 역). 서울: 여강출판사.

제2부

가르침의 교육현상학

가르침은 그 자체가 이미 현상이다. 현상학이란 사상(事狀)의 본질을 파악하기 위한 체계적인 학(學)이다. 교육적 교수학이 이러한 현상학 연구의 주요한 관심임은 자명하다. 가르침이 단순한 지적 성장을 지향하는 것에서 벗어나 전인적 인격 성장을 지향하는 교육의 온전성(holism)을 회복하기 위한 방안을 궁구하는 것도 역시 교육학자의 중대한 책무다.

제 7 장

가르치기 어려움의 현상학

교수학의 전개

'가르치기 어려움'이란 표현은 '본래 가르치는 것이 주(主)가 되고 배우는 것은 종(從)이 되는 것이 교육이다.'라는 교육현상의 정치(政治)성과 '가르치는 것은 결코 쉽지 않다.' 는 교수행위의 난해(難解)성을 전제로 하고 있다. 따라서 이 글[1)]은 '가르치기 어려운 교육' 으로 현대교육의 난점을 적시하는 것이 비단 목하(目下)의 특별한 사정이 아니라는 점을 염두에 두고 있다.

서양교육의 역사적 흐름을 가르고 해석하는 일을 생업으로 삼는 대부분의 교육학자는 서양교육의 원형(protocol)으로부터 현대교육에 이르기까지

1) 고요한(2012). pp. 45-70에 게재된 논문을 수정 · 보완함.

'교육의 중심은 늘 가르치는 것이었고, 가르치는 것은 어렵다.' 는 사실을 교육학적 인식 관심의 전제로 삼고 있다. 좀 더 엄밀히 말하면, 원시적 형태의 교육부터 고대 헬라까지를 미시적 교수학(micro teaching) 시대, 고대 헬라시대부터 실학사상이 지배한 17세기까지를 거시적 교수학(macro teaching) 시대, 계몽사상이 발흥한 18세기부터 현대교육까지를 교육학(인간학)적 교수학(educative instruction) 시대로 가름해 볼 때 가르치는 것이 늘 교육의 핵심이었음은 분명하다.

서양교육(사)에서 이러한 교수학은 원시시대에 육체적 단련(훈련)을 통해 원시 공동체의 일원으로 입문(initiation)시키기 위한 교수법, 고전 고대에는 정치적 덕(politike arete)을 갖춘 시민(politai)과 수사학적 덕(rethoric arete)을 갖춘 철학자(philosopher)를 만들기 위한 교수법, 중세는 종교적 인간 및 세계관을 교사(indoctrination)하기 위한 금욕주의(askese) 교수법, 근세는 형식주의에 기반을 둔 두뇌형 인간을 만들기 위한 교수법과 코메니우스에 의하여 정립된 총체적 교수법으로 전개되었다. 이를 요약하면 헬라시대의 소크라테스와 플라톤에서 비롯된 교수학은 근세에 이르러 코메니우스에 의하여 종합적으로 완성되었다고 할 수 있다.

이처럼 인간을 가르침의 대상으로 파악하던 서양교육의 교수학적 전통은 18세기에 이르러 루소(Rousseau), 페스탈로치(Pestalozzi), 프뢰벨(Fröbel), 헤르바르트(Herbart) 등에 의하여 교육(학)적 교수학의 시대가 시작되면서 체계적인 조직교육학의 이론과 실제에 포섭되었다. 한마디로 교수는 교육학을 구성하는 분자가 되었으며, 이에 따라 '배움' 이 아닌 '사람됨' 이 교육(학)적 인식 관심의 핵심으로 등장하였다.

그러나 교수학적 전통은 교육학의 체계 안에서 가장 강력한 영향력을 지니고 있었고, 이는 오늘날의 교육에서도 여전히 역동적인 주도권을 양보하지 않고 있다. 문제는 이러한 경향성이 아마도 입시를 중심으로 형성되는 교육환경과 학습자의 학습 경험이 존재하는 한 결코 사라지지 않을 거대담론이 될 것이라는 점이다.

가르치기 어려움의 전통

누군가를 가르치는 행위의 전제조건은 '그 누군가'의 미성숙함, 불완전성, 비합리성이다. 전문가가 초보자를 가르치든, 기성세대가 성장세대를 가르치든, 교사가 학생을 가르치든 혹은 부모가 자식을 가르치든 항상 가르침을 받는 대상은 미성숙하고 불완전하며 비합리적인 상태에 놓여 있다. 따라서 가르침에 대한 배움의 교수학적 경험이 배제된 채 성숙하고 완전하고 합리적인 사람은 없다. 이러한 교수학적 원리와 법칙은 교수학의 시대건, 교육학의 시대건 예외 없이 적용되는 범용(汎用)의 지침이었다.

원시시대: 단련(鍛鍊)의 교수법

원시인들의 실제적 교육은 체계적-조직적인 것이 아니라 아동이 어른을 모방하는 형태로 이루어졌다(Monroe, 1995: 25). 즉, 원시 공동체 구성원에게 필요한 일반적인 지식을 일방적으로 전달(교수)하는 것이었다. 단순한 훈련으로서의 교수법은 원시사회의 몇 가지 특징을 기반으로 하는데, 이는 다음 인용문에 잘 드러나 있다.

> 원시사회의 현저한 특징은 비진보성과 모방성에 있다. 원시인은 있는 그대로 그 환경에 그리고 전(前) 세대의 사람들이 한 그대로 적응하려고 한다. 과거란 (자신들이) 보존해야 할 생활 형식임을 의식하지 못하고 또한 미래가 현재보다 더 많은 기회를 제공한다는 사실도 모른다. 그들은 오로지 현재에 살고 따라서 거기에는 아무런 변화의 경향도 없고 설령 있다 하더라도 그것은 대개 우연적인 것이다(Monroe, 1995: 23).

이러한 '원시' 라는 사회문화적 특징 속에서 그들은 '성년식(initiation ceremony)' 이라는 독특한 교수방법을 통하여 미성숙, 불완전, 비합리적인 아동들을 가르쳤다. 아동의 입장에서는 모방에 의한 단련 외에 특별한 배움의 방법이 없었다. 다만 이러한 단순한 훈련은 시간이 지남에 따라 그것과 구별되는 '가르치는 것' 을 인식하고 전문적으로 가르치는 사제계급(교사)과 그들에게 배우는 집단(학생)이 등장하면서 다소 변모되었다 하지만 여전히 교수행위의 우월성은 유지되었다.

먼로(Monroe)와 피터스(Peters)가 교육의 원형으로 삼은 성년식은 다름 아닌 교수법의 원형이다. 이러한 교수법의 교육인류학적 특성은 인위적으로 설정한 잔혹함, 시련, 고통, 결핍, 어려운 상황 속에서 인내, 존경, 복종을 가르치는 것이다(Monroe, 1995: 19). 이 상황에서 가르치는 것은 극대화되고 상대적으로 배움의 능동성은 최소화되기 마련이다.[2] 이처럼 성년식에 담긴 교수법은 고전고대 교육의 유산으로 온전하게 전승되었다.

> 희랍의 거의 모든 지역에서 18~22세의 남자들에 대한 의무적인 군사훈련이 윤리교육, 정치교육의 수단으로 실시되고 있었다는 사실은 고대의 성년식이 지속적으로 (교수법상의) 영향을 미쳐 왔다는 증거다. 희랍인들이 청년들의 필요를 현명하게 존중할 수 있었고, 세대차의 의식을 분명히 인식할 수 있었던 것—현대 교육은 흔히 이 두 가지에 실패하고 있다—은[고래(古來)로부터 무의식적으로 전승된] 그러한 성년식의 기억들이 그들의 민담(民譚)과 관습 속에 남아 있었기 때문이다

2) 이러한 교수법은 원시 의술(醫術)에서도 그대로 적용되었다. 질병은 악한 영혼의 장난으로, 그것을 추방하는 방법을 안다는 것은 그들에게 매우 중요한 일이었다. 병에 걸린 경우 신체를 괴롭혀서 악한 영혼이 그 속에서 견디지 못하게 하거나 주문을 외워 달래거나 쫓는 방법이 있는데, 이러한 방법의 교수는 곧 의술훈련이 되었다. 인간이 이러한 방법에서 벗어난 것은 지극히 최근의 일이었다(이원호, 1997: 14).

(Boyd, 1994: 15-16).

이상의 내용을 종합해 볼 때, 교육의 원형으로서 단련의 교수법은 언제나 고통-인내-쾌락의 정합성을 지향하되 반드시 '고통' 이 선행해야만 하는 지난한 인간 존재의 슬픈 자화상인 것이다. 결국 가르치는 것은 어떤 형태든 '어려움' 을 전제로 하고 있음이 자명하다.

고전고대: 교정(矯正 혹은 矯氣質)과 해방으로서의 교수법

원시사회의 사제계급은 고대국가 시대에 이르러 전문적인 교사로서 소피스테스(sophistes)의 출현으로 계승되었다. 소피스테스가 활동하던 공간과 시간 속에서 형성된 교수법은 한마디로 근대적 교수학의 근원이 되었고, 당대 사회는 온통 교수법이 지배했던 시기라 할 수 있다. 소피스테스의 교수학적 특징은 오로지 지식의 유용성과 경제성[혹은 대가(代價)성에 기반을 둔 지식 가치의 교환]에 있었으며, 그것은 도덕적 측면에서 철저히 가치중립적이었다.

> 많은 소피스트들은 형식적인 담화나 강의를 통해 토론에 의한 변증능력이나 공개연설에 의한 수사능력의 훈련을 가르침과 동시에 당시의 여러 시사문제나 자연과학, 역사과학의 기초에 이르기까지 철저한 교수를 실시하였다(Monroe, 1995: 70).

이러한 소피스테스의 교수학적 행태는 '아주 쉬운 교육' 의 원형이 되었다. 왜냐하면 그들은 정치적 출세에 목말라 있는 청년들에게 단순하지만 분명한 목표의식을 기반으로 제공되는 교수행위를 통해 다분히 형식적인 학습 경험을 제공하고, 청년들로 하여금 지식의 유용성과 경제성에 철저히 물들게 하여 공동체보다는 오로지 개인의 목적에 정향(定向)시키면 그만이었기 때문이다. 그리하여 그들의 교수학적 행태에 대한 많은 사람의 비난과 폄하의 목소리가 공존했던 것이다. 이러한 비판 중에서도 '교육은 본질상 어려워야 한다.' 는 신념을 기반으로 하는 전향적(轉向的) 성찰이 소크라테스와 플라톤의 교수학적 실천과 이론에 의하여 재정립되었다.

특히 소크라테스는 '가르치는 것은 어렵다.' 는 사실을 자신의 교수 경험으로 충분히 증명하였다. 비록 자신도 소피스테스의 무리에 속해 있었지만, 그는 철학과 교육의 본질에 대한 성찰적 회심(回心)으로 그들과 결별한 후 잘못된 교수 경험에서 비롯된 젊은이들의 의식을 바로잡는 데 최선의 교수학적 노력을 경주하여 오늘날 우리 모두가 주지하는 다양한 교수법을 창출해 냈던 것이다.

> 소크라테스에 의하면 지식은 단순히 개인의 속견(俗見)이 아니라 만인(萬人) 공통의 것, 즉 보편타당한 것을 탐구함으로써 획득되어야 하는 것이다. 그러나 어떤 개인이라도 훈련을 하지 않고 보편타당한 것을 자기 자신의 경험 및 자기 자신의 의식 속에서 발견한다는 것은 전적(全的)으로 불가능하다. 이러한 진리는 '변증법' 의 과정을 통해 획득된다. 변증적 교수법의 특징은 다음과 같다. 우선 여러 질문을 통해 담화(談話)를 시작하여 그것을 경청, 용인, 지지하는 것처럼 생각하게 만든 후, 교묘한 질문을 던짐으로써 그 자신의 의견이 속견이고, 자신의 의견이 모순과 불합리에 빠져 있으며, 결국 오류임을 고백하게 하거나 자각하게 만드는 아이러니한 부분이 있다(Monroe, 1995: 76-77).

공자(孔子)가 교육의 조건으로 현자(賢者)와 중우(衆愚)를 구분했던 것과 마찬가지로, 소크라테스도 지자(知者)와 비(非)지자의 대립을 교수법의 전제로 삼았다. 그런데 이러한 그의 교수학적 실천은 결코 쉬운 것이 아니었다. 소크라테스는 지식의 경제성에 물든 다수의 무리에 휘둘리는 어려운 상황에도 불구하고 자신이 고집하는 교수법으로 평생을 가르치는 일에 몰두했고, '쉽게 가르치는 교수학'을 신봉한 자들에게 배운 젊은 정치인들에 의하여 정치적 보복을 당하고 마침내 기나긴 교육사의 첫 무대에서 쓸쓸히 사라졌다. 이처럼 가르치는 것은 어려운 일이었다.

소크라테스를 통하여 가르치기 어려운 교육의 실천을 목격한 플라톤은 정치교육학적 입장에서 이를 탁월한 교수학으로 이론화하였다. 교수법의 측면에서만 보면, 플라톤은 소크라테스의 변증법을 계승·발전시켰다(Monroe, 1995: 79). 플라톤은 개인의 측면에서 교육이란 환경의 자극을 통하여 영혼을 개선·발전시키는 것이라고 하였다. 인간의 영혼은 태어나고 얼마 동안 그것이 육체와 결합되어 있다는 사실로 말미암아 감각과 열정에 사로잡혀 있다.

인간의 본질적 특성인 이성은 아직 개발되지 않은 상태에 놓여 있으며, 어린아이는 단지 외양(혹은 억견)이라는 그림자의 세계에 살면서 피상적인 지식으로 사물을 파악하며 무지한 충동에 따라 행동한다(Boyd, 1994: 53).[3) 비록 본래의 심성이 선하다 할지라도 무지한 충동에 의해 형성된 기질을 단속하거나 바로잡고(矯氣質) 올바른 방향으로 향하게 만들기 위한 노력이 필요하며, 이때 탁월한 교수학적 원리가 절실해진다.

플라톤은 '동굴의 비유'를 통하여 근원적이며 보편적인 교수학적 모형을 제시하였다. 주지하다시피, 동굴의 비유에 의하면 교육은 고통을 수반한 형극(荊棘)의 과정을 거쳐 무지나 억견(臆見)으로부터 해방되어 나가게 만드는 적극적인 간섭의 과정이다. 무지와 억견에 편하게 안주하려는 개인적인 기질과 이로 인해 생긴 대중의 나태함을 근본적으로 개조해서 마침내 국가의 필요에 기능하는 인간으로 변화시키려는 거대한 교수학적 전략이

3) 이때 어린아이는 주변인(유모)에 의한 단속적인 상황에서 이야기나 음악을 통해 미선(美善)성에 대한 희미한 갈망을 형성한다. 그러나 유모의 손에서 벗어나면 누구나 개인이 외연적으로 확대된 국가에 기능하게 되는 국가교육의 시스템에 반드시 편입되어야 한다.

동굴의 비유에 잘 드러나 있다. 결국 개인적 차원이건 국가적 차원이건 교육은 결코 쉬운 사업이 아님이 극명하게 드러나 있다(오인탁, 1994: 132).

이처럼 플라톤이 제시한 '동굴의 비유'는 적극적으로 간섭하는 교수학적 방법론의 원형이 되었다. 이는 향후 범지학(pampaedia) 체계를 기반으로 교수학을 체계적-조직적으로 이론화하여 '대교수학'을 집대성한 코메니우스에게 지적 영감을 제공했다. 또한 플라톤의 정치철학은 열렬히 흠모했으나 그의 적극적 교수이론은 철저히 반대하여 전혀 다른 교수계획을 정립한 루소의 생각에도 큰 영향을 미쳤다고 평가할 수 있다.

중세: 훈련과 금욕주의를 위한 교수법

중세의 시대와 공간 속에서 지배적으로 행해진 교수학적 원리는 엄격, 엄숙, 고행, 금욕, 정절, 빈곤, 복종정신의 합당성에 기반을 두고 있었다. 비록 기독교의 그늘 아래 다양한 학교 형태가 실재했지만, 그들을 통할(統轄)하는 교수학의 지침은 훈련 혹은 훈련 이상으로서의 교육(education as displine)이었다. 그리하여 교육목적, 교육방법, 교육 성과가 전체적으로 기독교라는 단일한 종교성에 철저히 귀속되었고, 이때 가장 주도적인 역할을 한 것은 일관된 교수법이었다.

> 모든 종교가 지향하는 윤리사상은 모든 자연적 및 물질적 욕망을 배제함으로써 영적 우월과 통찰에 이르는 것이다. 그리하여 단식이나 고행, 매질에 의하거나 장시간에 걸친 신체를 쇠약하게 하는 운동에 의해 육체적 본능을 억압하고 세속적인 관심을 완전히 근절하는 것이 가능하였다(Monroe, 1995: 125).

이러한 중세교육의 특성을 가장 선명하게 담지하고 있고 이를 기반으로 하는 교수학적 경험을 제공한 장소는 바로 다름 아닌 '수도원'이었다. 모든 수도원의 교수학적 이상은 철저한 금욕주의(askese)의 실천이었다.

> 단식(斷食)을 한다거나, 불충분하고 부적당한 음식을 섭취한다든가, 충분한 수면을 하지 않고, 충분한 의복을 입지 않는다든가, 심하게 불쾌하고 부자연스러운 자세를 취하여 때로는 그 자세를 수개월 동안 지속한다든지, 몸을 불결하게 한다든지, 끈으로 수족(手足)을 묶든지, 쇠줄이나 무거운 것으로 몸에 얹어 놓든가, 그 외 모든 방법으로 자연적 욕구를 억제하거나, 파괴하거나, 자연적 욕구를 무시함으로써 고통을 낳는 (교수)방법을 통하여 육체를 학대하는 새로운 방법을 안출(案出)하는 창의에 의하여 교육의 성과를 측정하였다(Monroe, 1995: 127-128).

또한 수업 장면에서 '코렉터'의 존재는 우리로 하여금 훈련으로서의 교수법을 분명하게 인식하게 만드는 가장 상징적인 측면이 있었다. '코렉터'는 일종의 교도관 역할을 수행하는 교사 혹은 책임자로서 교수효율성을 극대화하기 위한 탁월한 장치였다. 이러한 훈련으로서의 교수 상황과 지도방법은 중세 후반 대두된 기사(騎士)교육과 도제(徒弟)교육 장면에서도 (다소 변형된 형태이지만) 여전히 근원적인 교수원리로 작용하였다. 이 역시 가르치는 것을 어렵게 만드는 원인임에 틀림없었다.

근세: 교수법의 대충돌

아주 오랫동안 기독교의 그늘에 짓눌려 왔던 인간의 이성적 능력이 다양한 장르(문학, 예술, 과학, 종교, 교육 등)에서 가히 폭발적으로 발휘되었고, 이는 교육 분야에서 훈련주의, 인문주의, 신교(新教)주의, 실학주의, 자연주의 등의 이름으로 전개되었다. 그러나 탈(脫)중세의 피날레인 르네상스와 종교개혁, 반종교개혁 등을 통해 형성된 교육의 휴마니타스(humanitas)

지향성은 교수법의 측면에서 여전히 큰 어려움을 유지하고 있었다. 그것은 새롭게 대두된 교수법 간의 충돌에 의한 교수의 어려움이었다.

결코 꺾이지 않을 것 같아 보이던 중세의 정신으로부터 완전하고 투명하게 벗어날 수 있는 변혁의 슬로건은 분명히 휴마니타스였다. 표현상 인본, 인간, 인문 등 다양한 스펙트럼을 가진 휴마니타스는 교수학적 측면에서는 이미 형식주의를 잉태하고 있었다. 인문주의의 본질은 '고전(古典)의 가치를 교수하고 이를 바탕으로 실제로 확대하자!' 는 일종의 선동적 주장이었다. 그러나 이것은 결국 단순히 '형식' 을 가르치고 배우는 형태로 모든 교육을 조형해 나가기 시작했다.

> 문법을 가르치는 것이 한 언어에 관한 절대적인 지식을 갖는 데 절대로 필요하다는 것은 사실이다. 그러나 실제로 사용되는 맥락을 떠나 그러한 규칙을 가르치든가 문학작품을 읽기 전에 그 규칙에 주의를 집중하도록 하는 것은 '형식주의' 에 수반되는 모든 폐단을 스스로 불러들이는 결과가 된다. 다시 말해, '형식' 을 공부하는 것 그 자체가 지나치게 중요한 것으로 간주되었다(Boyd, 1994: 253).

이처럼 맥락의 교수를 실종한 형식주의로 경도된 교수 행태의 문제점을 적시하면서 전혀 새로운 시각으로 탈중세적 교수법을 체계화한 두 흐름은 코메니우스의 실학주의(특히 과학적/감각적 실학주의)와 루소의 자연/낭만주의였다. 특히 과학적/감각적 실학주의를 선도한 코메니우스는 거의 2천년 동안 이어 온 서양의 교수학적 전통을 『세계도회(*Orbis Pictus*)』『범교육론(*Pampaedia*)』『대교수학(*Ditactica Magna*)』을 통해 집대성하는 쾌거를 이룩하였다.

그가 정립한 근대적 교수법의 핵심적 가치는 범지(汎知)에 있었으며(Comenius, 1993), 방대한 교수학 체계의 핵심적 관점은 교수의 보편성, 철저성, 간결성, 신속성 등으로 요약할 수 있다. 그러나 그의 범지학 기반의 교수법(omnes, omnia, omnino)은 수많은 교수학적 공헌에도 불구하고 또 다른 형태의 형식주의를 만들어 내는 단초가 되고 말았다.

한편 서양교육사에서 (『에밀(*Emile*)』을 통해 개진된) 루소의 교육학적 프로그램은 그야말로 대반전에 가깝다. 루소의 교육 이데아는 교수학이 지배해 온 서양교육의 전통을 교육학으로 패러다임 전환한 선도적인 시도였기 때문이다. 그의 교육학적 제안이 대반전인 또 다른 이유는 플라톤 이래 전통적으로 서양교육을 지배해 온 적극적 교수법(positive teaching)을 정면으로 부정하고, 교수 작용의 개입을 최소화하지만 효율은 극대화하는 전혀 다른, 새로운 소극적(negative) 교육론(김상섭, 2009: 128-133, 147-148) 및 고요한 교수법(silent teaching)을 주창하였기 때문이다. 이처럼 코메니우스와 루소에 의해 혼란스러워진 교수와 교육의 관계에 대한 정리는 헤르바르트에 의하여 이루어졌다.

헤르바르트의 교육학적 인식 관심은 '어떻게 하면 교수를 교육학적으로 할 수 있는가?' 였다. 그는 전통적으로 관습, 지식, 형식에 지향되어 있었던 교수의 목적을 도덕성이라는 관념에 포함시켜 버렸다. 그는 인습적인 교수의 의미만으로는 교육의 목적을 구현하는 것이 불충분하다고 간주하였다(Monroe, 1995: 343). 결국 그는 전통적인 교수학적 교육학을 교육적 교수학으로 대체시켜 버렸다. 이는 다음의 인용문에 잘 드러나 있다.

> 의지에 도달하고 의지를 형성, 결정하고 그렇게 해서 성격을 도야하는 교육적 교수가 곧 학교교육의 고유한 임무이며, 이러한 교육적 교수의 직접적인 수단은 아동의 마음속에 '다방면의 홍미' 를 일으키는 것이다(Monroe, 1995: 344).

헤르바르트의 학문적 영향은 교수의 중요성을 강조한 것이고, 교실의 일반적인 분위기보다 오히려 교실에서 이루어지는 교수기술을 더 중시했다는 것으로 요약할 수 있다. 헤르바르트에 의하면, "교수란 사상(생각)을 형성하고 교육은 성격을 형성하는 것인데, 전자 없이 후자는 무가치한 것" 이다(Monroe, 1995: 348). 그의 주장을 기초로 학교 장면에서 교수와 교육 간의 대충돌이 시작되었다.

이제 학교를 포함한 모든 교육 장면에서 적극적 간섭의 교수법(만드는)과 소극적 개입의 교수법(되어 가는) 간의 대충돌, 전통적 교수법(적극적 교육)과 교육학적 교수법(반교육) 간의 대충돌이 시작되었다. 이는 근대 산업화 과정을 거치면서 더욱 첨예화되었고, 현대 우리 학교교육을 지배하는 팽팽한 긴장요인으로 작용하고 있다. 이는 문화보편적인 현상으로 모든 학교 장면에서 가르치는 것을 더욱 어렵게 만드는 가장 확실한 원인이 되고 말았다.

현대: 교육의 대혼란

산업혁명, 정치혁명, 경제혁명, 정보혁명을 거치면서 서양에서의 교육도 혼란의 지경에 빠졌으며, 이는 어느새 범세계적인 추세가 되었다. 서양교육은 물론 현대 세계교육을 지배하는 도그마는 플라톤의 유령이다. 어느 학자는 "서양지성사는 한마디로 플라톤의 이해와 해석의 역사"라고 말한 바 있는데, 이는 교육에서도 예외가 아니었다. 그러나 플라톤의 유령과 사상적 유산에 대한 반발이 구체적이고 직접적으로 개진된 것은 아이러니컬하게도 그에게 가장 공명(共鳴)했던 루소에 의해서였다.

> 루소의 자연교육은 분명 올바른 교육방법에 대한 새롭고도 과감한 시도다. 그의 첫 번째 공적은 기존의 스콜라적인 교수법에 대해 근본적인 의문을 제기하고 그에 맞서 근거 있는 새로운 교육방법을 대안으로 제시했다는 점이다. 기존의 교수법은 권위적, 주지적, 이성(언어) 위주의 교육이었다(김상섭, 2009: 216).

플라톤의 교육 이데아를 계승한 전통교육과 단호하게 결별을 선언했던 루소의 주장과 노력은 비록 당대에는 공명(空鳴)에 불과했지만, 오늘날 현대교육에는 지대한 영향력을 미치게 되었다. 그의 주장은 비코(Vico)나 피아제의 인식 및 지식론에 의하여 정치(精緻)되었고, 이는 오늘날 학교교육에서 교수법의 혼란을 가중시키는 원인이 되었다. 글라저스펠드(E. Glasersfeld)는 이를 '급진적 구성주의' 라고 명명했으며, 특히 피아제에 대하여 "전통적인 철학자의 틀을 깬 사람"(김판수 외, 1999: 39; Schmit, 1995)이라고 평가하며, 그의 구성주의를 다음과 같이 요약하였다.

> 지식은 수동적으로 받아들여지는 것이 아니라 인식 주체에 의하여 능동적으로 구성된다. 인식의 기능은 적응적이며, 적합성 혹은 존속(存續) 가능성을 지향하는 경향성을 지닌다. 인식은 주체로 하여금 경험세계를 조직하는 데 도움을 주는 것이지 결코 객관적인 존재론적 실재를 발견하는 것을 돕는 것이 아니다(김판수 외, 1999: 103).

이러한 피아제의 인식 및 지식론은 기존 교수법상의 핵심적인 가치들을 그야말로 급진적(radical)으로 뒤흔들었고, 새로운 학습 장면과 전향적인 교실 분위기를 자극하거나 촉구하였다. 구성주의에서 가장 급진적이면서 중요한 원칙 중의 하나가 바로 교사의 역할에 대한 규명이었는데, 전통적으로 교사에게 부과되었던 지식 전달자로서의 절대적 힘과 권위가 학습자에게 대폭 이양되어야 함을 강조했기 때문이다(강인애, 2001: 23). 결과적으로 이제는 교수환경이 아닌 학습환경이 더욱 중요시되었다.

그러나 실제의 학급 장면에서 교사들은 자신의 교수행위에 대한 전환을 과감히 시도하는 경우와 전통을 고수하려는 경우로 나뉘고, 쉽사리 조화를 이루지 못하는 지경에 이르렀다. 이때 많은 학자는 객관주의 교수와 구성주의 교수를 명료하게 가르고, 두 가지를 이항(二項)모형으로 구분함은 물론 대척점(對蹠點)을 자의적으로 구획하였다(강인애, 2001: 16-19). 객관주의와 구성주의의 동행 가능성과 필요성에 대한 사색은 거의 진공 상태에 머물렀다. 마지못해 두 가지 교수법의 혼용과 융합을 시도하려는 노력이 교실 군데군데에서 벌어졌다. 마침내 교실 장면에서는 물론 (인지적 구성주의) 일상에서조차 가르치는 것(사회적 구성주의)의 어려움과 혼란은 극도에 달했다.

이에 대하여 글라저스펠드는 "급진적 구성주의가 전통과 위배된다는 이유로 많은 분야에서 대중적이지 못하였고(김판수 외, 1999: 41; Schmit, 1995: 430) 또한 지식, 진리, 의사소통 그리고 이해의 개념을 '급진적으로' 재구성하도록 촉구한다는 바로 그 이유 때문에 어떤 전통적 인식론에도 동화될 수 없었기 때문" 이라고 설명하였다(김판수 외, 1999: 49). 또한 객관주의 인식론자들이 '구성주의는 어떤 교육적 교수학인가, 아니면 철학적 인식론인가?' 와 같이 그 정체성에 대하여 반박한 것도 구성주의가 대중적 동의를 구하는 것을 어렵게 만들었다.

이러한 상황에서 구성주의 인식론자들은 "구성주의란 학습자들이 어떤 식으로 의미를 만들어 가고 어떻게 구성해 나가는가에 관한 이론이다." 라고 간명하게 자기정체성을 부여하였다. 이처럼 구성주의가 어떤 교수전략의 한 방법이 아님에도 불구하고(강인애, 2001: 115), 그에 근거하는 인식론과 지식관은 학교에서 많은 교사에게 가르치기 어려운 또 다른 원인을 제공하였다. 이 점은 다음 인용문에 잘 드러나 있다.

> 구성주의는 객관주의와 달리 개별적 교수전략을 강조하기보다는 구성주의적 학습원칙에 대한 철저한 이해와 지속적인 자아성찰의 체질화, 습관화를 강조하며 나아가 개별적 행동, 판단, 결정들의 일반화를 도모하고 있다(강인애, 2001: 125).

한마디로 구성주의는 객관주의가 그동안 지배해 온 거의 모든 교수 장면을 해체 내지 대체할 수 있는 파괴력 있는 주장으로서 화려하게 등장했지만, 결국 현실적으로는 '학교 장면에서 어떤 교수전략이 가능한가?' 라는 물음에서 비롯된 교수의 비효율성과 비실용성에 대한 대응책 부재(강인애, 2001: 119) 등의 치명적인 약점을 내포하고 있었다.

20세기 들어 학교교육 장면에서 가르치는 것을 더욱 어렵게 만든 '새로운' 교육운동이 전개된다. 미국에서는 듀이, 독일에서는 슈타이너(Steiner), 영국에서는 닐(Neill)이 진보교육, 새교육, 실험교육, 자유교육, 대안교육 등의 이름하에 기존의 학교교육에 대한 개혁, 대결, 저항의식이 사회적으로 소통되기를 원했으며, 실제로 교수법상의 패러다임 전환을 촉구하였다. 넓게는 새로운 교육, 좁게는 새로운 교수법의 핵심은 객관주의, 형식주의, 지식주의의 전통과 정확하게 배치(排置)되는, 비권위를 기반으로 하는 자유, 자율, 자생(自生), 자활(自活)의 교육인간학적 신념과 태도에 철저히 정향되어 있었다.

특히 닐은 '문제의 아동, 문제의 부모, 문제의 교사, 문제의 가정, 방종이 아닌 참 자유, 어린이의 삶을 사랑하는 교육, 행복한 학교 서머힐' 등의 같은 저서를 통해 자신의 일관된 교육학적 성찰과 의지를 사회적인 합의 수준까지 외연적으로 확대하고자 하였고, (비록 반대한 사람들이 더 많았지만) 예상외로 많은 지지자의 성원을 이끌어 냈다. 이러한 일종의 대안, 실험, 반(反)공교육(일종의 아나키즘적인)의 이데아(idea)와 프락시스(praxis)는 기존 공교육에서 이루어지던 학교교육의 행태, 특히 전통적인 교수법과 교사의 권위 폐기를 요구하기에 이르렀다. 이는 다음 인용문에 잘 드러나 있다.

> 서머힐에서 수업은 임의적이다. 만일 학생들이 원한다면 수년간 수업을 멀리할 수도 있다. 시간표가 있으나 그것은 교직원을 위한 것에 불과하다. 어떤 식의 수업이 진행되는지 나는 전혀 아는 바가 없으며, 또 학생들이 어떻게 배우고 있는지에 대해서도 나는 관심이 없다. 우리는 가르치는 방법을 크게 중요한 문제라고 생각하지 않으므로 특별한

> 교수법을 가지고 있지도 않다. 학교는 교수법을 위한 특정한 장치를 가지고 있든 없든 간에 그것들이 생활에서는 중요한 것이 아니기 때문에 의미가 없다(Neill, 1993: 35).

닐의 교수법에 대한 이러한 입장은 학습자의 흥미가 교수-학습에서 차지하는 위치 및 비중이 기존의 전통적인 일반교육에서처럼 교수방법론의 차원에 있지 않음을 의미한다. 이는 형식주의, 분석주의, 보수주의적 시각을 견지하던 피터스(Peters)와 허스트(Hirst), 디어든(Dearden) 등이 주장하는 교수원칙과는 상이하다(박용석, 2002: 78). 여기서 문제가 되는 것은 교사의 교수역량이 아니라 교사 자신에게 내재된 인성이다.

> 전통적인 학교에서 교사는 우상적인 존재다. 교사는 (수업을 포함한 모든) 사건의 중심인물이며 주연배우다……. 교사의 자아는 아동을 소유하고 싶어 한다……. 엄격한 학교에서는 힘만을 요구하기 때문에 학부모들은 만족해한다. (그러나) 자유로운 학교에서는 힘의 요소가 배제되어 있다. 우리 학교에서는 교사가 자기 자신의 자아를 과시해 보일 기회가 없다. 교사는 어린이들의 말로 표현하는 이기주의와 겨룰 수가 없다. 자유로운 학교에서는 (교사의 교수역량이나 지도법이 아니라) 사랑의 요소가 중요시되고 있다(Neill, 1991: 154).

보수적 교육 풍토에 길들여져 있던 대다수의 사람(교사는 물론)에게 그의 당찬 제안은 (학교의 제일 책무인 교수행위를 거부하는) 방종의 교육으로 비춰졌다. 이때 '방종' 은 방임의 이미지와 그대로 복사된 채 대중의 반감을 유발하기도 했다. 그러나 『방종이 아닌 참 자유』를 통해 닐 자신이 독자들의 의문에 답해 줌으로써 그들의 반감을 불식하기 위한 노력을 보여 주었다. 그가 답한 내용 중 특별히 교수법에 관한 내용을 요약하면 다음과 같다(Neill, 1994: 66-77).

첫째, 교사가 갖추어야 할 자질 중의 하나는 (탁월한 전문 지식과 교수상의 테크닉이 아닌) 일종의 유머감각이다. 닐은 '만일 어떤 교사에게 유머가 없으면 그는 아이들에게 위험한 존재가 된다.' 는 사실이 분명하다고 주장하였다. 아이에게 교사의 유머는 친밀감의 표현이며, 어른들로부터 사랑받고 있음을 의미한다고 하였다. 결국 그의 주장에 따르면 (잘 가르치지 못하는 학교교사가 아닌) '유머가 없는 선생님' 은 위험한 선생님이다.

둘째, 자유 대안학교인 서머힐에서 상대적으로 '엉성한' 학습 경험을 한 학생들과 일반 사립학교에서 '철저히' 교수된 학생들 간에 발생하는 '경쟁력' 의 심각한 디바이드(divide)문제를 묻는 독자에 대하여 닐은 한마디로 기우(杞憂)임을 역설하였다. 자발성이 배제된 채 엄격한 훈육 장면에 길들여진 학습 경험이 '자기 발생적인 학습 경험' 을 이길 수 없다는 것이 주장의 요지였다. 그의 생각에 의하면 배우고 싶어할 때까지 기다리는 인내야말로 교수 장면은 물론 모든 교육현상에서 지켜야 할 제일원칙이었다.

셋째, 자신의 전문적 지식 수준을 가장하기 위해 습관적으로 교사의 권위라는 이름으로 합당성을 상실한 채 부과되는 '숙제' 의 문제에 대해 닐은 오히려 역발상을 제안한다. 다시 말해, 숙제는 교사의 기대 수준이나 학습 성과에 기반을 두는 것이 아니라 학생들의 자발적인 '앎의 욕구(닐의 표현으로는 '내적 흥미')' 에서 발동해야만 한다는 것이다.

닐은 아이의 존재론적 속성을 '흥미' 라고 여겼는데, 이는 그의 표현대로 전(全) 인격에서 솟아나는 근원적인 생명력이며, 이것이 모든 교수-학습 장면의 근간이 되어야 한다고 주장하였다. 이는 다음의 세 가지 교육인간학적 의미를 함축하고 있다. 첫째, 교육과정은 물론 교수법상의 획일성을 철저히 거부한다는 사실이다. 둘째, 학습은 공적인 요소가 최소화되어 철저히 사적인 성격을 지녀야 한다는 사실이다. 셋째, 교수자의 교수행위가 아닌 학습자의 학습행위에 의해 모든 학습자의 자기실현 과정이 이루어진다는 사실이다(박용석, 2002: 80-81). 한마디로 닐은 전통적인 교수법과의 단절 혹은 의도적 무시 의지와 태도가 결연하였다.

비록 당대에 행해지던 모든 교육 형태가 앞과 같이 널이 제안한 실험, 대안, 자유교육의 이데아를 담지한 교육 아젠다(agenda)를 수용한 것은 아니었지만, 향후 범세계적으로 전개되는 대안교육, 반공교육 운동에서 일종의 '효모 혹은 누룩'의 역할을 톡톡히 하고 있었음은 자명하다. 그럼에도 불구하고 그것의 침투와 확산을 거부하며 전통적 교수법으로 자기를 구속하는 많은 교사와 보수적인 학교의 경우 가르치는 것을 어렵게 만들었음도 확실하다.

효모와 누룩의 수준을 뛰어넘어 기존의 교수법 혹은 교육의 습관과 기억으로부터 가장 강력한 구심력을 지닌 채 마치 현기증 나듯 파괴적인 교수의 이론과 실천을 제시한 것은 교육인간학이었다. 삶의 철학, 실존철학, 개혁교육학, 정신과학적 철학, 문화교육학, 현상학, 해석학 등의 방법론상의 연장 혹은 조화를 추구했던 교육적 인식 관심은 '교육인간학'이라는 이름을 조형해 나갔고, 전통적인 교수법 및 교육의 기능적 '습관'들과의 대충돌을 연출하였다.

교육인간학의 방법론적 원리와 교육적 인식 관심의 핵심은 전통적인 교수법의 핵심적 가치인 연속성, 지속성, 발달성을 부인한 비연속성 혹은 단속성과 '교육적 분위기'였다. 볼노프(Bollnow)는 다음과 같이 밝혔다.

> 교육적 분위기란 교육이 목표에 도달하기 위하여 반드시 충족되어야만 하는 아주 원칙적으로 꼭 필요한 조건들을 의미한다. 그러므로 이러한 조건의 결여는 교육의 모든 시도가 처음부터 실패할 수밖에 없도록 한다. 그러나 유감스럽게도 이러한 요인들의 중요성이 이제까지의 교육학에서 너무나 경시되어 왔다(Bollnow, 1999: 78).

이것들은 실존철학 혹은 삶의 철학이 교육학으로 이행(履行)한 결과로 나타난 것이었다(Bollnow, 1999: 102). 그 결과 교수에 대한 기술공학적 이해를 유기체론적(holistic) 이해로 전환시키려는 움직임이 태동하였고, 그 동안 교수의 영역에서 소외의 길을 걸어 온 삶의 다양한 형식에 대한 진지한 성찰과 의미 부여가 이루어졌으며, 마침내 학교나 교수 장면에서 가르치는 것을 더욱 어렵게 만드는 가슴 먹먹한 목소리가 되었다. 인간학과 교수학의 만남은 교육학자들에게는 호재이나 교사들에게는 악재가 되는 셈이었다. 그렇다면 인간학적 교수학의 특장(特長)은 무엇인가?

로저(Loser)의 정의에 의하면, "교수는 심리학이나 사회학에서 교육학자들에게 주어지는 하나의 특정하게 형성된 인간을 전제로 하지 않으며, 교수의 기술과 방법이 오히려 동시에 인간을 그 자신의 핵 안까지 형성한다" (정혜영, 1991: 112 재인용). 이는 학습의 가능성이 교수의 전제가 되는 것이 아니라 반대로 교수가 역사의 진행과정 속에서 학습을 비로소 가능하게 만든다는 것이며, 얼핏 보면 이는 학습에 대한 교수의 선위(先位)성으로 읽힐 수 있다. 물론 이 점은 사실이지만, 이때 학습에 선행하는 교수는 전통적인 방법과 차별적인 '인간학적 교수법' 을 전제로 함을 간과해서는 안 된다.

이에 대해 로저는 "교수란 어린이의 학습능력에 따라 정립되어서는 안 되며, 인간 형성을 위한 창조력을 마땅히 교수에 귀속시켜야 한다."(정혜영, 1991: 113 재인용)는 정언(定言)적 논리를 펼쳤다. 결국 생산적인 교수(인간학에 기반을 둔 교육 속에서 구현되는)의 역사는 하나의 인간 형성의 역사인 셈이다. 이러한 사유의 연장선에서 볼노프는 당면한 '교수학의 과제'를 다른 학자들에 비하여 비교적 명징(明澄)하게 정리하였다. 그가 말하는 교육학의 과제란 '어린이를 일상적인 삶의 속박에서 벗어나게 하는 것, 산만한 것을 확실하게 만드는 것, 불확실하며 비직관적으로 선취(先取)된 이해를 추후에 직관화하는 것' 등으로 요약할 수 있다.

우리가 이러한 인간학적 교수법을 실제로 적용하고자 의도할 경우, 전통, 보수, 절대, 객관, 성장, 지력, 암기, 반복 등과 같은 인식론상의 개념적 도구들은 물론 방법론상의 장치나 도구들에 대한 기득권을 모조리 해체해야만 하는 심각한 고통이 수반된다. 그러나 고통을 수반한 해체는 도처에서 이루어졌고, 그 해체의 시간과 공간 속으로 물음, 가리킴, 만남, 위기, 세계(혹은 공간), 희망, 대화, 판단, 일상 언어, 기분, 신뢰 등이 교수의 내용 및 목적에서 중요한 단속적 형식들로 포섭되어 나갔다. 이것은 향후 정립된 홀리스틱(holistic) 인식론이 조직적이고 체계적인 교육이론으로 착근하는 데 중요한 원리로 영향을 끼쳤다.

인간학적 교수 및 홀리스틱 교육을 모색하는 많은 이론가는 상존하는 교육적 모순과 병폐에 대한 근원적 처방을 주창했지만, 전통적인 교육방식에 익숙한 마음의 '습관' 및 자본주의적 인간관에 의해 길들여진 사회적 '습성' 을 해체하는 데 힘이 부쳤고, 이러한 모순된 상황에서 학교교사들은 이론과 실천, 현실과 이상의 틈바구니에서 가르치는 것이 더욱 어려워지는 지경에 놓이게 되었다.

이러한 상황에서 20세기 초반 들어 자본주의, 시장경제, 국가주의 교육의 이데올로기들이 서로 기능적으로 결합하면서 학교교육은 전례 없는 혼란, 혼동, 혼미의 늪에 빠져들고 말았다. 그리하여 학교교육을 통한 '교육된 인간상' 은 이제 인성, 인품, 인격이 아닌 인력, 인재, 인적 자본이 되고 말았다. 슐츠(Schultz)에 의해 만들어진 '인간자본(human capital)' 은 자본주의, 시장경제, 국가교육의 진수(眞髓)가 융합된 가장 이상적인 용어가 되어 버렸다.

이제 학교에서 이루어지는 모든 수업 장면은 인간자본의 이데아를 구현하는 핵심 역량, 핵심 인재, 직무 경쟁력 등에 초점을 맞추도록 모든 교사를 심리적 혹은 물리적으로 압박하고 있다. 이러한 강박적 경향성은 초등학교, 중등학교, 대학을 망라하여 총체적으로 이루어지고 있다. 결국 교내 교수활동의 모든 메커니즘은 국부(國富)를 창출하고, 자본주의 논리에 따라 시장경제체제에서 경쟁력의 우위를 확보하기 위하여 기능해야만 하며, '인력시장' 에서 경쟁력을 갖춘 인재의 발굴, 양성에 따라 움직이도록 제도화되어 버렸다.

가르치는 것을 소명으로 여기며 가르치는 행위의 즐거움과 가르치는 재료의 맛을 아는 참 교사들에게 교수 장면에서 이처럼 자본주의의 메커니즘을 위해 반(反)교육적으로 기능하도록 종용하는 것은 너무나 가혹하다. 마침내 많은 교사가 교육적 자조(自嘲)를 선언하며 교단을 떠나 버리게 되고, (자신들이 생각하기에) '비굴하게' 학교에 남아 있는 교사들에 의해 가르치는 것은 더욱 어려워져만 간다. 그리하여 어떤 이론이나 상황 논리로 설명하든 학교에서 가르치는 것은 어렵다.

가르치기 어려움을 넘어서

교육적(인간학적) 교수학의 본질은 다양성에 있어야 한다. 다시 말해, 인간교육을 방해하는 최대의 적은 획일주의다. 교수법의 개방성과 다양성은 인간교육의 가능성을 높임은 물론 더욱 풍성하게 만든다. 그러나 이는 정작 교육 당사자들을 혼란스럽게 만드는 근원적 지침이 된다. 한마디로 현대 학교교육에서처럼 가르치기 어려운 상황은 교수의 개방성과 다양성에서 연유하는 오랜 교육적 전통의 단순한 연장(延長)일 뿐이다.

그렇다면 오늘날 학교 장면에서 가르치기 어려운 교육의 암울한 시대상이 투영된 구체적인 현상들은 무엇인가? 최근 모 일간지의 1면 머리기사 세목은 '칙취, 계급사회, 보복, 소외, 이것이 교실 안 풍경' 이었다(D일보, 2012. 1. 31.). 한마디로 교수권에 선행하는 학습권, 교권이 아닌 학생인권, 반(反)공교육, 열린교육, 자율교육, 대안 및 실험 교육 등 교육의 혼란과 지속 가능한 가치의 부재에서 초래된 가르치기 어려운 교육은 '학교폭력' 이라는 거대담론으로 통합되었다.

교사는 학교문화나 학생들이 폭력적이어서 가르치기 어려운가? 교수법의 측면에서 볼 때 가르치기 어려운 교육의 본질은 교사가 짊어지고 있는 부담감, 예를 들어 교육적 이상과 사회적 현실 간의 괴리, 개인적 양심과 국가적 요청 간의 불일치, 인성과 인력 간에 충돌하는 교육이념상의 모순성 등에 의해 짓눌린 학교교육 문화의 카오스 혹은 파괴된 프랙탈(fractal) 구조(세부 구조를 확대해 볼수록 전체 구조와 유사한 형태를 부단히 반복하고 있는 복잡한 구조)에 있다.

지금까지 우리는 서양교육의 역사가 가르치기 어려운 교육의 역사이었음을 알아보는 지적 여행을 시도하였고, 현대교육도 이러한 역사 전개의 연장선에 놓여 있기 때문에 가르치는 것이 어려운 것은 지극히 당연하다는 일종의 공감을 이끌어 냈다. 그러나 향후 지속될 학교교육에서도 이처럼 가르치는 것이 어려울 수밖에 없는, 마치 원죄 같은 '학교교육의 불편한 진실' 에 대하여 우리 교육학자들은 어떤 고뇌를 해야 하는가? 가르치기 어려운 교육이 시대와 공간을 초월하여 모든 교육 장면에 보편적으로 현현(顯現)하며, 마치 악마 같은 모습의 또 다른 교육의 본유성임을 우리는 어떻게 자각해야 하는가?

교수의 측면에서 볼 때 현대교육은 '복잡성의 과학(complex theory)' 이 가장 첨예하게 구현되면서 동시에 용광로(melting pot)에 빠진 형국이다. 제련(製鍊)과 제강(製鋼)의 기능은 상실한 채 감당 못할 고열만 뿜어내는 용광로 속에 깊숙이 처박힌 교육을 끄집어내지 않는 한 가르치기 어려운 교육에 대한 대중의 고민과 전문가의 학술 연구 및 회합(會合)은 영원히 사라지지 않을 것이다.

참고문헌

강인애(2001). 왜 구성주의인가?: 정보화 시대와 학습자중심의 교육환경. 서울: 문음사.
김상섭(2009). 현대인의 교사 루소: 루소는 에밀을 어떻게 가르쳤는가. 서울: 학지사.
김판수 외(1999). 앎과 삶의 길: 급진적 구성주의. 서울: 원미사.
박용석(2002). 가장 자유로운 학교이야기. 서울: 문음사.
오인탁(1994). 고대 그리스의 교육사상. 서울: 종로서적.

이원호(1977). 체계교육사. 서울: 제일출판사
정혜영(1991). 교육인간학의 성립과 전개. 서울: 성지출판사.

Bollnow, O. F. (1999). 교육의 인간학(오인탁 외 역). 서울: 문음사.
Boyd, W. (1994). 서양교육사(이홍우 외 역). 서울: 교육과학사.
Comenius, J. A. (1993). 대 교수학(정확실 역). 서울: 교육과학사.
Marrou, H. I. (1956). *A History of Education in Antiquity* (trans by G. Lamb) New York: Sheed & Ward, Inc.
Monroe, P. (1969). *A Brief Course in the History of Education*. New York: The Macmillan Co.
Monroe, P. (1995). 교육사 개설(조종인 역). 서울: 교육과학사.
Neill, A. S. (1993). 어린이의 삶을 사랑하는 교육(강승규 역). 서울: 서원.
Neill, A. S. (1991). 문제의 아동(김은산 외 역). 서울: 양서원.
Neill, A. S. (1994). 방종이 아닌 참 자유(김은산 역). 서울: 서원.
Oryshkewych, O. E. (Ed.). (1982). *Education vol 2. The General Principles of Education*. Washington, DC: St. Josaphat's Pedagogical Institute & Seminary.
Oryshkewych, O. E. (Ed.). (1982). *Education vol 4. The History of World Education*. Washington, DC: St. Josaphat's Pedagogical Institute & Seminary.
Oryshkewych, O. E. (Ed.). (1982). *Education vol 5. The History of World Education*. Washington, DC: St. Josaphat's Pedagogical Institute & Seminary.
Reble, A. (1967). *Geschichte der Pädagogik*. Stuttgart: Ernst Klett Verlag.
Schmit, S. J. (1995). 구성주의(박여성 역). 서울: 까치.
Wynne, J. P. (1963). *Theories of Education: A Introduction to the Foundations of Education*. New York: Harper & Row, Pub.

제 8 장

배우기 즐거움의 현상학

동양교육의 에토스로는 누가 뭐라 해도 『논어』『맹자』『예기』를 들지 않을 수 없다. 『논어』는 배움의 즐거움을, 『맹자』는 가르침의 즐거움을, 『예기』의 「중용」「대학」「학기」 편은 배움의 내용과 질서를 조직적으로 설명하고 있다. 기본적으로 공맹의 배움론은 호학(好學)으로 규정할 수 있다. 호학을 완고하게 해석하면 '배움을 좋아함' 이 될 것이다. 좋아함은 강요할 수 없는 존재론적 가치와 인식론상의 해방을 의미한다.

'학이시습 불역열호(學而時習 不亦說乎)' 와 '득천하영재이교육(得天下英才而教學)' 의 메타포는 결국 배움의 즐거움에 있다. 다시 말해, 교학(教學)은 서로 동시적 현상인 셈이다. 공자는 모든 것 중에서 사람이 배우고 익히는 것을 가장 사람다운 기능으로 보았다. 이러한 학습의 기쁨은 맹자가 말하는 교육의 기쁨(得天下英才 而教育之三樂)보다 선행한다. 그만큼 배움은 인간의 원초적인 삶의 현상인 것이다.

'학(學)' 은 배움과 가르침을 동시에 내포하고 있다. 즉, 사람은 본래 누구나 그 성품이 착하지만 무언가를 깨우치거나 깨닫는 데에는 선후가 있기 마련이며, 뒤에 깨우치거나 깨달은 자는 먼저 깨우치거나 깨달은 사람을 반드시 본받아야 한다. 한편 '습(習)' 은 새가 날개 짓을 자주 하여 드디어 날게 되는 것을 이르는 것으로, 앞서 누가 가르쳐 준 것을 배운 것만으로 배움이 완전하지 못함을 잘 드러내고 있다. 다시 말해, 단지 무언가를 알았다고 해서 기쁜 것이 아니다. 모르는 것을 알아야 하는 것은 아마도 지극히 당연한 일이다. 그것은 단지 지식의 소유일 뿐이다.

그러나 배움을 통한 소유의 기쁜 경험을 통해 온전한 인간 존재가 되기 위해서는 반드시 연습하고 또 연습하여 앞서 익힌 바를 체현(體現)하거나 실생활에 활용함으로써만 가능한 것이다. 이러한 배움의 종지는 「학기」 편에 잘 드러나 있다. "배우는 자에게 네 가지 잃음이 있으니 그것은 혹실즉다, 혹실즉과, 혹실즉이, 혹실즉지다." 다시 말해, 연습함 없이 배움만 너무 많으면 방황하며 바른 도리에서 벗어날 수도 있고, 반대로 배움이 너무 적어도 바른 도리를 알지 못하여 인간답지 못할 수 있다.

또한 교만하게 배움을 경멸하고 쉽게 여기다가 바른 도리를 놓치기도 하고 노력하지 않고 분발하지 않아 바른 도리에 다다르지 못 할 수도 있음을 지극히 경계하고 있다. 한마디로 배움은 인간적 질서의 올바른 체현인 셈이다. 다시 말하면 공맹학에서 배움, 즉 공부란 인의예지(仁義禮智)라고 하는 인간된 도리의 단서들을 각자 몸소 체험하는 것이다.

배움의 다른 이름: 수동학습 vs. 주도학습

우리는 '공부한다, 배운다, 학습한다' 는 말을 개념적 지식의 범위를 확충한다는 의미에서 주로 지적 측면에 초점을 맞추어 비슷한 의미로 이해하고 있다. 그러나 '공부' 라는 말은 다양한 이해의 스펙트럼을 내재하고 있다. 이에 대하여 토케이어(M. Tokayer)는 다음과 같이 설명하고 있다.

대부분 우리는 공부와 수험학습을 마치 동의어처럼 잘못 쓰고 있다. 학령기 학생들은 오로지 수험만을 위하여 공부한다고 해도 과언이 아니다. 그리하여 학교에 취학하기 전의 아동이나 대학 진학을 위한 고교생이나 모두 '공부하고 있다' 고 말하고 있다. 그러나 이때의 공부는 지극히 제한적이고 협소한 개념으로 사용되고 있다.

영어에서는 학교에서 공부하는 것과 일상 상황에서 배우는 것이 다른 말로 쓰인다. 즉, 학교교육에서는 공부를 learn이라고 하는 데 비해 평생교육에서는 study라 한다. 어의적으로 볼 때 learn은 '가르치는 것을 배운다, 익힌다, 쏠린다, 수동적으로 공부한다' 를 의미하지만, study는 '스스로 연구한다, 찾는다, 조사한다, 배운다, 능동적으로 공부한다' 를 이른다. learn과 study에 똑같이 공부한다는 의미가 있으나 배우는 방법은 전혀 다르다. 즉, learn이 '가르침에 대하여 수동적으로 배우고 익힌다' 를 의미한다면, study는 그 누구든 학습자가 '자기 주도적인 행위 주체성을 바탕으로 일상의 배움을 적극적으로 모색한다' 는 의미를 지닌다(Tokayer, 1996: 10-11).

한마디로 study 개념에 따르면 공부는 누군가 가르치는 것에 대한 단순한 반응행동이 아니라 언제, 어디서든, 누구나가 학습설계의 주체가 되어 무엇이든 배우는 것의 즐거움을 뜻한다. 이렇게 볼 때 '공부한다' 는 것은 learn보다는 study의 의미가 더 적합함을 알 수 있다. 학습사회에서 공부는 그 형태의 다종다양성을 뛰어넘어 이미 우리의 실생활을 이루고 있다. 그것은 인간으로 살아산나는 총체적 의미 연관 속에서 이미 존재하고 작용하고 있다. 따라서 인간의 모든 행위는 이미 공부 상황이요, 인생은 부단히 공부하는 삶의 여정인 셈이다. 다시 말해, 우리의 현실적 삶은 모두 공부의 과정으로 표현될 수 있다. 이것은 단순히 소유를 위한 learn(수험으로서의 공부)이 아닌 존재로서의 study(배움의 즐거움을 깨닫기 위한 인생공부)를 의미한다.

사고의 다른 이름: 패러다임 vs. 내러티브

브루너(Bruner)는 인간의 사고방식을 패러다임적 사고(paradigmatic mode of thought)와 내러티브적 사고(narrative mode of thought)로 구분하였다. 전자에 따르면 세상에는 절대 불변하는 객관적인 지식이 실재하기 때문에 개체의 생존을 위하여 억지로라도 가르쳐야(indoctrination) 한다. 이는 우리가 비록 실생활에서 활용은 하지만 그것이 어떻게 작용하는지에 대해서는 전혀 알지 못하는 지식체계가 있음을 전제로 한다. 패러다임적 사고는 일종의 전형적(typical)이거나 논리-과학적(logico-scientific)인 사고 유형으로서 사실 설명이나 기술(記述)에서 형식적이고 수학적인 체계를 이상적인 것으로 간주한다.

반면에 후자에 따르면 지식의 기반은 이야기를 만드는 마음의 인지 작용이기에 주체 외부에서 존재하는 추상적인 사고방식은 별다른 의미가 없다. 이는 개인마다 특정하게 경험한 것들을 직관적 · 감성적으로 구성하는 사고 유형이다. 어떤 정형화된 형식이나 체계성보다는 상황 자체와 그것을 구성하는 맥락을 세심하게 이해하는 데 그 목적이 있다. 이 상황에서 패러다임적 사고들은 인식 주체와 밀접한 관련을 맺을 때, 가령 경험 가능하거나 흥미가 주어질 때 비로소 의미를 지니게 된다.

일반적으로 패러다임적 사고는 '좋은 이론, 엄격한 분석, 논리적 증거, 합리적 논증, 추론적 가정' 을 이끌어 내거나 발견하게 만드는 경험을 가능하게 만든다. 다시 말해, 이는 이론적이고, 형식-논리적이며, 추상적이고, 일반적인 진술로 구성된 과학적 사고라 할 수 있다.

패러다임적 사고는 그 사고의 진위에 대한 검증이 가능하고, 절대로 구체적인 상황 맥락에 의하여 근거나 기반 논리가 좌우되지 않는다. 한마디로 패러다임적 사고의 제일 원칙은 일관성과 비모순성이다. 대개 이러한 사고 패턴은 물리적 세계에서 이루어지며 형식적 논증과 인과적 사고방식과 관련이 있다.

- 패러다임적 사고는 우리 밖에 있는 객관적 실재만을 지식의 본질로 여긴다.
- 패러다임적 사고는 인간의 의도와 무관한 불변의 세계를 만든다.
- 패러다임적 사고는 사물과 사건의 불변성에 연결된 실재의 세계를 만든다. 사실의 진위 여부에 대한 검증을 요구한다.
- 패러다임적 사고는 자아 외부로부터 만들어지는 것으로, 자신의 의지와 무관하게 자율적으로 경험이 이루어져 원인-결과의 인과적 사고를 다룬다.
- 패러다임적 사고는 사고와 논리적 진술문이 일치한다.
- 패러다임적 사고는 보편적인 진리를 중요시하며 추구한다.
- 패러다임적 사고는 논리적 일관성이 강조된다.
- 패러다임적 사고는 설명을 목표로 한다.

반면에 내러티브적 사고는 자의(自意)의 통제하에 있는 내면세계, 즉 자아의 세계를 개연성이 있거나 가공적인 이야기 형태로 이루어 낸다. 한마디로 내러티브적 사고는 내러티브를 만드는 우리 마음속의 인지 작용이다. 따라서 내러티브적 사고는 좋은 이론이 아닌 좋은 이야기, 마음을 사로잡는 드라마, 진리는 아니지만 믿을 수 있는 역사적인 설명을 만들어 낸다.

이러한 사고는 사람들 간의 관계 맥락, 교류(transactional) 상태, 행위의 의도 등을 묘사하는 구체적이고 상황 특수적인 사고다. 전통적이고 구조적인 학교교육 장면에서는 패러다임적 사고가 강조된 반면 현실과 자아를 도외시하게 만드는 내러티브적 사고는 크게 제한된 것이 사실이다.

- 내러티브적 사고는 학습자의 자아를 발견하게 해 준다.
- 내러티브적 사고는 학습자의 기억을 증진시켜 준다.
- 내러티브적 사고는 학습자의 상상력을 자극하거나 고양시켜 준다. 내러

티브적 사고는 학습자의 인지 작용과정에서 의미 형성에 도움을 준다.

- 내러티브적 사고는 인간의 삶을 지속적으로 채워 주는 사건과 실재들을 의미 있게 만든다.
- 내러티브적 사고는 학습자들에게 학습 공동체를 만들어 줄 수 있다.
- 내러티브적 사고는 학습자의 해석이나 이해를 목표로 한다.

인간은 이러한 내러티브적 사고를 통하여 자신의 삶과 자신을 둘러싼 총체적 세계에서 자아를 형성하여 인간다움을 형성해 나간다. 내러티브적 사고는 논리적 일관성이나 원인-결과의 과학성을 위반하려는 경향성이 있다. 내러티브적 사고는 학습자가 자신을 둘러싼 세계에 대하여 해석하고, 자신의 입장이나 위치에 대하여 마음속으로 나름대로 의미를 구성할 수 있도록 도와주는 사고와 감정의 양식을 말한다.

내러티브적 사고란 지식의 생성적인 본질을 가리키는 말로, 이야기를 만드는 마음의 인지적 작용을 의미한다. 패러다임적 사고가 인간과 무관한 사물과 사건들의 불변성에 연결된 '존재'의 세계를 만든다면, 내러티브적 사고는 삶의 요구들을 반영하는 인간적인 세계를 이해하려 한다. 내러티브적 사고는 수많은 관점과 가능한 '세계'를 만들어 냄으로써 가설 검증이 아닌 가설 생성을 수행하게 된다.

일반적으로 '내러티브'란 서사체를 말하며 하나의 이야기, 즉 시간적 연쇄로 구성된 일련의 사건(events)을 의미한다. 대개 이야기는 사건들로 구성되고, 그 사건들은 특정의 계열(순서)을 이루며 배열된다. 그러므로 내러티브는 사건들의 계열과 사건들이 만들어 내는 이야기로 구성된다.

우리는 그러한 이야기를 굳이 설명하지 않고 다만 그 이야기에 대하여 자의적이든 공감을 기반으로 하든 다양한 해석을 할 수 있다(어떤 드라마를 볼 때 사람마다 이해의 방식과 내용이 천차만별일 수 있고 공감의 심도나 폭에 큰 차이가 날 수 있다). 과학적 이론이나 원리는 검증됨으로써 판단되는 반면, 이야기는 '있음직한 가능성'에 의해 그 적절성이 판단된다.

이러한 이야기는 물리적 세계보다는 인간 혹은 그의 행위에 관한 것으로 인간의 의도적 행위에 초점을 둔다. 따라서 내러티브는 이야기로, 내러티브적 사고는 이야기를 구성하는 마음의 작용으로 구분할 수 있다. 인간을 다른 동물과 구별할 수 있는 종 특성 중의 하나는 바로 이러한 이야기의 창조와 공유 능력이다.

내러티브란 '하나 또는 일련의 사건을 글이나 말의 형태로 전달하는 것 또는 그러한 글이나 말'을 의미한다. 내러티브는 본질적으로 허구적 사고다. 그러나 내러티브는 인간의 삶을 다루고 이야기 구조를 띠고 있어 교육학에서 의미 있는 용어로 사용되고 있다. 인간의 삶이 하나의 이야기가 될 수 있는 것처럼, 내러티브는 그러한 삶의 연속적인 이야기다.

내러티브는 사람과 그들의 행위, 행위 의도, 목적, 주관적 경험에 초점을 맞추고 있어 상황 및 맥락마다 달리 나타난다. 이러한 내러티브는 그동안 학문 영역의 차이와 무관하게 이야기를 구성하는 데 필요한 구조, 지식, 기능을 망라하는 개념으로 사용되다가 오늘날 다양한 학문적 접근과정을 통하여 그 의미 영역이 확대되었다. 교육학 분야에서 이러한 내러티브는 이야기, 서사, 설화, 구화 등의 용어로 혼용되고 있다. 교육과 관련지어 볼 때 내러티브는 '교육과정의 소개로 조직될 수 있는 유의미한 구조를 가진 이야기'로 정의될 수 있다.

내러티브는 기본적으로 이야기와 담론의 통합적 구조로 이루어진다. 여기서 이야기는 흔히 내러티브를 구성하는 사건, 인물, 환경 등을 포함하며, 담론은 그 이야기를 말하고 표현하고 제시하고 언어로 전달하는 것을 포함한다. 이렇게 구조화된 내러티브는 다음과 같이 구체화된다.

내용적 요소

이는 행동하는 인물, 행위자에 의한 행동, 인물의 갈등인 우발 사건, 사건이 일어난 배경 등으로 세분화된다. 교과의 학습 상태에서 단순히 발생

사건 중심으로 학습이 이루어질 때는 전체적인 맥락이나 배경을 무시하는 경우가 나타난다. 그러나 역사 서술의 내러티브에서는 이야기와 플롯(plot)을 구분하여 설명한다. 플롯의 구성방식은 곧 일련의 사건을 특수한 형태의 이야기인 내러티브로 전환하는 방법이다.

구성적 요소

이는 다시 의미 차원과 전달매체 차원으로 구분된다. 이야기가 전달되는 방식은 일상 언어뿐만 아니라 몸짓, 음악, 프로그램, 마임, 드라마, 영상 등 이야기를 다루는 다양한 매체를 통하여 이루어진다. 또한 꿈, 동화, TV, 소설, 라디오, 신문, 잡지, 일기, 자서전, 전기, 심리치료, 농담, 상담 등 다양한 내러티브의 전달 형식이 실재한다. 이들은 크게 모방적 양식, 표현적 양식, 인습적 양식으로 범주화된다. 학습 장면에서 활용 가능한 교육 콘텐츠는 도덕으로서의 내러티브, 역사로서의 내러티브, 자아로서의 내러티브, 사고 경험으로서의 내러티브 등이 총체적으로 어우러지는 인간의 재발견을 지향해야 한다. 이러한 내러티브적 재구성은 단순히 사실주의에 기반을 둔 사료(史料)를 이야기가 있는 서사적(敍事的) 구조로 재구성함으로써 오늘날 학습자들에게 배움의 정신을 생동감 있게 구현하기 위한 교수-학습용 콘텐츠 내지 코스웨어(courseware)로서 기능할 것이다.

교육학적으로 볼 때 내러티브는 학습 내용의 유의미성과 학습방법의 인간화라는 측면에서 매우 중요하다. 근본적으로 교육적 내러티브는 학습 참여자에게 학습의 주도성과 경험의 의미를 형성하게 만든다. 다시 말해, 일반교육과정에서 활용되는 내러티브는 학습 참여자에게 바람직한 자아 및 정체성을 발견하고 유지하도록 만든다.

또한 심리학적으로 볼 때 내러티브 학습 경험은 기억력을 향상할 수 있으며, 학습 내용을 질서 있게 만들고, 각 내용들에 의미를 부여한다. 교육적 내러티브는 상상력과 창의성을 자극하거나 향상할 수 있다.

인식의 다른 이름: 객관주의 vs. 구성주의

우리가 세상을 살다 보면 무언가 절대적, 보편적, 초월적인 것에 대하여 맹신하고 그것을 근거로 모든 현상을 이해하려는 사고 패턴을 가진 사람이 있는 반면, 매사에 주관적, 상대적, 개인주의적 태도로 일관하는 사람도 있다. 대개 전자를 객관주의, 후자를 상대주의 인식론이라고 말한다. 생각의 다양성, 존재의 다양성, 가치의 다양성이라는 측면에서 두 가지 사이에 인식론의 우위성이나 선위성을 가를 수 없다. 오히려 각 유형마다 장단점을 내포하고 있다.

그러나 이러한 구분이 학교 장면에 적용될 때 교육의 이념, 방법, 내용에 강력한 영향을 미치게 된다. 기존의 학교교육은 객관주의에 바탕을 둔 이성도야의 측면이 강조되었지만, 상대주의 인식론을 바탕으로 하는 구성주

〈표 8-1〉 객관주의와 구성주의의 인식론 비교

준 거	객관주의	구성주의
지식의 본질	• 고정적이고 확인할 수 있는 구체적이고 지속적인 대상 • 모든 상황적, 역사적, 문화적인 것을 초월하여 적용할 수 있는 절대적, 보편적 진리와 지식이 실재	• 개인의 사회적 경험을 바탕으로 하여 개인의 인지적 작용에 의하여 지속적으로 구성되거나 재구성되는 모든 것 • 오직 개인에게 의미 있고 타당하고 적합한 것이면 모두 진리이며 지식
지식의 특징	• 초역사적, 초공간적, 범우주적 성격 • 객관적, 절대적, 초월적, 보편적 성격	• 특정 사회, 문화, 역사, 상황적 성격의 반영과 구현 • 주관적, 상대적, 현재적, 개인적 성격
현실 이해	• 규칙으로 규명 가능하며 통제와 예측 가능한 실체	• 불확실하며, 복잡하고, 독특함을 지니고 예측이 원칙으로 불가능
주요 용어	• 발견, 일치, 암기, 이해, 수렴	• 창조, 구성 및 재구성, 생각, 확산

의가 등장하면서 학교교육은 일대 혼란에 빠지게 되었다.

객관주의와 구성주의는 인식론상의 구분일 뿐만 아니라 세계관 및 가치관 수립에도 영향을 미치는 포괄적인 철학적 태도다. 오늘날 다양한 분야에서 나타나는 간학제적 사고와 실험적인 교육과정을 통하여 객관주의는 위기에 처해 있다. 구성주의는 지식과 학문의 상대성을 바탕으로 창조적 파괴, 집합지능, 실용지능, 암묵지 등을 강조하고 있다.

객관주의가 전통적인 수업방식을 통하여 학생들에게 단순히 수험교육을 경험하게 함으로써 발견, 일치, 암기, 이해, 수렴적 사고를 강조한다면, 구성주의적 학습 경험은 가르치는 사람과 배우는 사람이 모두 창조, 구성 및 재구성, 생각, 확산적 사고를 경험하고 그에 익숙하게 만들 수 있다.

우리가 새로운 교육 차원에서 모색하는 교육과정은 전통적인 객관주의 기반의 지식과 학문관을 바탕으로 하되, 창조적으로 파괴하여 재구성하거나 새로운 지식과 학술 담론을 창조하는 것이 되어야 한다. 이를 위해서 교육정책 입안 및 교육과정 편성 책임자, 학교교사는 구성주의 철학을 바탕으로 하는 교육이론에 대하여 상세히 고찰할 필요가 있다.

〈표 8-2〉 객관주의와 구성주의의 교육론 비교

객관주의	구성주의
• 추상적인 지식, 상황에 관계없이 적용될 수 있는 객관적인 지식 제공 • 가능한 한 현실을 단순화하고 소화시킬 수 있는 작은 단위로 세분화 • 모든 지식은 세밀한 학습계획에 의하여 구조화, 순서화, 체계화하여 제시 • 개인 과제, 개인 활동, 개인적 성취의 중요성을 강조 • 지식의 암기와 축적을 명시적으로 강요	• 구체적인 상황 배경의 지식 제공 • 현실의 복잡함을 그대로 여과 없이 제시하여 인지적 도전 유도 • 모든 지식과 과제는 항상 실제적 상황을 전제로 전개 • 학습 상황에서 다루는 과제도 실제로 사회에서 대면하게 될 성격과 특성을 지닌 것으로 제시 • 다양한 견해에 대한 인식과 입장을 습득하기 위하여 협동학습 환경을 도모 • 문제 해결력, 사고력, 인지적 전략(how to learn)의 습득, 지식의 전이성 강조

재능의 다른 이름: 일반지능(GI) vs. 다중지능(MI)

스피어먼(Spearman)이 처음 제안한 일반지능(GI)은 일반지능과 특수지능으로 크게 구분된 지능이론이다. 그는 모든 감각 식별 과제와 교과목 내에서 그리고 그 사이에서 나타난 여러 가지 관계를 이중요인(two factor)으로 설명하였다. 첫 번째는 일반지능(G)으로 이는 모든 지능적 과제를 수행할 때 어느 정도 필요한 요인이다. 두 번째는 특수지능(S)으로 이는 주어진 과제를 수행하는 특수한 능력을 말하고 그것들은 전체 과제와는 무관하다. 스피어먼은 둘 중에서 G의 능력이 지적인 과제를 수행할 수 있게 해 주는 신경학적 능력 또는 힘의 척도가 된다고 주장하였다.

G능력을 알아보기 위한 다양한 종류의 문제해결 과제는 전반적으로 관계와 상관관계의 추리문제로 이루어졌다. 기본적으로 추리는 요인들 간의 논리적 관계를 이끌어 내어 적용하는 인지능력이다. 그는 심리학에 기반을 둔 실체인 단일한 G가 다양한 형태의 지적 수행능력을 설명할 수 있고, G능력이 모든 추리를 뒷받침한다는 개념원리를 주장했다. 여기서 G능력은 카텔(Catell)과 혼(Horn)이 주장하는 유동지능과 유사한 개념이라고 볼 수 있다.

일반지능(GI)이론을 비판한 가드너(Gardner)는 과거에는 사람의 잠재능력을 단순히 IQ로 평가했지만, 이로부터 탈피해 숫자가 아닌 영역으로 표현해야 한다고 주장하였다. '8과 1/2 지능이론' 으로 불리는 그의 다중지능(MI)이론은 뇌의 특정 부위와 직접적 연관관계가 입증된 언어, 논리-수학, 공간, 신체운동, 음악, 대인관계, 자연친화, 자기성찰이라는 독립된 8개의 지능 영역과 종교적 능력과 관련된 가설 단계의 실존지능(2분의 1)으로 구성된다.

- 언어지능(linguistic intelligence): 단어의 소리, 리듬, 의미에 대한 감수성이나 언어기능의 민감성과 관련된 활용능력

- 논리-수학 지능(logical-mathematical intelligence): 추상적 관계를 응용·판단하고 수와 논리적 사고를 사용하는 수리능력
- 공간지능(spatial intelligence): 시공간적 세계를 정확하게 인지하며 3차원 세계를 잘 변형시키는 감각능력
- 신체-운동 지능(bodily-kinesthetic intelligence): 운동감각, 균형, 민첩성 등을 조절하는 수행능력
- 음악지능(musical intelligence): 음악에 대한 전반적인 이해와 음에 대한 지각력, 변별력, 변형능력, 표현능력
- 대인관계 지능(interpersonal intelligence): 다른 사람들과 교류하고 그들의 행동을 해석하는 공감능력
- 자연친화 지능(naturalistic intelligence): 자연현상에 대한 유형을 규정하고 분류하는 능력과 주변 환경의 특성을 고려해 일을 처리하는 능력
- 자기성찰 지능(intrapersonal intelligence): 자기 자신을 이해하고 느낄 수 있는 인지능력

그는 '공부' 라는 단일요소로 회귀시킬 수 없는 '분화된 지능' 이 반드시 존재한다고 여겼다. 다시 말해, 지능이란 학업 성취와 관련된 단일한 하나의 지적 능력을 나타내는 구인(construct)이 아니라 다차원적이고 독립적인 여러 가지 하위 능력으로 구성된 것이라는 개념이다. 이러한 다양한 지능의 조합에 의해 수많은 재능이 발현된다. 각 지능은 서로 독립적이어서, 한 영역의 지능이 높다고 다른 영역의 지능이 높을 것이라고 예언하기는 어렵다. 이 이론에 따르면 지능이 재능이 아니라 반대로 재능이 곧 지능인 셈이다. 또한 특정 지능이 다른 지능보다 우수하다고 말할 수도 없다고 본다.

우리가 학습과정을 설계하는 경우 학습자의 단순한 수행능력이나 단일 검사의 결과에 의한 객관적 기준보다 각 개인이 지닌 재능에 주목하고 이를 행복감의 원천으로 삼게 만드는 교육적 배려가 이루어져야 한다. 따라서 지능, 재력, 명예 등이 아닌 재능을 개인의 온전한 능력으로 간주할 때

누구나 자신 있고 행복한 삶의 주체가 될 수 있음을 평생교육 설계의 제일 원칙으로 삼아야 할 것이다.

공부 동기의 다른 이름: 평가목표 vs. 학습목표

동기란 유기체가 행동의 원인이 되는 동인(動因)을 가지고 어떤 목표를 향한 행동을 일으키는 것을 이른다. 쉽게 말해, 동기란 우리의 내재적 욕구를 외현적 행동으로 옮기게 만드는 힘(drive)이라고 할 수 있다. 이는 넓은 의미로는 어떤 장면에서 개인의 행동을 결정하는 의식적, 무의식적 원인을 말하지만 대개 의식적 원인을 가리키는 경우가 많다. 갈증 등과 같은 유기체의 내적 상태를 가리키기도 한다.

이러한 동기화의 기능은 학습활동을 활발히 전개하게 하고 학습에 대한 효과적인 행동의 선택과 학습활동을 격려하고 지도하는 데 있다. 동기 유발의 방법으로는 자발적 동기화(intrinsic motivation)와 인위적 동기화(extrinsic motivation)가 있다. 학습자들의 동기화를 향상하려는 대부분의 노력은 인위적 동기화, 즉 성적에 의한 보상이나 처벌 등과 같은 외적 참조체제(reference system)를 주로 활용한다. 때로 이러한 방법은 효과가 있으나 항상 그런 것만은 아니다.

일부 학자는 동기화를 초기 학습 경험으로부터 일차적으로 초래되는 무의식적인 특질로 묘사해 왔으나, 또 다른 학자들은 이를 의식적인 신념과 가치의 입장에서 개념화하면서 최근 성공 및 실패 경험의 효과를 강조한다. 학습 장면에서 평가목표에 동기화된 학습자는 자신의 능력을 증명해 보이고 자신이 얼마나 똑똑한지를 나타내고자 한다. 그리하여 그들은 실패란 능력 없음을 증명하는 것으로 간주해 재시도를 포기하는 경우가 많다.

반면에 학습목표에 동기화된 학습자는 새로운 발견이나 학습 장면에 도전하려는 성향이 강하다. 그리하여 그들은 어떤 실패 상황에서도 항상 낙관적이고 자신감 있는 태도를 유지할 수 있다. 개인은 누구나 특정한 목표를 달성하기 위하여 동기화된다. 개인이 어떤 것에 주의를 집중하고 다른 것에는 집중하지 않으면 그는 이미 전자에 대하여 동기화된 것이다.

우리가 학습 상황을 설계하는 경우에는 학습자 특성을 학습목표에 동기화된 개체로 파악하는 것이 무엇보다 중요하다. 대부분의 학습자는 평가목표보다는 학습목표에 의하여 동기화된다. 물론 자격증이나 일종의 능력 검증을 필요로 하는 교육과정에 참여하는 경우 평가목표에 의하여 동기화될 수는 있다. 교육자는 어떤 경우라도 학습 참여자의 공부 동기를 존중하고 가급적이면 과제 수행상의 성취(성공) 지향보다는 배우는 즐거움을 맛보도록 안내하고 지지하는 것이 절대적으로 필요하다.

참고문헌

고요한(2008). 몸과 배움의 철학. 서울: 학지사.

고요한(2011). 용례로 배우는 교양심리학. 서울: 일문사.

고요한(2011). 인간교육의 심리철학적 이해. 서울: 일문사.

김수일(1987). 사회교육학개론. 서울: 문음사.

신창호(2003). 인간, 왜 가르치고 배우는가. 서울: 서현사.

신창호(2004). 공부, 그 삶의 여정. 서울: 서현사.

장상호(1992). 학습의 인간화. 서울: 교육과학사.

정 숙(2011). 스토리텔링으로 소통하라. 서울: 차림.

황금중(2000). 주자의 공부론 연구. 연세대학교 대학원 박사학위논문.

Botkin, J. W. (1998). 한계 없는 학습(김도수 외 역). 서울: 양서원.

Fromm, E. (1999). 소유냐 존재냐(최혁순 역). 서울: 범우사.

Lovell, R. B. (1988). 성인학습(김영채 역). 서울: 교육출판사.

Rogers, C. R. (1994). 학습의 자유(연문희 역). 서울: 문음사.

Tokayer, M. (1996). 교육을 잃은 사회(이원호 역). 서울: 배영사.

Wilkinson, B. H. (2001). 배우는 이의 7가지 법칙(홍미경 역). 서울: 디모데.

제 9 장

어른의 가르침: 안드라고지

평생교육의 가장 큰 특징은 대상연령에 제한이 없다는 점이다. 다시 말해, 유아로부터 노년에 이르기까지 누구나 평생교육의 대상이며 동시에 주체가 될 수 있다. 그러나 현실적으로 평생교육은 학령기(초등학교부터 고등학교까지)에 해당하는 연령대보다는 성인을 대상으로 하는 교육을 통칭하는 것이 보편적이다.

따라서 평생교육은 '학교 외 교육, 생애개발교육, 성인교육, 사회교육' 등과 유사한 의미로 사용되고 있다. 성인 대상의 평생교육과 관련된 업무 종사자들은 이러한 평생교육의 기술(記述)적 정의에 대하여 주지하고 있으며, 대부분 이에 자신의 직무 수행 및 역량개발의 초점을 맞추고 있다.

일반적으로 평생교육은 학교교육과 달리 이념, 목적, 내용, 방법, 평가 등이 상이하다. 교육학에서는 학령기 학생들을 대상으로 이루어지는 학교교육을 페다고지(pedagogy, 학교교육학), 학교 밖에서 이루어지는 성인 대상(혹은 불특정 다수)의 평생교육은 안드라고지(andragogy, 평생교육학)로 구분하고 있다. 우리가 이러한 성인 학습자 대상의 평생교육 프로그램을 설계하는 경우 다양한 기초가 필요하다.

우선 실질적인 교학(敎學) 작용이 이루어지기 위한 물적 인프라(구조적, 비구조적) 구축이 선행되어야 함은 자명한 사실이다. 이와 더불어 평생교육을 담당하는 인적 자원은 물론 교육용 콘텐츠의 개발 및 적용, 행정지원 체제 구축 등이 필요하다.

이 장에서는 성인 학습자를 대상으로 하는 평생교육 프로그램을 설계할 때 교육 담당자가 알아야 할 몇 가지 학문적 기초에 대하여 살펴보고자 한다. 이를 위하여 평생교육은 '철학, 심리학, 교육학, 사회학, 인구통계학, 경제학' 등 다양한 학술적 담론을 두루 통합하는 컨버전스(convergence)의 특성을 내포하고 있음을 전제로 한다.

지식의 다른 이름: 형식지/명시지 vs. 암묵지

의사이며 과학자인 폴라니(Polanyi)는 심리학 이론을 근거로 지식의 종류와 형태를 형식지/명시지와 암묵지로 간단히 이분하였다. 그는 분화된 지식 기반의 학교교육을 통합하는 교육과정을 설계하기 위한 새로운 학술적 담론을 시도하였으며, 그 과정에서 다소 생소한 '자득지' 개념을 정립하기도 했다.

형식지는 언어나 문자를 통하여 겉으로 표현되거나 형식화된 지식체로서 일종의 문서 또는 자료화된 지식이라고 할 수 있다. 형식지는 일정한 형식을 갖추어 표현되고 전파, 전승이 가능하기 때문에 일종의 공유 지식이라 할 수 있다. 따라서 형식을 갖추지 못한 비정형의 지식을 암묵지라 하고, 그러한 암묵지가 어떤 형식을 갖추어 표현된 것을 형식지라 한다.

한편 암묵지는 언어와 같은 기호 형식으로 표현될 수 없는 지식체로 경험과 학습에 의해 체현된다. 이처럼 암묵지는 개인의 실제 경험을 통해 얻기 때문에 소위 경험지(experiential knowledge)라고도 한다. 암묵지는 만약 어떤 지식이 있다면 그 배후에는 반드시 암시적 차원의 '안다'는 현상이 있음을 나타내는 개념이다.

예를 들어 자전거를 타는 경우, 사람은 타는 법을 한번 터득하면 아무리 세월이 흘러도 그 타는 법을 잊지 않는다. 자전거를 타는 데는 어려운 기술이 있음에도 그렇다. 그것을 타인에게 말로 설명하는 것은 곤란하다. 즉, 사람의 신체는 명시적으로는 의식화되어 있지 않지만, 암묵적으로 복잡한 제어를 실행하는 과정이 작동하고 그것이 자전거 타기를 가능하게 한다. 암묵지는 학습과 경험을 통하여 습득함으로써 개인에게 체화(體化)되어 있지만, 언어나 문자로 표현하기 어렵거나 겉으로 드러나지 않는 지식을 말한다.

칸트(Kant)는 형식지와 암묵지의 유사 개념으로 지식을 개념지로 직관지와 분류하여 "직관 없는 개념은 공허하고, 개념 없는 직관은 맹목적"이라고 하였다. 개념과 직관, 즉 형식지를 암묵지와 균형 있게 발달시키는 것은 매우 중요하다는 점을 상기시켰다. 한편 앤더슨은 형식지와 암묵지의 구분을 선언적 지식과 절차적 지식으로 구분하였다(Sternberg et al., 2008: 173).

형식지, 개념지, 선언적 지식은 기존에 형식화되어 있는 텍스트를 통해 간접적으로 배울 수도 있지만, 암묵지, 직관지, 절차적 지식은 반드시 직접 경험을 통해서만 획득되기 때문에 세상과 부딪쳐 가며 얻은 암묵 지식이 없다면 우리가 아무리 많은 형식지를 소유하고 있다 해도 무용 지식이 될 수밖에 없다. 이러한 암묵지 수준을 측정하는 일의 기초는 지식의 현실적이고 맥락적인 특성을 고려하는 것이다. 대부분 현실의 문제 상황(딜레마나 가상적 시나리오 등)에 대한 반응이 그 사람의 암묵지 수준을 나타내는 지표(index)로 사용된다.

노나카 이쿠지로(野中郁太郎) 교수는 나선형 프로세스(spiral process)로 지식 창출과정을 설명하고 있다. 즉, 암묵지와 형식지가 서로 공동화(암묵지가 또 다른 암묵지로 변하는 과정), 표출화(암묵지가 형식지로 변하는 과정),

연결화(형식지가 또 다른 형식지로 변하는 과정), 내면화(형식지가 암묵지로 변환하는 과정)라는 절차를 거쳐 신지식이 창출된다는 이론이다. 이러한 변환 과정은 단순히 직선형으로 이루어지는 것이 아니라 복합 상승 작용이 나타나는 나선형 프로세스 형태로 아주 다이내믹하게 계속된다.

공동화(socialization)

- 회사 밖을 걸어 다니는 동안 암묵지 획득: 공급자와 고객과의 공동체험(직접경험)을 통해 자신의 몸으로 지식과 정보를 획득하는 프로세스
- 회사 안을 돌아보는 동안 암묵지 획득: 판매와 제조의 현장, 사내 각 부문에 파견되어 공동체험을 통해 지식과 정보를 획득하는 프로세스
- 암묵지 축적: 획득한 지식과 정보를 자신의 생각에 관련시켜 두는 프로세스
- 암묵지 전수 및 이전: 언어화되지 않은 자신의 아이디어와 이미지를 사내외 사람에게 직접 이전하는 프로세스

표출화(externalization)

- 자신의 암묵지 표출: 언어화되지 않은 자신의 아이디어와 이미지를 연역적, 귀납적 분석 혹은 발상법적 추론[메타포(은유)와 아날로그의 대화를 통해 언어, 개념, 도형, 형태화]하는 프로세스
- 암묵지를 형식지로 전환 및 번역: 고객과 전문가 등의 암묵지를 촉발시켜 이해하기 쉬운 형태로 번역하는 프로세스

연결화(combination)

- 새로운 형식지 획득과 통합: 형식지화된 지식 혹은 공표된 데이터 등을 사내외로부터 수집, 결합시키는 프로세스
- 형식지 전달 및 보급: PT와 미팅 등의 형식지를 형식지 그 자체로 전달 및 보급하는 프로세스

• 형식지 편집: 형식지를 이용 가능한 특정형식(다큐멘트 등)으로 편집 및 가공하는 프로세스

내면화(internalization)

• 행동 및 실천을 통한 형식지 체화: 전략, 전술, 혁신, 개선에 관한 개념과 기법을 구체적으로 실현하기 위해서 직무교육 등을 통해 개인에게 체득시키는 프로세스
• 시뮬레이션과 실험에 의한 형식지 체화: 가상의 상태에서 새로운 개념과 기법을 실험적으로 의사체험 및 학습하는 프로세스

출처: 野中郁太郎 外(1998). pp. 99-108; 野中郁太郎(2010). p. 45.

'어떤 생각을 언어로, 언어를 어떤 형태로, 형태를 자신만의 독자적 기능으로' 라는 순차성이 우리 의식 안에서 부단히 작동할 때, 개인은 물론 조직 차원에서 신지식 창조에 의해 자아실현과 공동의 조직목표를 효과적으로 달성할 수 있다. 또한 지적 수준의 확장을 도모한다면 형식지 수준의 사고 작동에 머물러서는 안 된다.

더욱이 무용(無用)에 가까운 형식지에 얽매이는 마음과 몸의 습관도 반드시 경계해야 한다. 너나 할 것 없이 경험과 실용 기반의 암묵지로 자신의 내면을 충실하게 만들거나 자아를 외연적으로 확장시켜 나갈 때, 개인은 물론 공동체의 지적 자산 확충과 이에 따른 부가가치 창출이 가능하게 된다.

한편 스턴버그(Sternberg)는 이러한 암묵지의 두드러진 특징에 대하여 다음과 같이 세 가지로 요연하게 정리하였다(Sternberg et al., 2008: 171-175). 첫째, 암묵지는 대체로 환경의 도움이나 지원을 거의 받지 않은 채, 즉 가르침을 통하기보다 개인적 경험을 통해 스스로 습득된다. 둘째, 암묵지는 성격상 절차적인 지식으로 여겨진다. 그것은 특별한 용도와 관련이 있다. 따라서 암묵지는 어떤 것을 아는 것(know what)보다 방법을 아는 형

태(know how or know where)를 취한다. 셋째, 암묵지는 그 사람의 경험을 통해 획득되기 때문에 그 자신에게 아주 특별한 정서적, 물리적 가치를 지닌다.

이처럼 오랜 기간 축적된 경험, 관점, 신념 등 언어로 표현하기 어려운 주관적이고 개인적인 지식이 바로 암묵지다. 매뉴얼과 같이 언어, 문장으로 표현할 수 있는 객관적이고 이성적인 지식인 형식지에 비해 결정적인 순간에는 암묵지가 훨씬 더 긴요한 역할을 한다. 그것은 형식적인 학습으로는 절대 나올 수 없다. 문제의 본질에 접근해서 적극 해결하는 고통의 과정을 헤쳐 나가야 한다.

어떤 문제를 회피하지 않고 집착하다 보면 아주 작은 해결책 하나로 상황이 반전되곤 한다. 형식지가 일견 명확하고 딱딱하며 디지털적이라면, 암묵지는 두루뭉술하지만 따뜻하고 아날로그적이다. 사람들은 '우리나라가 빠르게 성장할 수 있었던 배경에는 경제개발계획과 같은 국가적 형식지가 있었지만 경제를 주도했던 관료, 기업인들의 암묵지가 큰 도움이 되었다.' 고 말한다.

그러므로 우리는 학습자와의 효율적인 교육관계를 만들기 위해 '암묵지' 혹은 '실용지' 에 대한 제반 양상을 이해해야 한다. 자기 자신에게 필요한 암묵지의 영역으로는 자기관리 능력, 모험과 도전의 추구 등을 들 수 있고, 대인관계 장면에서 필요한 암묵지의 영역으로는 '학습자를 통제하고 영향을 미치는 일, 학습자들을 심리적으로 지지하고 협조하는 일, 다른 사람들로부터 배우는 일, 현안문제를 앞장서서 해결하는 일, 학습능력이 떨어지는 학습자를 조력하는 일, 직무와 여가의 균형을 맞추는 일, 구성원들 간의 신뢰와 소통 구조를 유지하는 일, 동료들이나 학습자들에게 동기를 부여하는 일, 직장 내 시설 및 각종 콘텐츠를 보호하는 일, 공정한 학교문화 조성을 건의하는 일, 현안문제를 공유하도록 앞장 서는 일' 등이다. 이처럼 암묵지는 교육자 자신은 물론 학습자를 교육학 · 심리학적으로 올바로 이해하는 좋은 지침이 된다.

지능의 다른 이름: 유동지능 vs. 결정지능

혼(Horn)과 카텔(Catell)은 인간의 정신능력을 유동지능(수학 계산, 그림 구별, 전화번호 암기 등)과 결정지능(철학적 의미를 이해하는 것, 속담이나 격언을 기억하는 능력 등)으로 구분하였다. 쉽게 말해, 유동지능이 선천적으로 타고난 사고능력이라면, 결정지능은 개인의 학습 참여나 경험 등에 의하여 후천적으로 획득된 재능을 말한다.

- 유동지능은 정보처리의 속도와 정확성에 관여하고 개인의 생물학적, 유전적 요인에 의해 결정된다.
- 유동지능은 새로운 문제나 익숙하지 않은 문제를 해결할 때 사용되는 능력이다.
- 과학자들은 개인의 유동지능이 대개 유전자에 의하여 결정된다고 여긴다.
- 유동지능은 특정 문화적 환경에 국한되지 않는 형태의 정신능력이다.

이처럼 유동지능은 교육이나 경험의 영향을 받지 않는 대신 신경 발달, 영양, 질병, 노쇠, 건강과 연령 등 주로 신체적인 요인의 영향을 받는 선천적인 지능으로 개념 형성, 사고, 추리, 추상적 문제 해결 능력, 계산능력, 학습능력(기억력, 이해력 등), 직감력 등에 관계되는 지능이다. 이러한 유동지능은 생애 발달과정에서 이루어지는 학습이나 경험으로 인한 가소성이 적다.

반면에 결정지능이라는 개념은 심리학에서 결정성 지능이라 불리는 개념과 동일하다. 인간에게는 계산연습에 의하여 향상되는 지능과 전혀 다른 차원의 지능이 있는데 이를 결정지능이라 한다. 결정지능은 통찰력, 판단력, 이해력, 비판능력, 자기성찰 능력, 창조력, 사회조망 능력, 커뮤니케이션(관계) 능력, 실행능력 등 인간답고 풍요로운 사회생활을 하기 위하여 필요한 지능, 다시 말해 컨버전스 지능이라 할 수 있다.

결정지능은 훈련, 학습, 반복된 경험을 통해 얻게 되는 지식과 능력의 결정체로 일생 동안 일정하게 유지되는 지능이다. 예를 들어, 나이가 들수록 지능은 낮아지고 지혜가 높아지는 것을 이른다. 또한 결정지능은 관계의 이해와 판단 및 문제 해결에 관여하고 그 수준은 주로 개인의 경험과 구성적 지식에 영향을 받는다. 한마디로 결정지능은 경험에 의하여 학습된 것을 기반으로 학습된 반응을 요구하는 응용 과제에 작용한다.

카텔에 의하면, 유동지능은 적응해야 할 새로운 상황이나 장면에 동원되는 지적 능력으로서 속도가 중시되는 문제 상황이나 장면과 관계가 있으며 개체의 생리적, 생물적 조건에 의하여 규정된다.

- 결정지능은 신체적 요인(건강, 유전, 영양 등)보다 경험, 문화, 교육 등 사회적 영향을 주로 받는다.
- 결정지능은 독해, 일반상식과 지식의 획득 또는 시험을 치르는 등 절차화되어 있는 의식과 행위에 관계하는 지능이다.

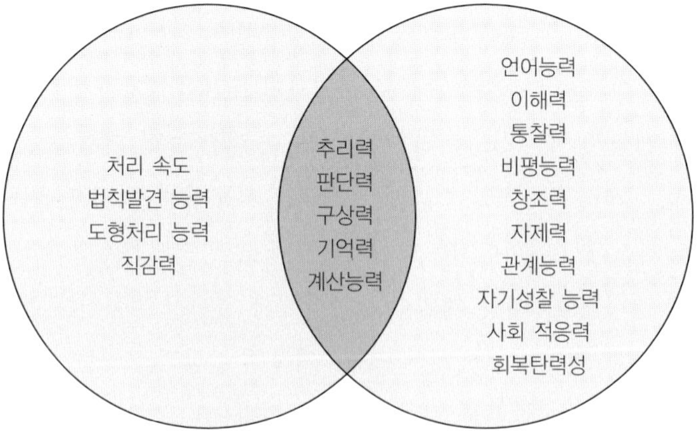

그림 9-1 유동지능과 결정지능

- 결정지능은 다소 해결하기 어려운 문제 상황이나 장면에서 기능하는 것으로 개체보다는 환경조건에 지배되는 경향이 크다.
- 결정지능은 과거의 경험을 기반으로 하여 정밀한 판단이 요구되는 복합적이고 다면적인 장면에서 활용되는 인지능력이다.
- 뇌기능의 측면에서 볼 때 유동지능은 한쪽의 뇌만을 활성화하여 작동하는 반면 결정지능은 전뇌를 사용하는 복잡한 사고의 내용 자체다.

결정지능은 현실세계의 다양한 상황에서 직면하게 되는 어려운 문제나 업무를 해결하는 실천적, 실용적 능력이다. 즉, 결정지능의 특징 중 하나는 실천을 통하여 배양되고 실천을 통하여 발휘되는 실천적인 지능이다. 또한 그 실천에 의하여 그 능력이 실제적으로 발휘되는 실용적 지능이다.

실용지능의 전형적인 형태는 직관과 지혜인데, 특히 직관은 예측, 창의, 평가, 작동, 계몽, 발견 등과 관계가 있다. 한편 지혜는 사실에 바탕을 둔 풍부한 지식, 풍성한 절차적 지식, 평생에 걸친 맥락주의, 상대주의, 불확실성과 비예측성 등이다(Sternberg et al., 2008: 102-103). 따라서 지식과 결정지능은 반드시 정적(positive) 상관을 나타내지 않는다.

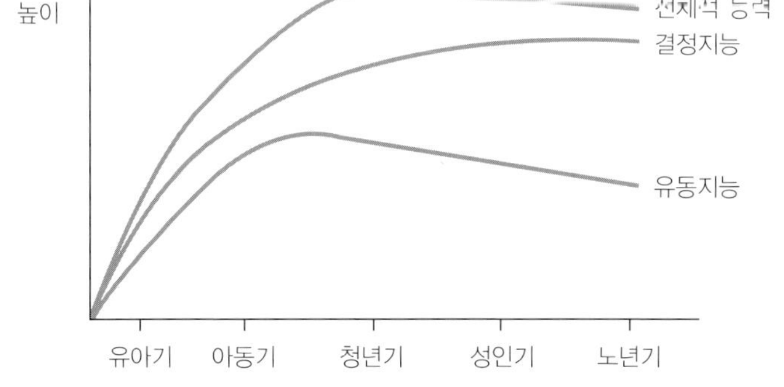

그림 9-2 가령(加齡)과 지능 변화

출처: 佐藤眞一(2007). p. 24.

스턴버그는 실용지능을 "뭔가를 누구에게 말해야 할지, 언제 말해야 할지, 어떻게 말해야 최대의 효과를 거둘 수 있는지 아는 것"을 포함하는 제반 능력이라고 정의하였다. 즉, 단순히 이해하고 아는 능력이 아니라 어떻게 표현할지 아는 '방법'에 관한 능력인 것이다. 일반지능이 선천적 능력이라면, 실용지능은 후천적으로 학습되며 소위 상식, 현명, 지혜, 명철(明哲), 경험지(經驗知)라고 할 수 있다. 한마디로 실용 혹은 일상지능은 지적 성공과 관련 있는 그런 일반지능이나 선천지능과 다르다.

실제로 우리 주변의 일상을 보면 학업지능과 실용지능은 서로 무관한 경우를 많이 발견한다. 학교공부의 우수한 성취가 사회생활에서의 우수한 수

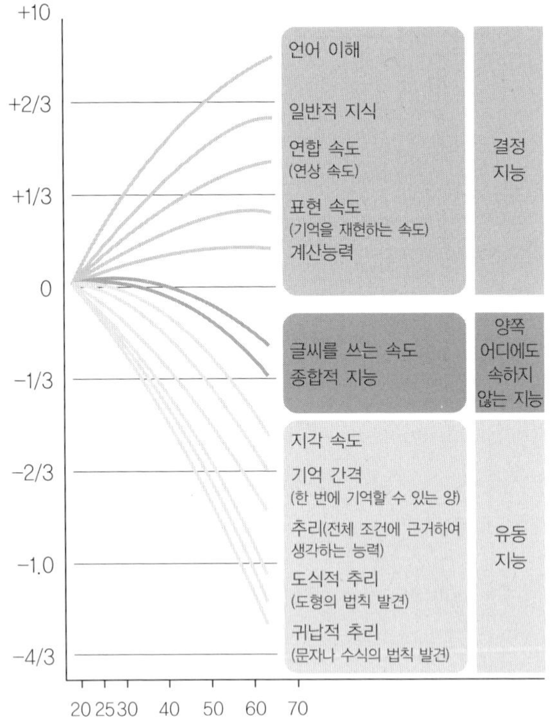

그림 9-3 가령에 따른 결정지능 및 유동지능 변화

출처: 佐藤眞一(2007). p. 25.

행 성과를 담보하지는 않는다. 결정지능이란 체험을 통하여 획득되는 사고의 내용 자체이며, 연습을 통하여 높아지는 기능과는 차원이 다른 성인의 예지(叡智)라 할 수 있다. 따라서 누군가의 결정지능 역량을 판정할 때는 각 질문 상황에 대응하여 '어떤 임기응변 방식으로 얼마나 적절하게 반응하는가?' 에 초점을 두어 판단해야 한다.

학습의 경험을 게을리하지 않고 성공과 실패의 경험이 풍부한 성인일수록 나태한 젊은 사람보다 결정지능이 높은 것은 당연하다. 반대로 말하면, 결정지능의 질적인 향상을 도모하기 위해서는 실패에 대한 두려움을 모르는 모험, 부단한 관찰과 학습, 새로운 것에 대한 도전과 응전 등의 경험(일종의 무형자산)을 통해 열린 마음으로 학습 경험을 확대해 나가야 한다.

연령이 증가함에 따라 건강 등 신체적인 요인은 감퇴해도 절차와 의식적 행위(ritual)에 관한 지식(상식)은 증가하기 때문에, 연령이 많아짐에 따라 유동지능은 감소하지만, 결정지능은 변하지 않거나 오히려 증가한다. 결정지능은 학습이나 경험에 의하여 획득되는 후천적 지능이므로 뇌가 체내기관으로서의 기능적인 성장을 중단한 후에도 향상할 수 있다.

사토 신이치(佐藤眞一)에 의하면, 결정지능은 젊음과 패기보다 한 수 위

시냅스란?

한 뉴런의 축색돌기 말단과 다른 한 뉴런의 수상돌기가 만나는 부위를 말한다. 대개 앞의 뉴런을 시냅스(Synapse) 전 신경섬유라 하고, 후자를 시냅스 후 신경섬유라고 한다. 이 둘 사이에 구조적인 연결은 없으며, 시냅스 틈(synaptic cleft)이라는 약 20nm 정도의 체액으로 채워진 간격이 있으며 시냅스 소포는 다량의 화학전달물질(chemical transmitter)을 함유한다. 미국 일리노이 대학 심리학 교수인 윌리엄 그리노는 한 사람의 뇌구조(그리고 뇌구조에 따른 뇌의 기능)는 항상 뉴런의 활동과 성장과 퇴화 사이의 역동적인 상호작용의 영향을 받는다고 주장했다.

다. 결정지능은 일종의 사고와 지각의 현명함 혹은 유연함이며 대개 연령 수준과 비례한다. 그러므로 우리가 어른들을 공경해야 하는 이유는 그들이 오랫동안 경험으로 얻은 보석 같은 삶의 지혜를 존중해야 하기 때문이다. 이런 점에서 나이가 든다는 것은 즐거운 일이다.

결정지능의 특징을 가장 잘 설명하는 이론은 '명선수이론' 으로 현역 시절 유명 선수가 은퇴 후 감독이 되었을 경우 반드시 명감독이 되는 것은 아니라는 것이다. 명선수가 명감독이 되기 위해서는 결정지능이 필요하다. 결정지능을 갖춘 명감독을 우리는 지장(智將), 덕장(德將), 용장(勇將)이라 부른다. 어느 분야든 결정지능이 높은 사람일수록 사회생활에서 핵심 역량이 높은 사람으로 평가받는다. 안정을 찾고 싶어 하는 뇌에 부담을 주어 불안정한 상태로 만드는 것이 결정지능을 높이는 비결이다.

성인의 강점은 경험지, 암묵지를 기반으로 하는 결정지능에 있다. 결정지능은 단순히 학교 경력에 의하여 만들어지는 것이 아니다. 살아가면서 우연히 겪는 무수한 애환과 고난을 통해 다져진 삶의 내공이 바로 결정지능으로 세월의 연단을 필요로 한다. 결정지능의 수준이나 내용에서 모든 성인 학습자가 동일할 수는 없다. 성인 대상의 평생교육 프로그램을 설계할 때 이를 충분히 고려해야 한다. 성인 학습자들은 저마다 다른 마음과 몸의 습관이 있다. 습관과 습관이 충돌하면 관계의 갈등이 생기기 마련이다.

평생교육 담당자는 이 또한 유의해야 한다. 결정지능으로 다져진 성인 학습자들의 차별적인 능력을 상호 공유하거나 가능하면 성장세대를 위하여 활용할 수 있는 방안을 적극적으로 모색해야만 한다. 어른들이 지닌 보석 같은 지혜를 '집합지능' 으로 활용하여 성장세대를 교육하는 데 유용한 자원으로 활용해야 할 것이다.

〈표 9-1〉 결정지능을 향상하는 방법

핵심 전략	구체적인 실천	결정지능
지적 호기심을 유지하며 흥미를 가져라	• 형광펜을 이용하여 신문 읽기	언어능력, 이해력, 추리력, 판단력, 기억력, 구상력
	• 낯선 곳 방문 혹은 여행하기	
	• 대형서점이나 대형매장 둘러보기	
	• 좋아하는 것(영화, 스포츠 팀이나 운동선수, 음악, 드라마, 인물, 휴가지 등) 베스트 3 목록 만들기	
	• 낯선 음악 들어보기	
	• 신문지 사이의 광고전단지를 꼼꼼히 읽기	
자신의 일에 집중하며 의욕을 불어넣어라	• 월급날 자신에게 한 턱 내기	통찰력, 창조력, 자기성찰능력, 자제력, 대인관계능력
	• 연애하는 마음으로 직장동료들을 대하기	
	• 새해, 새달, 새 주 첫날에 계획 작성하기	
	• 섬김과 나눔의 봉사활동 실천하기	
획득한 정보를 비평, 평가, 공유하라	• 자신의 하루 일과수행에 대하여 점수를 매기기	비평능력, 창조력, 추리력, 판단력, 구상력
	• 생활의 불편을 찾아 해결하기	
	• 죽도록 미워하는 사람의 장점 찾아보기	
	• 사람들의 유행 패턴 알아보기	
	• 스타의 인기요인 분석하기	
	• 노래방에서 사람들이 좋아하는 노래 분석하기	
주변에 대하여 부단히 관심을 가져라	• 목적을 정해 놓고 산책하기	언어능력, 이해력, 비평능력, 창조력, 구상력
	• 음식, 주류, 특산물 등에 대하여 공부하고 외식하기	
	• 좋아하는 것의 mania가 되거나 한 가지에 flow 하기	
	• 정점(定點) 관측하기 • 특정 관찰대상의 변화 분석하기	
	• 관심 갖기 놀이하기	
유연하게 사고하라	• 싫어하는 것에 대하여 역(逆)발상 하기	이해력, 통찰력, 비평능력, 자기관찰능력, 구상력, 기억력
	• 아동 도서 다시 읽어 보기	
	• 익숙한 장소의 주변을 둘러보기	
	• 게임(바둑, 당구 등) 상대의 마음을 읽어 보기	

<table>
<tr><td rowspan="5">뇌에 부담을 주어라</td><td>• 기획서, 보고서, 편지 등을 중단했다가 다시 쓰기</td><td rowspan="5">언어능력, 이해력, 통찰력, 사회적응력, 관계능력</td></tr>
<tr><td>• 오른손잡이가 왼손을 사용하기</td></tr>
<tr><td>• 뒤로 빨리 걷기</td></tr>
<tr><td>• 새로운 사람을 만나 무작정 대화하기</td></tr>
<tr><td>• 고백효과(떠벌이 효과)를 스스로 실험해 보기</td></tr>
<tr><td rowspan="4">새로운 것에 도전하거나 새로운 곳을 모험하라</td><td>• 정장 스타일을 전혀 새롭게 코디해 보기
• 점심식사, 저녁회식 패턴을 바꿔보기</td><td rowspan="4">언어능력, 통찰력, 창조력, 추리력, 판단력, 구상력</td></tr>
<tr><td>• 방의 구조나 사무실 배치를 바꿔보기</td></tr>
<tr><td>• 성격이 다른 두 책을 동시에 읽기</td></tr>
<tr><td>• 신문이나 잡지에 자신의 의견 투고하기
• 라디오나 TV방송에 출연하기</td></tr>
<tr><td rowspan="4">자신의 모든 사고를 언어화하라</td><td>• 한 가지 주제중심의 테마일기 쓰기</td><td rowspan="4">언어능력, 이해력, 창조력, 관계능력</td></tr>
<tr><td>• 오감(五感)으로 음식의 맛을 표현하기</td></tr>
<tr><td>• 어원(語源), 사물이나 지형의 유래 등을 알아보기</td></tr>
<tr><td>• 실수담, 잡담으로 유머 자아내기</td></tr>
<tr><td rowspan="3">요약, 정리, 메모하라</td><td>• 사람에게 별명을, 이메일에 제목 붙이기</td><td rowspan="3">언어능력, 비평능력, 통찰력, 창조력, 자기성찰능력, 자제력, 구상력</td></tr>
<tr><td>• 멘토로 삼을 만한 고전이나 책 선정하기</td></tr>
<tr><td>• 버킷 리스트 만들어 보기
• 인생의 좌우명 쓰기
• 가훈 새로 만들기</td></tr>
<tr><td rowspan="5">자신을 적극적으로 표현하라</td><td>• 어메니티(장소, 사람, 환경) 찾아내기</td><td rowspan="5">언어능력, 이해력, 통찰력, 사회적응력, 관계능력, 판단력</td></tr>
<tr><td>• 개인 홈페이지나 블로그 만들어 운용하기</td></tr>
<tr><td>• 하루 한 장씩 연하장 쓰기</td></tr>
<tr><td>• 스마트폰을 이용하여 촬영하고 컴퓨터로 재구성하기</td></tr>
<tr><td>• 블로그나 스마트폰에 내 사진 올리기</td></tr>
</table>

출처: 佐藤眞一(2007).

마음의 다른 이름: 트라우마 vs. 긍정심리

트라우마(trauma)는 물리적, 정신적, 다중(多重)적 외상을 모두 포함하는 포괄적인 개념이다. 대개 '트라우마'란 전쟁 경험이나 폭력 등과 같이 물리적 외상을 동반하는 정신적 외상을 뜻하는데, 넓게는 경험에 의한 것, 간접적으로 목격한 것, 남의 이야기를 듣고 공유한 경험을 모두 포함하는 단어다.

외상후 스트레스장애(PTSD)는 폭력, 전쟁, 고문, 자연재해, 사고 등의 심각한 트라우마를 경험한 후 그 사건 및 유사한 사건에 공포감을 느끼고 사건 후에도 계속적인 재경험을 통해 고통을 느끼며 심리적, 물리적 에너지를 소비하게 되는 비정상적 상태에서 나타난다. 외상후 스트레스장애는 충격적인 사건 자체가 일차적인 원인이지만, 발병 원인에 대해서는 두 가지 설명이론이 있다.

하나는 이전에 겪은 심리적인 충격과 관련하여 해결되지 않은 심리적인 갈등이 현재의 사건과 맞물려 다시 일깨워지는 것으로 보는 정신분석적 모델이고, 다른 하나는 조건화된 자극이 지속적으로 공포 반응을 일으켜서 그 자극을 피하려는 행동이 문제를 일으키는 것으로 보는 인지행동적 모델이다. 또한 생물학적 요인으로는 신경전달물질들인 도파민, 노르에피네프린, 벤조다이아제핀 수용체, 시상하부-뇌하수체-부신 축의 기능 등이 연관 있는 것으로 보고되고 있다.

외상후 스트레스장애의 가장 큰 증상은 충격적인 사건의 재경험과 이와 관련된 상황 및 자극으로부터 회피하려는 비정상적인 과민 반응이다. 일부 연구는 이 질환이 우울장애 및 공황장애와 원인적 측면에서 유사성을 가진다는 주장을 하기도 한다. 이 질환은 사건 발생 1개월 후, 심지어는 1년 이상 경과된 후에 시작될 수도 있다. 환자는 해리 현상이나 공황발작을 경험할 수도 있고 환청 등의 지각이상을 경험할 수도 있다. 연관 증상으로는 공격 성향, 충동조절장애, 우울증, 약물남용 등이 나타날 수 있으며, 집중력 및 기억력 저하 등의 인지기능 문제가 나타날 수도 있다.

학습에 참여하는 사람들에게는 다양한 트라우마의 경험이 있다. 즉 그들은 가정폭력, 학교폭력, 낮은 성적, 입시 실패, 친구의 변심, 중독, 교통사고 등 다양한 형태의 트라우마를 지니고 있다. 트라우마와 그에 따른 스트레스는 인간이 행복한 삶을 영위하는 데 가장 무서운 장애요인이다. 학습 장면을 설계하는 경우 우리는 이러한 갖가지 트라우마로부터 행복으로 이끄는 의도된 과정을 충분히 고려해야 한다.

트라우마의 극복은 안정과 행복감으로 이어진다. 일반적으로 행복은 삶에서 오는 평온감과 안락함이다. 경제적 풍요, 지식, 권위, 좋은 날씨가 행복을 보장하지는 않으며, 오히려 행복은 사랑하는 사람과의 결혼, 가족 간 유대, 우정, 정신적 활동, 자존심, 희망 등과 관련이 있는 것으로 나타난다. 우리가 행복해지려면 우선 주변 환경이 안정적이고 자신을 위협하는 조건이 없어야 한다. 또한 적절한 삶의 목표를 세우는 것은 행복한 삶을 위해 매우 중요한데, 목표는 개인의 관심과 가치가 반영된 것이어야 하며 위협이나 죄의식, 주위의 압력이 만든 목표는 성취해도 별 행복을 느끼지 못하게 된다. 몸과 생각을 건전하게 하는 훈련도 중요하다.

매사를 긍정적으로 보면 사고의 폭이 넓어지고 부정적인 생각이 사라지기 마련이다. 재미나 유머를 즐기면 사고를 긍정적으로 전환시키는 데 도움이 되며, 매일 아침 거울을 보면서 웃는 표정을 연습하는 등(안면 피드백 효과) 억지로라도 웃으면 생각이 좋은 방향으로 바뀐다. 감사 훈련하기, 남의 훌륭한 면을 보거나 우연히 선행을 하는 '고양' 과정을 경험하기, '몰입(flow)' 을 통해 순수한 즐거움을 체득하기 등은 행복감을 느끼는 좋은 계기가 된다. 대표적인 긍정심리학자인 셀리그먼이 말하는 행복의 원칙은 다음과 같다.

- 진정한 행복은 물질적 성취가 아닌 오로지 긍정적 사고에서 나온다.
- 긍정적 삶을 만들기 위해서는 외부의 도움보다는 자신의 의지가 훨씬

중요하다.

- 좋아하는 일에 몰입하면서 긍정적 마음을 품기 시작하면 행복의 길에 다다를 수 있다.
- 행복의 문제는 전적으로 개인의 선택에 달렸다.
- 긍정적 사고를 갖고 자신의 강점이나 미덕을 계발하면 누구나 행복해질 수 있다.

셀리그먼은 모든 사람이 꿈꾸지만, 현실적으로 얻지 못하는 행복을 얻을 수 있는 방법을 제시하고 있다. 다수의 사람은 스스로 행복하다고 생각하지 못하는데 실제로 불행하기 때문이 아니라 행복을 느끼지 못하고 행복을

행복방정식

셀리그먼(M. Seligman)은 행복공식을 H=S+C+V라고 구조화했는데, 여기서 H는 영속적인 행복의 수준, S는 이미 설정된 행복의 범위, C는 삶의 상황, V는 개인이 스스로 통제할 수 있는 자율성을 의미한다. 이 공식에서는 개인의 영속적인 행복의 수준(H)이나 행복의 수준 차이를 인식하는 것이 중요하다. 순간적인 행복은 초콜릿, 코미디 영화, 안마, 찬사, 꽃, 새로 산 옷과 같은 다양한 방법으로 쉽사리 증가시킬 수 있다. 자신의 행복에 대해서 자기보다 더 잘 아는 사람은 없다. 중요한 것은 당신의 영속적인 행복을 증가시키는 것인데, 순간적인 긍정적 감정이 아무리 많아도 영속적인 행복 수준을 증가시키는 데 아무런 도움이 되지 않는다.

설정된 행복의 범위(S)의 변수들, 즉 유전적인 특성, 쾌락의 늪, 이미 설정된 행복범위는 모두 개인의 행복도를 높이는 데 걸림돌이 된다. 반면에 주변 환경(C)과 자율성(V)은 개인의 행복도를 높이는 데 강력한 영향을 미치며 걸림돌이 아니라 지렛대로 삼을 수 있다. 특히 환경(C)은 사람에 따라 행복을 증진시키는 요소로 작용한다. 그러나 안타깝게도 환경을 바꾸는 것이 말처럼 쉽지 않을뿐더러 비용도 많이 든다.

출처: Seligman (2007). pp. 85-94; Haidt (2010). pp. 169-171.

만들어 가지 못하기 때문이라는 것이다. 행복이 거창하고 큰 것이 아니기 때문에 개개인의 완전한 행복은 스스로의 장점과 미덕을 알고 더욱 크게 계발해서 일, 사랑, 자녀양육, 여가활동 등 다양한 삶의 현장에서 활용하는 데서 나온다는 주장이다.

행복한 사람은 실제 일어난 일보다 좋은 일이 훨씬 더 많았다고 생각하며, 나쁜 일은 대개 많이 잊어버린다. 반면에 우울한 사람은 좋은 일이나 나쁜 일이나 모두 정확하게 기억한다. 말하자면 행복한 사람은 성공과 실패에 대해 자신에게 유리한 쪽으로 생각하는 경향이 큰 것이다.

사람은 행복할수록 자기중심적인 사고에서 벗어나며, 다른 사람들을 더 많이 좋아하고 낯선 사람들과도 자신의 행복을 나누고 싶어 한다. 그렇지만 자신이 불행하다고 느끼면 불신감이 깊어지고 오직 자기만을 생각하며 자신의 욕구에만 몰두하게 된다. 행복한 사람이 신체적 자원을 구축하기 위해 갖추어야 할 마지막 조건은 시련극복 능력(회복탄력성)이다.

회복탄력성이란?

회복탄력성의 정의(定義)들은 공통적인 핵심적인 의미를 공유하고 있다. 초점은 심각한 삶의 도전에도 불구하고 좋은 결과가 이어진다는 점이다. 삶의 도전은 정상적인 발달을 좌절시키고 건강한 기능을 약화시킬 수 있다. 레질리언스(resilience)란 '적응이나 발달의 심각한 위험에도 불구하고 좋은 결과를 이끌어 내는 것을 특징으로 하는 일군(一群)의 현상' 혹은 '도전 이후에는 정신적인, 신체적인 건강이 유지, 회복, 향상되는 것'이다.

회복탄력성에 대한 판단이 이루어지려면 사람은 심각한 위협이나 위험, 즉 부정적인 결과를 야기할 가능성이 있는 위협에 직면해야 한다. 또한 바람직한 혹은 좋은 결과에 대한 판단을 요구한다. 판단의 기준은 각 개인의 연령과 상황에 대한 통상적인 사회적 기대에 따른다.

역경에 대한 탄력적인 반응은 전(全) 생애에 걸쳐서 나타난다. 우리들은 모두 삶을 여행하면서 다양한 도전에 직면한다. 자녀양육, 이혼, 전직, 실직, 질병, 의미 있는 대상의 상실, 노년기의 신체적인 기력 저하 등이 인간이 경험하는 흔한 현상이다. 성인의 발달과 노화과정을 연구하는 사람들은 사람들이 건강이나 웰빙을 어떻게 유지하고 지속시키는지, 그래서 불가피한 도전에도 불구하고 어떻게 한 개인으로 성장하는가에 초점을 두고 있다. 도전에 대한 탄력적인 반응은 전 생애에 걸쳐 흔히 일어난다.

회복탄력성의 기반이 되는 심리적 자원으로는 유연한 자기개념, 자율감이나 자기지시 그리고 환경에 대한 통제와 역량 등이 있다. 유연한 자기개념은 변화하는 환경적인 요구에 반응하여 자기정의의 핵심적인 특징을 변화시킬 수 있도록 한다. 사회적인 원천 또한 회복탄력성에 중요하다. 친밀감이나 사회적인 지지를 제공하는 타인들과의 깊이 있는 관계가 여기에 해당된다. 부정적인 경험으로부터 비교적 단기간에 '되돌아오는 것'이 회복탄력성의 가장 큰 특징이다. 이러한 탄력성 연구는 발달심리학 분야에서 현저하게 이루어지고 있다. 특히 노화과정에 초점을 둔 최근 연구는 삶의 마지막 단계에 들어선 사람들에게 강점과 탄력성을 제공하는 적응적이고 보호적인 체계의 작동을 지지한다.

출처: Baumgardner (2010). pp. 95-107.

행복탄력과 행복곡선

조사결과를 보면 평균적으로 70세 이상의 노인이 젊었을 때만큼 행복하며, 살아온 생에에 대해서도 더 많이 만족하다고 한다. 이러한 결과를 우리는 '노화의 역설'이라고 말할 수 있다. 이는 노화와 관련된 온갖 문제를 생각해 보면 어떻게 노인들이 더 만족하는지 잘 이해가 되지 않기 때문이다.

스탠퍼드 대학교 심리학자인 로라 카스텐센(Laura Carstensen)의 연구를 살펴보자. 그녀는 18~94세 피실험자 184명에게 설문지를 나누어 주었다. 그리고 일주일에 5회씩 내용을 읽어 보고 읽을 때마다 감정을 묻는 설문지에 '답을 기입하라!'고 지시했다. 이 실험에서 노인들은 젊은이들에 비하여 긍정적인 답을 더 자주 썼다. 부정적인 감정을 보고한 횟수도 훨씬 적었다. 이러한 결과는 노인이 젊은이들에 비하여 성취할 수 있을 만한 현실적인 목표를 세우기 때문이다. 카스텐센 교수는 노인들이 오랜 시간 살아오면서 감정을 조절하는 법을 배워 왔기 때문이라고 생각한다. 그래서 자신을 불행하게 만드는 감정을 흘려보내고 오로지 행복하게 만드는 것에만 집중한다는 것이다. 조사결과 노인들이 즐거움도 훨씬 잘 느낀다는 사실도 밝혀졌다. 시행착오를 거쳐 유쾌함을 최대화하면서 불쾌함을 최소화하는 생활방식을 터득한 것이다.

40개 국가에서 6만 명의 성인을 대상으로 한 대규모의 연구 결과 행복을 인생에 대한 만족도, 유쾌감과 불쾌감의 세 가지 구성요소로 나누어 보았다. 인생에 대한 만족감은 나이가 들면서 서서히 증가한다. 반면 유쾌감은 서서히 감소하고 불쾌감은 변화가 없었다. 변하는 것은 감정의 강도다. 최근 조사결과를 보면 행복은 U자 형태를 지니고 있다. 이는 40세를 전후와 태어났을 때, 죽음이 가까워질 때 사람들이 가장 큰 행복을 느끼는 것을 의미한다. 과학자들이 2만 명을 대상으로 행복지수를 조사한 결과, 가장 행복한 나이는 평균 74세로 나타났다. 이는 집 마련, 자녀 양육 등의 사회적 책임감과 부담감에서 벗어나 비교적 안정된 여생을 즐기며 살려고 하기 때문이다.

출처: Hoggard (2006). pp. 370-376.

행복을 추구하는 방법과 대상은 사람마다 다르다. 자신의 취향과 조건에 따라 고상하게 살아가면서 행복감을 느낄 수도 있고, 남들을 섬기고 그들에게 헌신함으로써 행복감을 증가시킬 수도 있다. 행복한 삶이란 행복감으로 충만한 삶인데, 이는 긍정적 감정을 매일 느끼는 것, 몰입 그리고 공정(公定)과 정의를 위한 전념, 헌신으로 가득 찬 삶이다. 교육학에서는 가장 행복한 삶은 무언가를 배우기 위하여 동기화되고 실제적으로 학습 경험에 주도적으로 참여했을 때 행복감이 크게 고양된다고 간주한다.

성인 학습자를 대상으로 하는 평생교육을 설계할 때 가장 먼저 고려해야 할 사항은 그들이 학습 참여를 통하여 안정과 행복감을 경험하도록 만들어야 한다는 사실이다. 평생교육 프로그램에 참여하는 수많은 성인 학습자는 저마다 트라우마와 애환을 지니고 있을 것이다. 그들로 하여금 이를 극복하고 행복과 재미, 낙관과 긍정의 마음을 느끼게 하기 위해, 평생교육 담당자들은 어느 정도 긍정심리학에 대한 기초 지식을 배울 필요가 있다. 이는 성인학습 참여자뿐만 아니라 평생교육 담당자 자신을 위해서도 의미 있는 작업이다.

욕구의 다른 이름: 결핍 vs. 성장

매슬로(Maslow)는 인간의 기본 욕구를 생리적 욕구, 안전 욕구, 소속 욕구, 존경 욕구, 자아실현 욕구의 다섯 가지로 구분하고, 그 충족 여부 혹은 욕구 발로의 우선순위에 따라 위아래로 움직이는 계층구조를 이루고 있다고 가정하였다. 즉, 상위 욕구는 반드시 하위 욕구의 충족을 전제로 한다. 전체적으로 볼 때 하위 욕구들이 물리적, 생리적, 현실적 특성이 강한 반면, 상위 욕구들은 심리적, 정서적, 초월적 특성이 강하다.

매슬로에 의하면, 인간은 항상 무엇인가를 필요로 하는 결핍의 존재다. 다시 말해, 인간은 어떤 충족되지 못한 어떤 욕구를 충족하기 위하여 동기가 유발된다. 일단 하위 욕구가 충족되면 충족된 욕구의 동기 유발력은 현저히 감소되거나 사라지고, 대신 다음 순위의 욕구가 주도적인 동기요인으로 나타난다. 마침내 인간은 자아를 실현하려는 건강한 심리 상태를 지향하게 된다. 이러한 경향성은 나이가 들어 감에 따라 더욱 두드러진다.

성인 학습자 대상의 평생교육은 그들로 하여금 결핍 욕구를 뛰어넘는 성장 욕구를 촉구하도록 작용함은 물론 적극적으로 동기화하는 학습 경험을 제공해야만 한다. 살아가는 것이 버겁고 먹고 살기 힘든 세상살이에서 성장 욕구를 사치로 여기는 사람들도 있다. 그러나 성장 욕구가 결여된 인간의 삶은 피폐하고 무능함은 물론 자아 붕괴에까지 이를 수 있다.

개별 성인 학습자들이 갖고 있는 온갖 트라우마와 현실의 생활고가 원인이 되어 자아실현의 가능성마저 스스로 포기하거나 제한받는 상황이 만연한 사회는 결코 건강할 수 없다. 이에 대하여 인류 공동체가 반드시 깊은 관심을 기울여야 하고, 이때 모든 사람들이 행복을 맛보는 평생학습사회의 건전한 풍토 건설이 가능할 것이다.

〈표 9-2〉 매슬로의 욕구위계이론

<table>
<tr><th>욕구 수준</th><th>욕구 형태</th><th>행동 특성</th></tr>
<tr><td rowspan="3">성장 욕구</td><td>자아실현의 욕구</td><td rowspan="3">하위의 결핍 욕구가 충족되면 이를 뛰어넘는 지식욕, 만족감, 여유, 행복감, 이해심 등을 추구하려는 형이상학적 욕구가 발동하게 됨</td></tr>
<tr><td>심미적 욕구</td></tr>
<tr><td>인지(배움, 창조)적 욕구</td></tr>
<tr><td rowspan="2">↕</td><td>자존감(자기가치감, 자아효능감, 자기성취감), 존경받고 싶은 욕구</td><td rowspan="4">아주 원초적이고 단순한 신체적 불편과 심리적 불안을 벗어나기 위하여 나타나는 기본적인 욕구들로 반드시 충족되지 않으면 심각한 심리적, 신체적 장애를 유발하게 됨</td></tr>
<tr><td>관계망 속에서의 소속감과 사랑의 욕구(유친 욕구)</td></tr>
<tr><td rowspan="2">결핍 욕구</td><td>안전(심리적 안정은 물론 경제 안정, 직업 안정성, 신분보장, 의료보장, 산업재해 보장 등)의 욕구</td></tr>
<tr><td>기, 갈, 성, 수면 등의 생리적 욕구</td></tr>
</table>

삶의 다른 이름: 소유양식 vs. 존재양식

프롬(Fromm)은 모든 인간의 생존방식을 소유양식(to have)과 존재양식(to be)의 두 가지로 구분한 후 우리가 배움을 좋아하고, 행복하게 살기 위한 방식으로 바람직한 것은 지식, 명예, 재산을 소유하는 것이 아니라 그것들로부터 초연한 존재방식이라고 주장하였다. 그는 우리 사회가 재산을 얻고 이익을 얻는 데 혈안이 되어 있어서 존재의 생존방식이 있다는 증거를 거의 찾아볼 수 없다고 외친다.

대부분의 사람은 소유양식을 생존의 가장 자연스러운 양식으로, 심지어는 받아들일 수 있는 유일한 생활양식으로 본다. 이러한 모든 사정 때문에 사람들이 존재양식 자체를 이해하는 것, 심지어는 소유란 여러 가지 가능한 삶의 방식 중에서 한 가지 대안에 불과하다는 것을 이해하는 것이 어렵게 된다.

우리의 일상생활에서 쉽게 발견되는 소유 욕구의 대상들로는 가장 보편적인 것으로 공부(학습), 암기(기억행위)로부터 대화, 독서, 권위, 지식, 사랑, 재산, 친구, 건강, 여행, 예술품, 신, 인간 자신의 자아, 성욕 등에까지 확대된다. 소유양식의 본질은 사유재산으로부터 나온다. 인간은 이러한 사적인 소유를 마치 영원한 것으로 간주하려는 성향이 있다.

소유는 대개 다른 사람들에 대한 영향력(힘)을 유발하게 되는데, 사람들은 이 힘의 성장을 방해하려는 것들에 대하여 반항함으로써 자신만의 생존 반응을 도식화해 나간다. 사람들은 이러한 과정을 거쳐 가며 누구나 소유 지향의 생존방식을 쉽게 포기하지 못한다. 동시에 사람들은 누구나 자신이 소유한 것들로부터 자신이 철저히 소외되어 있다는 사실을 전혀 깨닫지 못하는 어리석음을 범한다.

유동지능을 활성화하는 수험지, 형식지를 지향하도록 강요하는 학습 장면에서 학생들은 암기를 가장 탁월한 생존의 원칙으로 삼을 것이다(적자! 생존). 이처럼 소유양식만으로 사는 학생들은 단 한 가지 목표만을 갖고 있다. 즉, 자신들이 배운 것들을 기억력에 단단히 맡기거나 노트 필기한 것을 잘 간직함으로써 배운 것에 대하여 단단히 고착 혹은 매달려야 살아남는다는 것이다. 이러한 소유양식에 길들여진 사람들은 어느 주제나 상황에 대한 새로운 생각이나 관념에 상당히 불안해하기 마련이다. 변화에 대한 적응능력은 물론 변화를 주도하는 능력도 현저히 낮다.

반면에 존재양식은 그 필수요건으로 독립심, 자유, 비판적 이성을 꼽을 수 있다. 존재양식의 기본 특징은 외적 활동이나 바쁘다는 의미에서 능동적인 것이 아니라 내적 활동, 인간 힘의 생산적 이용이라는 의미에서 능동적이다(Fromm, 2003: 125). 여기서 능동적이라는 것은 모든 인간이 부여받은 능력, 재능, 풍부한 인간적 재질을 표출하는 것을 말한다.

이것은 자기 자신을 새롭게 하고, 성장시키고, 정서가 흘러넘치며, 누군가와 사랑하고, 고립된 에고(ego)의 감옥을 뛰어넘으며, 흥미를 갖고, 서로 소통하여 나누는 것을 말한다. 학습의 측면에서 존재양식을 가진 학생들은 소유양식의 학생들과는 전혀 다른 모습을 보인다.

존재양식으로 학습하는 학생들은 자신이 공부해야 할 내용들에 대한 사전 탐색, 자기 주도적 학습 패턴 구축, 능동적인 학습 장면 참여, 개인적 흥미 기반의 학습 경험, 의문과 호기심의 적극 활용, 능동적이고 자발적인 의사소통 참여와 생산 등을 통하여 기억 작용이 아니라 자신의 사고 작용을 자극하는 것을 학습의 목표로 삼는다. 그리하여 그들은 새로운 의문, 새로운 관념, 새로운 희망, 새로운 전망, 새로운 지식을 머릿속에 떠올리는 데 익숙하다.

그러나 오늘날 우리의 학교교육은 학생들에게 지식을 소유하도록 엄격하게 훈련시키고 있으며, 그들이 소유한 지식은 향후 획득하게 될 재산이나 사회적 특권의 규모와 비례한다. 학교는 한마디로 미래의 소유를 담보 삼아 이루어지는 지식보따리 생산공장이다. 프롬은 소유양식으로부터 벗어나 존재양식을 갖춘 새로운 인간상을 다음과 같이 제시하고 있다(Fromm, 2003: 163-164).

- 우리가 능동적으로 완전하게 존재하기 위해서는 모든 형태의 소유를 포기해야 한다.
- 세계를 갖거나 소유, 통제하여 인간이 스스로 자기가 소유한 것의 노예가 되게 만드는 욕망이 아니라 자신의 존재에 대한 믿음, 귀속의식, 관심, 사랑, 안전, 정체감, 확신 등을 가져야 한다.
- 자신 이외의 어떠한 것도 자기 삶에 의미를 주지 못한다는 사실과 이러한 자립, 무(無)가 가장 완전한 활동의 조건임을 받아들여야 한다.
- 현재의 자신에 대하여 완전한 존재의식을 지녀야 한다.
- 축적과 착취가 아니라 베푸는 것과 함께 공유하는 것에서 기쁨을 느껴야 한다.
- 물질, 권력, 죽어 있는 것이 아닌 삶에 대하여 사랑하고 존경하여야 한다.

- 탐욕, 증오, 환상 등을 가능한 한 줄이려고 노력해야 한다.
- 비판적이고 냉철한 사유능력과 더불어 사랑의 능력을 계발해야 한다.
- 자기도취를 떨쳐 버리고 인간 존재에 내재한 비극적 한계를 받아들여야 한다.
- 자신과 동료들의 완전한 성장을 삶의 지상목표로 삼아야 한다.
- 지상목표를 달성하기 위해서는 현실에 대한 존경과 수양이 필요하다.
- 참을 수 없는 환경의 제거방법으로 상상력을 계발하는 것이 필요하다.
- 나 자신을 속이지 말고 또한 속지도 말아야 한다.
- 자신을 똑바로 알되 자신이 알지 못하는 자아까지 알기 위해 노력해야 한다.
- 모든 살아 있는 것과 자기 자신이 하나임을 인식해야 한다.
- 방종이 아니라, 자기 자신의 자아를 실현하는 과정으로 자유를 추구해야 한다.
- 사악함과 폭력은 자아 성장이 실패했다는 확실한 증거임을 알아야 한다.

이 모든 것을 위하여 물질 획득이 아닌 정신적인 만족이 동기화되는 노동조건과 이를 뒷받침하는 전반적인 사회 풍조가 이루어져야 한다. 또한 우리 사회는 무한 성장의 목표를 버리고 경제적 파탄의 위험이 없는 선택적 성장을 지향해야 한다. 모든 사람의 최대 쾌락의 욕구를 만족시키는 것이 아니라 행복과 기쁨을 경험할 수 있는 삶의 조건을 만들어야 한다. 개인의 창의력은 경쟁적 사업이 아니며 오로지 삶에서 나타날 수 있는 가능성을 회복해야 한다.

소유양식을 생활철학으로 삼는 사람들은 온갖 것을 닥치는 대로 소유하려는 치열한 경쟁의 삶, 감정노동의 굴레에 빠져 마지못해 살아가는 지친 삶, 남들과의 경쟁에서 우월성을 차지하려는 성취욕의 노예가 된 삶, 단순한 결핍 욕구에 동기화된 삶, 남에게 인정받기 위한 삶에 주력한다.

학습의 측면에서는 이 경우 형식지나 수험지를 지향하는 공부 습관에 길

〈표 9-3〉 소유양식와 존재양식의 삶 비교

소유양식	존재양식
• 열심히 공부하자! 하면 된다! • 열심히 공부해서 좋은 직장을 얻자! • 잘 살아 보세! • 돈 많이 벌어 나중에 행복하고 재미있게 살자! • 난 할 수 있다! 해야만 한다! • 죽도록 공부하자!	• 무조건 놀자! • 일단 놀고 보자! • 내가 하고 싶은 공부를 하자! • 놀면서 배우고 배우면서 돈 벌자! • 그냥 즐기자! 난 행복하다! • 여유를 갖자!

들여져 있으며 파지-재생으로서의 형식적 지식만을 추구하게 된다. 이 경우 누구나 문명화된 삶, 생존하기 위한 삶에 휘둘리게 된다. 반면에 존재양식을 생활철학으로 삼는 사람들은 온갖 기쁨과 즐거움으로 충만한 삶, 호기심과 상상력 기반의 삶, 성장 욕구가 동기화된 삶, 사유재로서의 문화교양을 쌓는 데 주력한다. 그들은 자아의 각성과 통찰로서의 지혜, 문명을 거부하거나 부정하는 삶, 자신과 주변의 생명을 살리는 에코(eco) 지향의 삶을 추구한다.

자신의 소유 규모나 목록을 확장시키기 위하여 성인 대상 평생교육 프로그램에 참여하려는 성인 학습자는 거의 드물 것이다. 학교교육과 달리 평생교육의 경험은 소유의 대상이라기보다 건강한 삶, 행복한 삶, 의미 있는 삶을 살기 위한 토대가 될 것이며, 이를 통한 자아 및 관계의 확충이 이루어질 것이다.

평생교육에 참여하는 성인 학습자의 생존방식 성향에 대한 체계적인 검토는 능동적인 참여와 주도적인 자기계발 의욕을 적극 지원하는 동력으로 작용할 것이다. 한편 성인 대상 평생교육 프로그램이 모든 참여자의 조화를 지향하기 위하여 소유양식의 삶의 방식에 물든 상태로 평생교육 프로그램에 참여하는 성인 학습자에 대한 적절한 지도와 안내 방안을 미리 마련해 놓는 것도 필요하다.

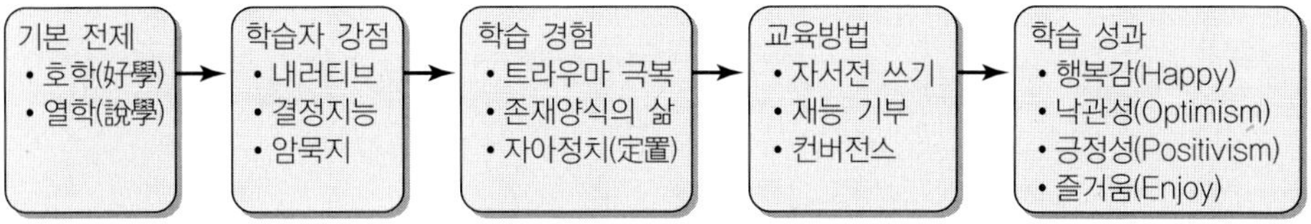

그림 9-4 평생교육의 흐름

평생교육에 참여하는 성인 학습자는 학령기의 아동이나 청소년과 다른 심리적, 신체적, 환경적 특성을 지니고 있다. 미래 사회 및 교육 환경에 적응함은 물론 지속 가능한 가치 기반의 평생교육 프로그램을 선도적으로 설계하기 위해서는 기존의 평생교육 시스템에 대한 전체적인 검토가 이루어져야 한다.

우리가 성인 학습자를 대상으로 하는 평생교육 프로그램을 설계하는 데 2N3C—이야기(Narrative), 관계(Networking), 결정지능(Crystal), 소통(Communication), 융·복합(Convergence)—을 염두에 둘 때, 가르치고 배우는 사람은 모두 가르침과 배움의 즐거움을 만끽할 수 있을 것이다. 그렇다면 성인 대상의 평생교육 장면에 유용한 리더십은 무엇인가? 교학에 참여하는 사람들이 모두 고려해야 할 것으로 3S—리더십 상황중심리더십(situational leadership), 섬김의 리더십(servant leadership), 자기주도적 리더십(self leadership), 고요한 리더십(silent leadership)—을 들 수 있다.

참고문헌

강인애(2001). 왜 구성주의인가? 서울: 문음사.
고요한(2011). 용례로 배우는 교양심리학. 서울: 일문사.
고요한 외(2001). 교육이해의 구조적 탐구. 서울: 교육과학사.
고요한 외(2003). 교육이해의 다양성 탐구. 서울: 교육과학사.
권두승(2000). 성인학습지도방법의 이론과 실제. 서울: 교육과학사.
김판수 외(1999). 앎과 학습의 길: 급진적 구성주의. 서울: 원미사.
안효일(2009). Polanyi의 통합교육과정이론. 서울: 원미사.
이현수(2008). 긍정적 심리학. 서울: 시그마프레스.
이혼정(2003). 내러티브 교육과정의 적용에 관한 연구. 고려대학교 대학원 박사학위논문.
정원식(2001). 인간의 동기. 서울: 교육과학사.
한숭희(2006). 평생교육론: 평생학습사회의 교육학. 서울: 학지사.
한준상(1999). 호모에루디티오. 서울: 학지사.
한준상(편)(1998). 앤드라고지: 현실과 가능성. 서울: 학지사.

左藤眞一(2007). 나이를 이기는 결정지능(이정환 역). 서울: 비전하우스.
野中郁太郎(2010). 창조적 루틴(김무겸 역). 서울: 북스넛.
野中郁太郎 外(1998). 지식창조기업(장은영 역). 서울: 세종서적.

Baumgardner, S. R. et al. (2010). 긍정심리학(안신호 외 역). 서울: 시그마프레스.
Biehl, B. (2007). 멘토링(김성웅 역). 서울: 디모데.
Fromm, E. (2003). 소유냐 존재냐?(YBM시사편집국 역). 서울: YBM.
Gardner, H. et. al. (2006). 지능심리학(김정휘 역). 서울: 시그마프레스.
Gardner, H. (2010). 하워드 가드너 다중지능(문용린 외 역). 서울: 웅진지식하우스.
Griffin, C. (1987). 평생교육과정(김수일 역). 서울: 대한교과서주식회사.
Haidt, J. (2010). 명품을 코에 감은 코끼리, 행복을 찾아 나서다(권오열 역). 서울: 물푸레.
Harrison, F. C. (1989). *Spirit of Leadership*. Columbia: Leadership Education and Development, Inc.
Hoggard, L. (2006). 행복(이경아 역). 서울: 예담.
Marquardt, M. J. (2007). 멘토: 지식경영시대의 새로운 리더(원은주 역). 서울: 이른아침.

Merriam, S. B., Caffarella, R. S., & Baumgartner, L. M. (2007). *Learning in Adulthood*. San Francisco: John Wiley & Sons.

Rima, S. D. (2003). 셀프리더십(황을호 역). 서울: 생명의 말씀사.

Schmit, G. J. (1995). 구성주의(박여성 역). 서울: 까치.

Seligman, M. (2007). 긍정심리학: 진정한 행복 만들기(김인자 역). 서울: 물푸레.

Senge, P. et. al. (1996). 학습조직의 5가지 수련(박광량 외 역). 서울: 21세기북스.

Shank, P. (Ed.). (2007). *The online learning: Idea Book*. San Francisco: John Wiley & Sons.

Sternberg, R. et. al. (2008). 실용지능(정명진 역). 서울: 부글.

Tokayer, M. (1996). 교육을 잃은 사회(이원호 역). 서울: 배영사.

Wilkinson, B. H. (2001). 배우는 이의 7가지 법칙(홍미경 역). 서울: 디모데.

제 10 장

영성의 가르침

영성과 교육

최근 발간된 『지성에서 영성으로』라는 책의 제목은 다소 선동적인 슬로건처럼 들릴지라도 교육의 본질을 탐구하고자 노력하는 수많은 교육학자가 관심을 가질 만한 매력적인 주장이었음은 분명하다. 물론 이러한 논거는 교육학자들이 '영성' 을 지나칠 정도로 편협하게 이해하지 않아야 함을 전제로 한다.

다시 말해, 교육학이야말로 교육의 이론과 실천에 관한 체계적이고 조직적인 과학이라는 도그마에 사로잡혀 있거나 영성이야말로 신학 분야에서나 다루는 특수한 개념이라고 규정해 버리는 태도는 경계해야 한다. 이에 대하여 팔머(Palmer)는 다음과 같이 적절하게 지적하고 있다.

> 나는 지성사회가 영적(靈的)인 것에 대하여 갖고 있는 편견을 전혀

> 이해하지 못하는 바는 아니다. 역사를 돌이켜 보면 지적인 삶(the life of mind)의 핵심인 자유로운 탐구에 대해 비관용적이었던 영성은 생명을 주기보다는 (오히려) 죽음을 가져온 영성이 많았기 때문이다. 영성을 교육의 필수적인 차원으로서 옹호하는 사람들도 그러한 악에 대해서는 단호히 반대해야 한다. 그러나 또한 우리는 영적인 욕구를 무시하고 심지어 평가 절하하는 현대 교육에 대해서도 단호히 반대해야 한다(Palmer, 2008: 9-10).

이제 우리는 아주 냉정한 마음으로 오늘날 우리 교육의 현실을 상고(詳考)해 보아야 한다. 특히 교육철학을 연구하여 교육의 본질을 바로잡아야 할 무거운 책무성이 부과된 학자들은 열린 마음으로 팔머의 주장과 경험을 눈여겨볼 만하다. 현대 학교교육의 보편성은 체성, 덕성, 지성의 하모니를 추구하는 전일성(holism)을 강조한다. 다시 말해, 전인교육을 이념적 토대로 삼는 학교교육을 통하여 우리 사회는 지성교육의 가능성과 필요성에 대한 대중적인 합의를 어느 정도 이룬 것처럼 보인다.

그러나 대중은 '이 시대에 지성의 교육이 완성되거나 혹은 완성될 가능성이 보이는가?' 의 문제에 대해서 침묵할 뿐이다. 교육된 지성인이 넘쳐나 정의가 우리 사회를 이끌어 나가고, 올바른 인격을 구유(具有)한 행복한 시민들이 서로 대화하며 어울려 살아가는 소통사회가 부재하는 현실에 대중은 불편해할 뿐이다.

이 글[1)]의 모티브는 오늘날 우리 교육이 실패한 지성교육의 대안으로서 영성에 대한 교육인간학적 인식 관심에서 시작되었다. 이러한 인식 관심은 '기독교교육론' [2)]의 탐구양식이나 학문 공동체에서 광범위하게 이루어져

1) 고요한(2011). pp. 1-23을 수정 · 보완함.

2) 일반적으로 사람들은 교육을 개인의 성장 · 발달 과정이요, 사회를 보존하고 발전시키는 수단으로 여겼다. 교육의 최종목표는 이러한 관점에서 볼 때 인간 본성

왔기 때문에 새삼 새로운 시도나 도전이 아님은 자명하다. 다만 교육철학과의 교감과 융합에 대한 노력의 부족으로 영성의 교육인간학적 의미에 대한 담론의 외연적 확대에 한계가 실재했음을 지적하지 않을 수 없다.[3] 영성교육에 대한 학술 연구는 주로 기독교대학이나 일반대학의 기독교(교육) 전공학과에서 이루어지고 있다. 그러나 인간교육의 본연을 망실(忘失)한

의 완전한 실현에 있으며, 이러한 실현은 언제나 동시에 사회화로써 이루어진다. 그러므로 교육은 인간 본성의 완전성을 지향하는 인간육성이다. 그런데 기독교에서는 이러한 인간육성의 가능성과 이념을 그대로 수용하면서도 여기에 머물지 않는다. 다시 말해, 인간 본성의 완전한 실현이나 교회와 국가가 필요로 하는 인간육성과 같은 교육이념들 자체가 최종적이요 절대적인 목표가 아니라, 이들은 보다 더 절대적인 교육목표를 위하여 요청되는 목표들일 뿐이라는 기독교교육론의 신념이 있다. 기독교에 의하면 인간의 완전성과 유용성의 실현은 해당 인간 자신을 위해서가 아니라 타인을 위하여 그리고 하나님을 위하여 요청되고 있는 목표다. 이 점에서 기독교교육론과 일반교육론은 갈라진다(오인탁, 1986: 119).

3) 물론 많은 학자가 헤르바르트(Herbart)의 통각(統覺)이론, 로욜라(Loyola)의 영신(靈神)수련, 불교의 각성(覺性) 혹은 깨달음, 홀리스틱 교육이론, 슈타이너(Steiner)의 초감각적 세계 인식 및 신지학(神智學) 이론 등에 대한 체계적이고 조직적인 탐구활동을 통하여 초월적 영성에 대한 교육인간학적 조직화, 체계화를 시도한 바 있다. 즉, 영성과 관련된 교육이론은 상대적 독자성을 지니거나 전혀 새로운 것은 아니다. 특히 로욜라의 영신수련 교육지침(한혜정, 1993) 및 코메니우스의 범교육론을 유산으로 물려받은 몇 가지 조직교육이론이 있으며, 이들은 영성형성 교육론과 중첩되거나 때로는 차별적인 인식체계를 바탕으로 교육의 인간화를 지향하는 공통된 탐구양식을 내포하고 있다. 이러한 상황에서 비교육학적 탐구양식을 바탕으로 하는 이명권의 『비움과 나눔의 영성』(2004), 팔머(Palmer)의 『가르침과 배움의 영성』(2008), 그룸(Groome)의 『생명을 위한 교육』(2001) 등의 저서는 우리로 하여금 영성에 대한 교육철학적 조직화, 체계화를 자극하였다. 수년 전 교육학 분야가 아닌 심리철학 분야에서 '영성과 교육의 관계'에 대한 의미 있는 기획물이 발간된 적이 있다. 그것은 정신세계사에서 발간하는 『정신세계』라는 정기간행물로, 기획제목은 '자녀교육, 이제는 영성이다' (2001. 11. 제18호), '이 시대의 키워드 젊음과 영성' (2003. 1. 제25호)이었다. 물론 기독교교육학 분야에서도 영성교육의 이론과 실제에 대한 연구와 제안들이 속속 발표되었다. 이처럼 심리철학과 기독교교육학 분야에서 부단히 영성과 교육의 의미 연관에 대한 담론들이 이루어졌지만, 정작 교육철학 분야에서는 소외의 길을 걸어 왔던 것을 부인할 수 없다.

채 허둥대는 현대교육의 문제점을 적시하고 이에 대한 해결 방안을 모색하기 위한 인간학적 성찰을 도모할 필요가 있다.

영성형성 교육의 의미

'영성'을 기독교의 특수개념 혹은 실체적 특성(Groome, 2001: 93)으로만 이해하는 편협성은 인간학적 관점에서 그 의미를 탐색하고 조직화할 경우 한계로 작용한다. 다시 말해, 현대 지성교육의 왜곡에 대한 문제 극복의 절박성과 새로운 인간교육의 길을 모색하는 '열린 마음'이 전제되지 않는 한 영성형성의 교육인간학적 의미 탐색은 그저 허사(虛事)에 불과할 뿐이다. 그렇다면 영성이란 무엇이며, 인간교육과 어떤 의미 연관 구조를 갖는가? 이는 다음 인용문에 잘 드러나 있다.

> 영성이란 모든 개체들이 보이지 않게 서로 연결되어 있으며 궁극적으로는 시간과 공간을 초월하여 서로를 위해 존재하는 하나의 유기체라는 것을 의미한다. 그렇기 때문에 각 개인의 삶은 아주 중요하고 인간의 존엄성은 어떤 상황에서도 보장되어야 한다. 또한 몸의 각 부분들이 유기적인 관계 속에서 더 높은 의식의 차원으로 진화해 나간다. 그리하여 영성은 우리 모두의 삶 그 자체가 되는 것이다. 영성과 우리의 일상은 결코 나뉠 수 없으며, 영성은 종교의 전유물도 아니요, 그 어떤 집단의 전유물도 될 수 없다(이종승, 2001: 29).

> 영성은 모든 인간의 머리, 가슴, 손을 쓰는 통전적인 일이며, 온전한 삶의 방식이다. 영성은 약동하고 활기 있는 삶의 전체적인 방식을 요청한다. 영성은 우리들로 하여금 삶을 포용하며, 즐기고, 찬미하는 생활방식으로 살게 하고 다른 사람들에게도 생명을 주는 생활방식을 가리킨다(Groome, 2001: 452).

이 장에서는 '영성' 에 대한 해석학 혹은 분석철학적인 차원의 의미 탐색보다는 이미 학술적으로 정립된 영성의 개념을 바탕으로, 이것과 인간교육의 의미 연관 구조를 체계적으로 조직화한 그룸과 팔머의 논의를 중심으로 영성형성의 인간학적 의미를 탐색하고자 한다.

그룸의 영적 비전 교육론

부버(M. Buber)로부터 사상적 전통을 계승했다고 자처한 그룸은 기독교의 심층구조로부터 보편적인 교육담론에 이르기까지, 심지어 명시적 신앙이나 종교적 언어가 배제된 상황까지 포함하여 여타 종교를 가진 교육자 혹은 무종교의 교육자도 가질 수 있는 교육이론을 제시하고자 영적 비전의 교육론을 제기하였다. 그는 이를 인간화 교육의 영적 비전, 즉 '모든 이의 생명을 위한 교육' 이라고 규정하였다. 다시 말해, 영적 비전의 교육론이란 모든 이의 생명을 살리는 교육으로서 인간화의 교육임을 천명하였다.[4)]

그룸은 학생보다는 특별히 교사와 부모와 같이 가르치는 사람들이 철학적으로, 좀 더 구체적으로는 영적으로 깊이 사고하도록 자극하는 것을 의도하였다(Groome, 2001: 16). 그리하여 그는 교사와 부모의 교육은 궁극적으로 그리고 본래적으로 영적인 일이고, 특히 그들에게는 영적 비전이 절실하다고 단인하였다. 한마디로 가르치는 자가 갖추어야 할 영적 비전의 필요성에 대한 논의는 교육의 인간화를 지향하는 영성교육에 철학적 토대를 제공하였다고 볼 수 있다. 이는 다음 인용문에 잘 드러나 있다.

4) 여기서 '생명' 이란 생태, 환경, 공생, 평화 등을 아우르는 포괄적인 통칭의 의미로 이해할 수 있다. 또한 '모든 이' 란 학생, 교사, 학부모를 망라하는 모든 사람은 물론 모든 시간, 모든 상황에서 교육자와 피교육자의 역할을 할 수밖에 없는 그야말로 전인(全人)을 의미하는 것으로 이해할 수 있다.

> 나는 학습자가 공동의 선(善)을 지향하는 사회를 창조하는데 기여하는 완전히 살아 있는 인간이 되는 것, 이것을 교육의 가장 가치 있는 목적이라고 생각한다. 나는 교육의 이러한 목적을 종종 '모든 이의 생명을 위한' 이라는 구절을 붙여 요약하거나 인간화교육이라고 줄여 말하기도 한다(Groome, 2001: 43, 90).

그러므로 그의 표현대로 '생명을 위한 영적 비전의 교육' 이란 하나의 신학으로서 철학으로 인도되다가 다시 부모와 교사를 위한 영성, 즉 인간화교육의 기초가 되는 기능상의 신앙적인 헌신에 이른다. 그룹은 영적 비전의 교육 혹은 인간화 교육을 위한 전제조건으로 휴마니타스 인간관에 대한 대중의 동의를 요구하고 있다. 그것은 가르치는 사람과 배우는 사람은 물론 교육이 이루어지는 모든 공간, 환경, 내용도 '전 인간적' 인 것에 기초를 두어야 함을 말한다.

특히 휴마니타스 인간관에 기초한 교육의 공간은 존중과 도전 그리고 개인적 덕목이 온전하게 실천되는 곳이어야 한다(Groome, 2001: 141-143). 학교, 가정, 교회에서 이루어지는 모든 가르침과 배움의 상황은 모든 이에게 생명을 주는 공동체가 되어야 하고, 개인적인 성장은 물론 공공선의 성장을 돕는 (영성의) 사회 공동체로서의 교육 공간 내지 교육환경이 되도록 노력해야 한다(Groome, 2001: 271).

한편 그룹은 기존에 이루어지고 있는 지식 혹은 지성교육의 한계와 문제점을 조목조목 지적함으로써 영적 비전의 교육 혹은 전 인간적 교육이 추구하는 내용에 대한 논의를 전개한다. 그룹에 의하면, 지성은 하나님의 분명한 선물로 본질적으로 선하며 가치 있는 목적을 위하여 사용될 수 있다.

그룹은 계몽주의의 비판적 합리성, 과학주의의 객관성, 해체주의의 재구성 등과 같은 긍정적인 지적 유산을 긁어모으고, 이를 바탕으로 모든 이의 생명을 위한 교육을 서로 권장하고 모든 이를 인간화하는 '앎과 삶의 방법' 을 새롭게 짜야 한다고 주장한다(Groome, 2001: 371). 그것은 전인적 교육을 가능하게 만드는 통전적(holistic) 인간관, 인식론, 가치론, 존재론에 기반을 두어야 한다.[5)]

그러므로 모든 가르치는 자(특히 기독교인 교사)는 배우는 자들이 매우 긍정적이고 생명을 주는 영성을 가지도록 함양할 책무가 있다. 기본적으로 가르치는 자가 먼저 자신의 영혼을 세심하게 보살펴야 한다. 다시 말해, 전인적 교육이란 가르치는 사람이 우선적으로 영적 비전을 형성하여 가르침을 실천함으로써 가능하다는 것이다. 이상의 논의에서 드러나듯, 그룸의 영적 비전 교육론은 가르치는 사람의 영성형성의 선위성(先位性)이 대단히 중요하다는 점을 강조하고 있다.

팔머의 영성형성 교육론

팔머는 현대교육 전체에 스며들어 있는 극심한 고통을 '단절의 고통' 이라고 부른다(Palmer, 2008: 14). 이는 가르치는 자는 물론 배우는 자가 모두 느끼는 고통이다. 교사는 동료들로부터, 학생들로부터, 자신의 마음으로부터 단절되었다고 느끼고, 학생들은 배움의 내용으로부터, 교사로부터, 사회제도로부터 단절되었다고 느낀다. 교육은 본질적으로 공동체 안에서, 공동체를 위하여 이루어지는 현상이다.

공동체는 일종의 관계 맺음이요, 교육은 가르치고 배우는 사람들이 모두 관계 맺을 수 있는 역량을 추구하는 것이다(Palmer, 2008: 126). 이와 유사한 또 다른 교육인간학적 주장 중의 하나는 '대화할 수 있는 능력으로의

5) 그런데 그는 그것이 항상 종교적인 교육과정의 형태를 띨 필요는 없다고 주장한다. 어떤 형태를 취하든 그룸은 인간화를 가능하게 만드는 앎과 삶의 방법에서 가장 중요한 전제는 전 인간(whole person)과 모든 사람(all people)을 참여시키는 것임을 지적하고 있다. 이는 이미 신학자이면서 교육학자이었던 코메니우스가 주장한 '모든 이에게(omnes), 모든 것을(omnia), 철저히(omnino)' 가르치라는 교수학적 이론(Comenius, 1960: 12)을 계승한 것이 분명하다.

교육' 이다.

그러나 사회제도가 이러한 공동체의 관계 맺기나 소통보다 배타적 경쟁력을 조장할 때 지적인 삶은 우리를 서로 연결시켜 주기보다 오히려 격리시키고, 우리의 마음은 완전성을 향한 활력을 상실하게 되어, 마침내 우리를 지탱하는 것마저 사라지고 만다(Palmer, 2008: 15). 이때 가르치고 배우는 사람들이 모두 갈망하는 것은 교육의 영성에 관한 새로운 관심이며, '무언가 제대로 된' 교육에 관한 요구다.

> 많은 사람들이 한쪽 눈으로만 살아가고 있다. 우리는 대개 지성의 눈에 의존해서 실재에 대한 이미지를 형성한다. 그러나 오늘날 점차 많은 이들이 지성의 눈은 보지 못하는 실재를 볼 수 있는 마음의 눈을 떠가고 있다. 우리에게는 온전한 시각(wholesight), 즉 두 눈이 하나가 되어 바라보듯이 지성과 마음이 하나가 되는 세계를 보는 시각이 필요하다. 우리의 시각이 곧 우리의 존재를 형성한다. 우리가 온전하게 볼 수 있을 때에 비로소 우리와 우리의 세계는 온전해질 수 있다(이는 교육에 있어서 더욱 요원하다)(Palmer, 2008: 35).

교육과 영성의 관계에 대한 대중의 관심과 탐구는 가르침과 배움이라는 고래의 공동체적 행위가 어쩌면 영적 지혜를 통해 다시금 새로워질 수 있을지 모를 것이라는 기대감 때문이라고 했다(Palmer, 2008: 15). 그렇다면 팔머가 조망하고 있는 현대교육의 우울한 초상은 어떠한가?

> 현대 교육은 단지 우리를 머리만 가진 존재로 만들어 낸다. 오로지 조건화(체제라는 탁월한 기제)를 통하여 왜곡된 자아를 만들어 내는 데 몰두한다. 세계는 우리를 육체적 필요와 욕망의 지배를 받는 존재로 만들어 낸다. 그런데 교육은 이러한 모든 방식과 그 밖의 다른 방식들로 세계를 바라보고 있으며 더욱이 그것을 소위 '학문 분야' 로 산산조각

> 내면서 통일을 위한 시도는 거의 하지 않기 때문에, 마침내 우리는 스스로를 조각난 세계만큼이나 통일성 없는(다시 말하면 온전성을 잃은) 존재로 이해하게 된다(Palmer, 2008: 62).

물론 이러한 팔머의 주장은 다소 극단적이거나 선동적일 수도 있다. 왜냐하면 오늘날 다양하게 시도되는 대안교육, 생태교육, 평화교육 등의 시도들에 대한 인식론상의 수용이 제한적으로 이루어져 있기 때문이다. 그러나 그는 일관되게 현대의 학교교육이 온전성(혹은 교육의 본질)과는 완전히 멀어진 채 이루어지고 있다고 비난한다.

탈현대교육으로서의 영성형성의 교육은 자아를 앎의 주체로, 세상을 앎의 대상으로 그리게 만든다. 또한 그 둘 사이의 관계를 조정하여 앎의 주체로서의 자아에게 앎의 대상으로서의 세상에 대한 우월성을 부여하게 만든다(Palmer, 2008: 75). 그렇다면 이러한 영성형성을 위한 교육의 조건으로서 영성훈련이 지닌 유용성은 무엇인가?

팔머는 우리가 영성훈련을 통해 얻을 수 있는 유용한 가치 덕목을 겸손, 믿음, 사랑, 은혜에 대한 개방성이라고 하였다(Palmer, 2008: 223-230). 첫째, 겸손은 타자(他者)에게 주목하는 덕목으로, 타자들의 필요와 욕구에 대한 민감성과 반응성이며 반대 개념은 교만이다. 가르치는 자는 오로지 겸손을 통해 배우는 자에게 진리로 향하는 심리적 공간을 마련해 준다. 둘째, 믿음은 겸손과 동행하는 가치 덕목으로서 우리 자신이 깨달은 진리를 스스로 말할 수 있도록 만드는 힘을 부여해 준다. 셋째, 사랑은 우리로 하여금 자기애, 인간애, 교육애를 발휘하도록 우리의 마음을 활짝 열게 만드는 힘이다. 넷째, 은혜의 개방성이란 우리가 경험하는 지적 통찰이야말로 우리의 의지적인 노력이 아니라 우리 너머의 차원에서 비롯되는 힘이 존재함을 통찰하는 것이다. 팔머는 이러한 은혜의 개방성이야말로 모든 지식의 발전에서 지극히 중대한 것임을 지적하고 있다.

이상의 논의를 종합해 볼 때 팔머가 주장하는 영성형성 교육의 핵심은 가르치는 자와 배우는 자의 영성훈련을 통해 상실된 공동체주의 및 공동체적 진리의 회복, 과학주의 및 객관주의 신화의 해체, 가르치고 배우는 자 및 앎과 삶의 온전한 관계 맺기를 새롭게 형성하는 것임을 알 수 있다.

한마디로 영성형성 교육론에는 우리의 인식론, 가치론, 존재론을 재형성하는 일종의 개혁교육학적 속성이 있음을 확인할 수 있다. 이러한 주장과 경향성은 이미 개진된 슈타이너의 인간과 교육 이해의 방식,[6] 전체성을 기반으로 형성된 홀리스틱 교육이론[7]과 유사한데, 이 두 이론은 영성형성

6) 슈타이너의 '인간과 교육 이해의 방식'과 '영성형성 교육론'의 유사성을 발견할 수 있는 접점은 바로 전인교육의 이론적 모델과 가르치는 자의 도덕성(혹은 영성)에 대한 그의 독특한 이해방식에 있다. 첫째, 그는 우리가 전인교육을 올바르게 이해하기 위해서는 전인(全人)의 의미를 우선 파악하라고 주장한다. 그는 사람이란 몸, 생명체(에테르체), 감각혼, 오성혼, 의식혼(영적 자아), 생명령, 영인(靈人)이 전체적으로 '하나 됨'으로 이루어지는데(Steiner, 2001: 50), 각각에 대한 유기(有機)적 기능성에 대한 세심한 배려가 교육행위를 통하여 구체적으로 실천될 때에만 전인교육이 온전하게 구현된다고 여겼다. 따라서 현대교육처럼 체성을 무시한 지성교육이나 영적 세계로 인도되지 않는 지성교육이야말로 인간의 전체성을 철저히 무시함으로써 이미 전인교육의 본질에서 크게 벗어나 있음은 자명하다. 둘째, 그는 가르치는 자마다 영적인 성숙함에 대한 배려가 요구되고, 이는 배우는 자의 지성 속에서 생생하게 작용할 수 있는 교수법을 통하여 배어 나오게 된다고 보았다(Steiner, 2002: 278). 이처럼 영적 실체에 대한 이해를 바탕으로 하는 슈타이너의 심리철학적 인간교육론과 영성형성 교육론의 유사점은 교수학적 전제에서 그 공통점을 찾을 수 있다.

7) 홀리스틱 교육이론이란 개인이 삶의 다양한 영역에 접해 들어가고 그때의 체험을 통하여 개인의 삶이 충실하게 형성되어 가는 것을 체계적으로 조직화한 것이다(日本holistic教育硯究會, 1995: 56). 다시 말해, 개인이 그 자체로, 즉 전인(whole person)으로 세계와 관련된다는 점이 중시되며 이를 개인과 세계의 전체성(wholeness)이라고 부른다. 이러한 전체성은 신체, 감정, 사고(mind), 정신(spirit, 다른 이론들에서는 영적인 차원)이 서로 시스템적으로 연결되는 현상을 이른다. 이러한 삶과 세계의 전체성은 '개인 내 수준, 대인관계 수준, 개인 외 수준, 초개인 수준'에서 비위계적으로 각각 구분되는데, 그들은 상호 배타적이거나 절대적인 방식으로 실재하는 것이 아니라 전체적으로 공변(共變)의 유기적 순환구조를 띠고 있다. 이러한 전체성 개념은 홀리즘(holism)의 원칙으로 교육이론을 재구성하는 데 기여한다. 즉, 인간 이해에 대한 전체성의 이해방식은 교사론, 교

교육론과 다양한 측면에서 서로 공유하는 탐구양식과 전인적 교육의 주장에 대한 공통성을 담지하고 있다.

영성형성의 교육인간학과 가르침

영성형성을 위한 교육의 이념적 지표

교육과 영성의 관계를 포월(包越)방식으로 이해하는 팔머에 의하면, 영성은 교육의 '목표'가 아닌 '원천'이다. 영성은 원천이 아닌 교육의 목표로 작용할 때 배우는 사람들에게 사상(혹은 지식), 믿음, 행동을 평가하는 주형(鑄型)틀로 사용되는데, 이는 진정한 교육이 아니다. 다시 말해, 교육은 어떤 이유로든 조건화나 가공(加工)이 되어서는 안 된다.[8] 그러므로 영

수법, 교육 내용, 교육정책, 교육제도 등으로 외연적인 확대를 지향한다. 우리가 홀리스틱 교육이론을 온전하게 실현하기 원한다면 교육과정의 전체성을 중시해야 하며, 나아가 교육정책도 극적인 전환이 이루어져야 한다(日本holistic教育硏究會, 1995: 113). 그리하여 교육의 전 과정에서 전체성이 중시되지 않으면 안 된다.

8) 팔머는 "조건화로 인해 우리의 왜곡된 자아가 창조된다."라고 주장한다(Palmer, 2008: 62). 그는 이러한 조건화와 가공을 가능하게 만드는 인식론의 방법원리가 우리 사회에서 판을 치는 이유는 '객관주의의 신화'가 우리 사회의 통념을 지배하는 데서 비롯된다고 지적한다. 즉, 객관주의는 특별히 우리 교육에, 즉 우리가 가르치고 배우는 방식에 제도화되어 있다. 거기서 객관주의는 '숨은 교육과정'이라는 힘을 통해 학생들에게 교묘하게 전달되고 있다. 다시 말해, 우리의 관습적인 교수법은 대부분의 학생에게 객관주의적 세계관을 형성시키고 있다는 것이다(Palmer, 2008: 89). 그는 이러한 객관주의가 우리의 인습적인 교수방법들에 깊이 새겨져 있다고 여겼다(Palmer, 2008: 95-106). 객관주의를 기반으로 하는 경우, 학습 경험은 오로지 가르치는 자의 마음과 의도에 의해 휘둘린다. 그 마음과 의도의 핵심은 바로 '권위'다. 그는 진정한 교육이란 결코 가공된 객관적 목표나 권위가 아닌 존재의 원천을 지향하는 진정한 영성을 바탕으로 해야 하며, 이때 진정한 영성은 가르치고 배우는 사람들을 진리로 인도한다고 주장한다. 그러한 영성은

성형성의 교육이 지향하는 것은 가르침과 배움의 내적 '원천' 을 검토하고 정화시키는 것, 다시 말해 우리의 마음과 지성에서 해로운 독소를 제거하는 것이다(Palmer, 2008: 16-17). 그러나 영성과 교육의 의미 연관에 대한 그의 주의(主義)와 주장이 대중적 합의를 이끌어 내기에는 상당한 어려움이 있다. 이에 대하여 팔머는 다음과 같이 적절히 지적하고 있다.

> 교육의 영성을 계발하려는 시도는 어떤 것이든 위험으로 가득 차 있다. 그것은 수많은 저항과 왜곡과 오해를 불러일으킨다. 교육은 과학이나 경제와 같이 현실적인 실재를 다루는 반면, 영성은 그 실재조차 의심스러운, 비가시(非可視)적인 세계에 대한 것으로 여겨지고 있기 때문이다(Palmer, 2008: 58-59).

그룸은 이러한 사실을 실제로 경험한 적이 있음을 고백한다. 그는 현직 교사들을 대상으로 하는 세미나에서 '교육과 영성' 이라는 주제로 강연을 하였다. 그런데 강연이 끝난 뒤 한 사람이 잔뜩 화가 난 채 "그런데 이것이 우리와 무슨 상관이 있다는 말입니까?" 라며 질문하였다. 이에 대하여 그룸은 영성과 교육에 관한 전형적인 관념을 고려할 때 대단히 합리적인 질문임을 인정했다. 그러나 그룸은 "나는 영성이 교육과 모든 면에서 상관이 있다고 확신한다. 영성은 전체 교육기업을 활성화하는 누룩이어야 한다." 라고 주장함으로써 영성형성 교육의 이념적 기초를 분명하게 규정하였다.[9)]

가르치고 배우는 사람들이 다양성과 차이를 환영하도록, 다의성(多義性)을 용납하도록 그리고 역설을 끌어안도록 격려한다.

9) 그룸은 영성형성 교육의 주요한 이념적 지표로 영적 각성, 영적 성향을 들고 있다(Groome, 2001: 433-434). 첫째, 영적 각성은 일시적인 유행이 아니라 매우 의미 깊은 현상이며, 소유나 개인적인 성공 이상의 그 어떤 것에 대한 사람들의 영원한 열망을 반영한다. 이 영적 각성은 오직 초월자들만이 충족할 수 있는 인간

그룹에 의하면, 영성은 우리가 음식과 음료를 필요로 하는 것만큼 그렇게 필요한 것은 아니지만, 우리의 영혼을 돌보지 않으면 우리가 덜 인간다운 삶을 산다는 의미에서 매우 필요하다. 우리는 이러한 영성을 소홀히 하면 우리의 본래 모습보다 못한 미천한 존재가 됨은 물론 갖가지 유혹과 위험을 겪게 된다.

이때 우리는 '영성의 존재'가 아닌 '야성(野性)의 존재'로 전락하고 만다. 약동하는 영성은 우리 삶의 모든 편린(片鱗)을 통합하는 기반을 제공하며, 우리가 균형 잡힌 온전한 삶을 살도록 해 준다. 영성은 인간을 가장 인간답게 만드는 것이다(Groome, 2001: 445-446).

그룸에 의하면, 영성형성은 일종의 가치론, 인식론이기도 하지만 본질적으로 존재론적이다. 왜냐하면 영성은 인류의 존재(헬라어로 ontos)에 속하는 것이기 때문이다. 그러므로 우리를 영적 생명을 지닌 인간 존재로 부르기보다 인간 생명을 지닌 영적 존재로 부르는 것이 타당하다. 이러한 존재론적 보편성으로 말미암아 가르치는 자들은 자신을 포함하여 모든 사람을 본질적으로 영적인 존재로 보게 되며, 이에 따라 보다 인간적인 교수법을 개발하거나 적용할 수 있다. 그룸은 이러한 영적 비전의 교육 혹은 전인교육의 모델이 코메니우스에 의하여 구성·정립되었다고 보았다(Groome, 2001: 447). 주지하듯이, 코메니우스의 위대한 저작인 『대교수학(*Didactica Magna*)』과 『빔교육론(*Pampaedia*)』은 영성형성 교육의 교수학적 모델로 손색이 없다.

코메니우스는 특히 『범교육론』에서 영성교육을 통한 전일적, 통전(統全)적인 인간의 기능 통합 가능성과 이를 바탕으로 하는 전인교육의 필요

의 '허기진 감성'이 새로이 의식되고 있음을 잘 나타내 준다. 둘째, 영적 성향이란 인간 존재의 깊은 핵심에서 나오며 이미 우리의 정체성 안에 스며들어 있다. 다시 말해, 우리에게 우리의 심층부를 통해 우리 삶의 배경인 은혜로운 신비와 궁극적인 의미를 경험하고자 부추기는 부단한 갈망이 바로 영적 성향이다.

성에 대하여 체계적이고 조직적으로 논의하였다. 현대 교육철학에서 주로 사용되는 홀리스틱 교육론(holistic education)은 그의 전체적인 학교(die schule des ganzen)이론에서 유래하였고, 영성형성 교육에서 교수학적 이념의 가장 빛나는 유산으로 평가된다. 그는 학교란 곧 세계(welt)이며 그 세계 속에서 기능하는 사람들은 모두 전체성을 기반으로 하는 유기체다.

전체성이란 육체와 영혼, 인간과 자연, 인간과 하나님, 가르치는 자와 배우는 자, 앎과 삶, 지성과 영성의 관계는 물론 태교(胎敎)로부터 죽음의 교육에 이르기까지 이념적, 제도적 차원에서 통전적으로 작용하는 힘이요 근본적인(grundaus) 원리다(Comenius, 1960: 117). 그가 고대로부터 물려받은 교수학적 유산을 종합하여 정리한 '모든 이에게(omnes), 모든 것을(omnia), 철저하게(omnino)'의 개념은 일반교육은 물론 영성형성 교육(혹은 기독교교육)의 기본으로 철저히 작용한다(Comenius, 1960: 15).

따라서 앞의 세 가지 개념을 종합한 그의 범(pan)교육이론은 일반교육은 물론 영성교육의 이념, 방법, 내용, 제도 등을 망라하는 교수학 탐구의 완결판이었고, 오늘날 모든 교육철학자에게 진지한 탐독의 대상이 되었다.

영성형성의 교육내용과 과정

그룸은 '가르치는 사람이 배우는 사람들에게 무엇을 가르칠 것인가?'를 결정할 때 영혼의 보살핌에 관한 내용도 포함할 것을 주장한다. 전통적으로 교육의 결정적인 기능은 모든 사람에게 인문학, 과학, 예술 등의 문화유산에 용이하게 접근하게 해 주는 것이다. 가르치는 모든 사람은 이러한 '축적된 문명의 자본으로부터 무엇을 가르칠 것인가?'를 선택해야 한다.

가르치는 사람들은 배우는 사람들의 감성을 고취시키고, 지성을 매료시키며, 상상력을 자극하는 것들과 영혼을 고무하고, 희망을 북돋우며, 지혜에 다가가게 하는 것들을 축적된 문명의 자본, 즉 교육의 도야재(陶冶材)에서 추출해 낼 수 있다. 다시 말해, 전통문화 유산에 대한 단순한 기억-인출

작용은 교육의 선행조건임에 틀림없지만 충분조건은 아니라는 것이다.

그러나 과외나 입시학원에서처럼 세속적으로 가르치는 사람들은 자신에게 이익이 되며 당장 써먹을 수 있고 유용한 것들만 이끌어 낼 수도 있다. 팔머에 의하면, 그들은 '영성' 이 아닌 '명성' 을 좇는 사람들이다(Palmer, 2008: 15). 만일 가르치고 배우는 상황에서 명성만을 좇는 사람들이 추출한 교육 내용들만 가득 차 있다면, 가르치는 사람은 물론 배우는 사람의 영성은 급속히 말라 죽는다(Groome, 2001: 475). 또한 이때 가르침과 배움의 주된 내용인 지식의 형식과 내용은 우리는 물론 세상에 대하여 '폭력' 으로 작용한다(Palmer, 2008: 43).[10)]

결론적으로 전인교육, 즉 인간화 교육은 결코 폭력이 동반된 지성교육만으로 이루어지는 것이 아니다. 오늘날의 학교에서 이루어지는 지성교육은 '만물박사' 를 양산하는 데 주력한다. 영성형성을 위한 가르침과 배움의 내용은 결코 만물박사로서의 전인교육을 지향하지 않는다.

영성형성을 위한 온전한 가르침과 배움의 내용은 '이해와 의식이 활짝 열린 무한의 지평' 을 전제로 한다. 한마디로 영성형성 교육의 내용과 방법은 가르치고 배우는 상황에 참여하는 사람들의 다양한 의견과 관점을 수용하고, 이를 인간화된 교육과정에 적극적으로 반영해서 이루어져야 한다.

10) 그렇다면 세속적인 명성과 거친 폭력에 의한 가르침과 배움을 극복하기 위한 방안은 무엇인가? 영성형성의 교육은 교육 상황과 교과과정의 한계 안에서 가능한 한 그 폭과 깊이가 넓고 깊은 가르침을 권한다. 그 누구도 어떤 것의 모든 내용을 다 가르칠 수 없고 지식, 예술, 지혜에 관한 '백과사전' 이 될 수 없다. 그러나 가르치는 사람들은 배우는 사람들을 새로운 지식의 내용으로 이끌면서 배움의 내용을 확대시킬 수 있다. 가르치는 사람들은 배우는 사람들에게 의식의 지평을 확충시키고 더 배울 것, 더 발견할 것들을 배움의 중심이 되도록 만들어야 한다(Groome, 2001: 570).

영성형성을 위한 앎과 배움

그룸은 앎과 배움의 방법에 대하여 다양한 방식의 가능성과 필요성을 주장하고 있는데, 특히 '묵상, 기도, 숙고'의 중요성에 대하여 강조하고 있다. 이는 전통적인 교수방식인 강의, 암기 등과 철저히 차별화된 앎과 배움의 방법들이다.

첫째, 그룸은 "앎에서 최상의 방식은 묵상이며 그것이 지혜와 최고의 행복에 이르게 한다."라고 주장한 아리스토텔레스나 "교육의 최고 업적은 인간 지성의 묵상능력을 계발하는 것"이라고 주장한 마리탱(Maritain)을 예로 들면서 묵상이 지닌 앎과 배움의 방법론적 탁월성을 지적하고 있다(Groome, 2001: 396-397). 또한 그는 앎의 과정에서 (주체적인) 행위자가 되기 위해서는 모든 인간을 스스로 생각하게 만들며, 다른 사람과 대화하게 하며, 생명에 대한 의미를 생각하도록 지도해야 한다고 주장한다(Groome, 2001: 415-416). 우리는 이러한 묵상이 일상의 교육 장면에서 이루어지는 일종의 정신집중을 위한 명상행위와 유사한 것으로 간주할 수 있다.

둘째, 그룸은 영성형성을 위한 가르침과 배움의 방법으로 기도에 대하여 다음과 같이 설명하고 있다.

> 기도는 하나님과의 관계로 향하는 지성, 감성, 신체의 모든 움직임이다. 기도는 사람 수만큼 다양한 방식으로 이루어질 수 있다. 형식적인 기도의 말 이외에 하나님과의 인격적인 대화나 묵상을 위해 자신의 내면으로 향하는 것은 영적 성장에 매우 효과적이다. 가르치는 사람이 기도를 통해 배우는 사람을 하나님께로 세우는 것은 지극히 당연하다(Groome, 2001: 466-467).

팔머 역시 앎과 배움의 중요한 방식으로서 기도의 중요성에 대하여 역설하였다. 그는 교육에서 철저하게 기도로 충만한 앎과 배움의 방식을 요구한다. 그는 기도교육 혹은 교육적 기도에 대하여 다음과 같이 설명하고 있다.

> 기도란 자신과 타인, 인간과 인간 외의 것, 보이는 것과 보이지 않는 것이 한데 얽혀 있는 저 광대한 생명 공동체 속으로 들어갈 수 있는 능력을 말한다. 감각은 구별 짓고, 지성은 분석하는 반면, 기도는 삶의 하나 됨을 인정하고 재창조한다. 우리는 기도행위를 통해 더 이상 나 자신을 다른 이들과 세계로부터 분리시키지 않으며, 자기 욕망의 만족을 위하여 그들을 결코 조작(操作)하지 않는다. 기도를 통해 나는 관계 맺음을 향해 손을 내밀어 스스로 상호성과 책임성의 끈을 느끼며, 공동체를 하나로 결합시켜 주는 초월적 중심을 앎으로써 공동체 안에 내 자리를 잡는다. 또한 기도란 내가 결합시켜 주는 중심을 향해 나갈 때 그 중심이 또한 나를 향해 나온다는 사실에 나 자신을 활짝 열어 놓는다는 것을 의미한다(Palmer, 2008: 59-60).

가르침과 배움에서 기도의 유용성은 단지 문학적인 감성(마치 '교사의 기도'와 같은 시처럼)에서 우러나는 것이 아니다. 왜냐하면 그것은 나 자신이 전체적인 앎의 주제일 뿐만 아니라 누군가의 앎의 대상이 되기도 한다는 앎과 관계의 전체성을 깨닫게 만드는 강력한 힘이기 때문이다.[11)]

11) 한편 팔머는 기도를 대신하여 침묵행위의 유용성을 주장하고 있다. 교육 상황이든 아니든 현실적으로 실생활 속에서 실천 가능한 침묵행위의 구체적인 예로 '혼자 침묵하며 앉아 있기, 침묵으로 상대방과 교감하기, 침묵하며 자연 속에서 걷기, 침묵으로 어떤 대상을 감상하기' 등을 들 수 있다. 이것들의 유용성은 우리를 좁고 깊은 사고 수준으로 인도하여 마침내 사유 대상의 본질과 우리의 사유를 일치시켜 준다는 점이다. 그는 우리의 말이 좀 더 참되려면 그것은 원천인 침묵으로부터 나와야 하며 또한 침묵행위를 통하여 교정되어야 한다고 여겼다. 침묵은 가르치는 자로 하여금 자신을 가라앉히고 중심을 모을 수 있는 기회를 주고, 자신의

셋째, 숙고는 묵상이나 기도(혹은 침묵)와 달리 일상적인 교육 장면이나 상황에서 대단히 유용한 앎과 배움의 기술이다. 다시 말해, 배우는 사람이나 가르치는 사람이 한 인간으로서 지식을 획득하는 데는 자신들이 무엇을 가르치고 배우는지에 대한 진지한 성찰과 숙고가 있어야 한다. 이에 대하여 그룸은 다음과 같이 설명하고 있다.

> 깊은 사고를 통해 자신의 것으로 만들지 않고 수동적으로 받아들인 지식은 인간화의 효과가 떨어진다. 배우는 사람은 자신의 삶의 모든 측면(다시 말해, 교육의 모든 도야재에 대하여 스스로 생각해야 하며, 가르치는 사람은 배우는 사람들에게 이성, 기억력, 상상력의 전체적인 지성을 사용하여 스스로가 생각하도록 부단히 자극해야 한다. 이처럼 '숙고' 란 다른 교육적 헌신과 마찬가지로 교육 이벤트 전체에 스며들어 있어야 한다. 숙고는 모든 관심행위에 이미 존재하며 인간화 교육의 방법에서 절대적으로 필요하다(Groome, 2001: 592-593).

우리는 이러한 숙고가 일상적인 교육 장면에서 이루어지는 일종의 정신집중을 위한 몰입행위와 유사한 것으로 간주할 수 있다. '몰입' 은 우리가 당면한 문제 상황에 대하여 고도로 정신을 집중시킴으로써 효율적인 해결방안을 통찰하도록 만든다. 또한 숙고는 가르치고 배우는 상황에서 수행과 성과에 대한 즉각적인 반응을 유보하거나 지체시켜 줌으로써 좀 더 명민한 판단과 성찰로 이끄는 힘을 발휘하게 만든다.

지성과 감정을 교란(攪亂)시키는 힘들을 물리치게 만든다. 또한 침묵은 배우는 사람들로 하여금 지식에 대한 새로운 명료함을 가능하게 만들며, '무위(無爲)의 위대함' 을 실천하는 순간이 된다. 팔머는 비록 이를 기도라고 부르지는 않지만, 사실은 기도와 크게 다르지 않다고 하였다(Palmer, 2008: 175-176).

가르치는 자의 역할

팔머는 '가르침' 과 '가르치는 자' 에 대하여 다음과 같이 정의하였다.

첫째, 가르침이란 진리에 대한 순종이 실천되는 공간을 창조하는 일이다. 그는 여기서 '공간' 이라는 단어는 그저 막연하고 시적인 은유로만 들릴 수 있다고 염려했다. 그러나 사실 그것은 우리의 일상생활의 경험을 묘사해 주는 친숙한 단어라고 말한다.[12)]

그는 이러한 공간개념을 물리적, 개념적, 감정적, 극적(劇的) 공간 등으로 구분하고 있으며, 잘 가르치는 자란 그 인간화가 이루어진 공간 속에서 그 공간들을 인간화된 형태로 조율, 연출, 창조하는 자다. 특히 감정적 공간의 창출이야말로 영성형성의 교육으로 가는 데 반드시 필요한 요소다.

그는 '감정적 공간' 이란 한마디로 두려움이 없는 관용, 환대, 개방성, 안전함이 갖추어진 학습 장면이라고 규정하였다(Palmer, 2008: 181-187). 여기서 우리는 '감정적 공간' 을 상대방에 대한 공감, 수용, 배려, 감동이 어우러지는 심리적인 안정감과 신뢰감으로 이해할 수 있다.

둘째, 다소 인습적으로 들릴지 몰라도 팔머는 "가르치는 자란 인식 주체와 인식 대상, 배우는 자와 배우는 내용 사이의 중재자" 라고 정의하였다. 그러므로 인식론적 연쇄 사슬(혹은 교육 생태계)에서 살아 있는 고리 역할을 하는 것은 어떤 이론이 아니라 바로 가르치는 자다(Palmer, 2008: 89). 가르치는 자가 올바른 중개자의 역할을 하는 방식은 앎과 삶에 대한 방식을 동

12) 예를 들어, 가르치는 자가 배우는 자의 머리에 지적 정보만을 가득 채워 넣고, 그것을 확고하게 체계화하며, 객관적인 정답만을 권위로써 강요하고, 학점 경쟁으로 밀어 넣는 학습 공간, 그러한 공간에 앉아 있으면 우리는 가르치고 배우기 위한 공간의 부족을 느낀다. 그러나 가르치는 자와 배우는 자가 온전한 관계 맺기를 한 교실, 앎과 삶이 괴리되지 않도록 안내하고 격려하는 풍토의 교실에서는 가르침과 배움의 공간이 갖는 엄청난 힘을 알게 된다(Palmer, 2008: 157-160).

시에 전달하는, 다시 말해 지성과 영성이 동시적으로 작동하게 만드는 역할이다.

그룸은 우리의 영성이란 소망과 동경이 담긴 인간의 '마음가짐' 이라고 표현하였다.[13] 또한 가르치는 자가 배우는 자들의 진-선-미에 대한 전 인간적 갈망을 진지하게 받아들여 탐구하도록 권유할 때 그들의 영성을 길러줄 수 있다(Groome, 2001: 443). 비록 영성형성을 위하여 의도한 교육이 아닐지라도 모든 교육 상황에서 가르치는 사람의 교수학적 역할은 중요하다. 그러나 영성형성의 교육에서 영적 비전을 지닌 가르치는 자의 역할은 특별히 중요하다. 이에 대하여 그룸은 다음과 같이 말하고 있다.

> 진실로 다수의 교사들이 가장 인간답고 가장 신성한 인간의 임무를 (세속적인) 교사들에게 양보해서는 안 된다. 서양 교육의 가장 비인간적인 측면은 배우는 자의 영혼을 무시한 데 있으며 그 결과는 심각한 정신적, 사회적인 문제가 되었다. 이 점에 대하여 무어(Moore)는 "우리의 모든 문제와 연루되고 개인적, 사회적으로 영향을 미치는 이 시대의 병폐는 영혼의 상실이다. 영혼이 무시되면 영혼은 그저 사라지는 것이 아니라 강박, 중독, 폭력 그리고 의미상실 등의 증상으로 나타난다……." 어떤 교육자도 영혼의 보살핌을 소홀히 해서는 안 된다(Groome, 2001: 439).

영적 비전의 교육 혹은 전 인간적 교육의 본질에 따라 모든 가르치는 자는 사람들을 영적 존재로 보고 일깨우고 양육한다. 가정에서는 부모에게,

13) 여기서 우리는 '마음가짐(mindfulness)이란 말은 정태적인 개념이 아니라 적극성, 능동성, 효과성을 지향하여 마음과 행동이 일치되는 동태적(혹은 역동적)인 행동 지침으로 이해할 수 있다. 따라서 영성이 형성되도록 도모하기 위해서 가르치는 자는 배우는 자들로 하여금 '마음가짐' 이 그들의 내부로, 그들 자신의 영혼으로 향하게 만들어야 한다.

학교에서는 교사에게 그 의무가 부과된다. 그룸은 어떠한 교육 상황에 있는 가르치는 자라도 영혼을 보살펴 줄 수 있다고 주장한다. 우리는 배우는 자와의 영적인 관계 속에서 그리고 무엇을 어떻게 가르치느냐에 따라서 그들의 영혼을 보살필 수 있다.

따라서 모든 현명한 가르치는 자는 그들이 행하는 가르침의 기반에 반드시 영적 비전을 두어야 한다(Groome, 2001: 435-436). 결론적으로 교사나 부모와 같이 가르치는 자들이 그들의 자녀나 학생을 본질적인 영적 존재로 응대하며 그들의 영적 본성에 대한 경의(敬意)와 그들의 심층부를 일깨운다면 배우는 사람의 영성을 길러 줄 수 있는 가능성은 그만큼 커지게 되는 것이다(이철국, 2001: 35; Groome, 2001: 447).

영성형성 교육이론

우리는 대개 교육의 전일성 개념을 충효예(忠孝禮), 지덕체(智德體), 진선미(眞善美), 지정의(知情意), 신망애(信望愛)의 통전성 혹은 통합성으로 이해한다. 그렇다면 영성형성 교육의 조직화는 어떤 방식으로 이루어질 수 있는가? 이를 위해서는 교육의 전일성에 대한 두 갈래 주장을 살펴보는 것으로부터 출발해야 한다.

첫째, 삼원(三元)성을 각각 영성과 연결시켜 '지(知)의 영성, 덕(德)의 영성, 체(體)의 영성' 과 같은 형태로 포섭하는 방식, 둘째, 이들을 초월하여 교육의 전일성에 영성을 포함시켜 '체성, 덕성, 지성, 영성' 과 같은 형태로 포월(包越)하는 방식이 있다.

이명권은 영성의 본질을 삼위일체(三位一體)적 관점에서 이해하는 방식을 취하고 있다. 그는 혼돈의 시대에 우리가 본받아야 할 가치판단의 기준은 진-선-미, 신-망-애, 생명-평화-희락의 영성이라고 정의함으로써(이명권, 2004: 8-9) 진선미와 영성을 구분하는 것이 아니라 오히려 영성이 각각의 가치들, 즉 진-선-미, 신-망-애를 포섭하는 방식으로 이해하고 있다. 특히 진-선-미가 오랜 인류의 역사를 통하여 전일적인 가르침과 배움의 핵심적인 가치로 여겨져 온 것은 자명하다.

> 인류가 추구하는 궁극적 가치의 세계는 진, 선, 미다. 모든 문화적 가치도 진선미의 세계를 추구하고 있다. 역사 이래 참되고 바르고 아름다운 것, 그것을 인류는 지향해 오고 있다는 것이다. 음식물을 보관하는 항아리를 하나 만드는 일에서부터 집을 짓고 농사를 짓고 자식을 가르치는 모든 일에 이르기까지 인간행동의 규범은 의식적으로든 무의식적으로든 이러한 진선미의 가치를 추구해 왔다(이명권, 2004: 199-209).

여기서 덕성, 지성, 체성은 각각의 하나이면서 동시에 영성형성의 작용을 통하여 삼원(三元)이 일체가 되도록 만드는 구조를 띠고 있다.[14] 이것은 이미 기독교의 삼위일체설에서 정립된 영성형성의 구조화 방식과 유사하다.[15] 이처럼 영성이 진-선-미를 포섭하는 방식으로 이해될 때, 교육이란

14) 첫째, 진리 혹은 지성의 영성이란 인간을 인간답게 할 수 있는 모든 정신적인 활동의 기반이다. 여기서 진리는 인간 존재와 인식의 문제와 연관되어 이해될 수 있다. 둘째, 선성(善性) 혹은 덕성의 영성이란 지식의 영역을 초월하는 실천의 영역으로 확대되는 모든 신체적인 행위의 기초다. 여기서 영성은 선악의 행위 혹은 실천의 분기점에서 언제나 선의 편에 서도록 작용하는 힘(drive)으로 이해될 수 있다. 셋째, 아름다움 혹은 체성(몸)의 영성이란 선행(善行)의 결실로 주어지는 것으로 인간 행위의 종결성이 강하다. 왜냐하면 아름다움은 목적이나 의도가 아니라 개인이 실제로 행한 선행의 결과로 얻어지기 때문이다. 또한 아름다움은 언제나 선함, 앎, 존재함과 동행함으로써 완전성, 조화, 밝음의 세 가지 조건을 갖추기 마련이다.

15) 즉, 하나님은 이미 천지의 창조를 통해 자연 속에서 자신의 진리, 선함, 아름다움을 인간에게 드러내 보이셨고, 예수를 통해 다시 한 번 진리, 선함, 아름다움이라는 지고(至高)의 가치를 분명하게 재확인시켜 주셨다.

모든 사람이 앎의 기쁨, 삶의 기쁨, 존재의 기쁨 간에 서로서로 조화를 이루도록 만드는 것이다. 이러한 이해방식을 통하여 우리는 진리 혹은 지혜의 교육, 도덕의 교육, 체육의 교육에 대한 각각의 본연(本然)성 혹은 진정성을 회복하는 것이 바로 교육의 전일성을 되찾는 것이라고 간주할 수 있다. 다시 말해, 영성형성의 교육은 지성, 덕성, 체성 각각의 합목적성을 되찾는 것이 본질임을 알 수 있다.

이러한 포섭의 방식으로 영성과 교육의 관계를 이해하는 시각을 가진 팔머는 기존 교육이 실패한 것이 한마디로 '숨어 있는 온전성' 때문이라고 표현하였다. 이는 현대교육이 덕성, 지성, 체성 교육에 대한 이론과 실천을 바탕으로 전일성, 전인성, 전체성을 도모했지만 결코 온전하지 않았고, 더욱이 진리의 공동체를 형성하는 데 실패한 것을 적절히 지적한 것이다. 그는 교육의 영성 혹은 포월적 영성의 교육, 즉 영성의 형성을 통하여 교육의 온전성이 완성된다고 주장한다.

[그림 10-1]에서 보는 바와 같이 포섭방식은 영성이 지-덕-체성에 각각 작용하여 교육의 온전성을 도모하는 반면, 포월방식은 영성이 지-덕-체성을 포함하면서 동시에 뛰어넘는 지고의 가치로 여겨지거나 인간교육이 추구하는 단일목표로 간주된다. 따라서 교육의 전일성이 그동안 지-덕-체, 진-선-미, 지-정-의의 범주화에만 머물던 인간교육 이해의 편협함을 극복

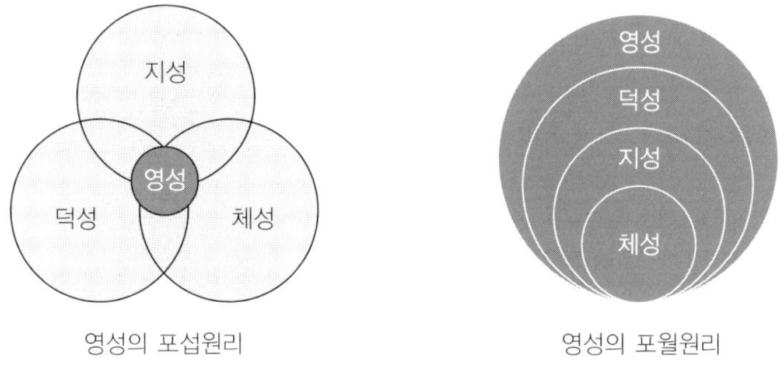

그림 10-1 포섭과 포월의 원리

하기 위한 새로운 시도의 필요성을 제기하였다.

이상에서 우리는 기독교의 특수 개념으로 간주되어 온 영성의 의미를 교육인간학적 관점에서 새롭게 인식하고, 영성형성 교육의 가능성과 필요성을 탐구함으로써 현대 지성교육의 한계를 극복하기 위한 대안을 모색하였다. 이 글의 모티브는 오늘날 우리 교육이 실패한 지성교육의 대안으로서 영성에 대한 교육인간학적 인식 관심에서 시작되었다.

우리가 영성을 기독교의 특수 개념 혹은 실체적 특성으로만 이해하는 편협성은 그것을 교육인간학적 관점에서 그 의미를 탐색하고 조직화하는 데 한계로 작용한다. 현대 지성교육의 왜곡과 문제 극복의 절박성, 새로운 인간교육의 길을 모색하는 교육학자들의 '열린 마음' 이 전제되지 않는 한 영성형성의 교육인간학적 의미 탐색은 의미가 없다.

첫째, 영성은 약동하고 활기 있는 삶의 전체적인 방식을 요청한다. 교육상황에서 가르치는 자는 매우 긍정적이고 생명을 주는 영성을 가지도록 배우는 자를 인도할 책무가 있다. 그러므로 가르치는 자가 먼저 자신의 영혼을 세심하게 보살펴야 한다. 즉, 인간화 교육 혹은 전인적 교육이란 가르치는 사람이 우선적으로 영적 비전을 형성한 후 가르침을 실천함으로써 가능하다. 한마디로 가르치는 사람의 영성형성의 선위성이 대단히 중요하다.

둘째, 영성형성 교육의 핵심은 가르치는 자와 배우는 자의 영성훈련을 통해 상실된 공동체주의 및 공동체적 진리를 회복하고, 과학주의 및 객관주의 신화에 젖어 있는 학교교육을 해체하며, 가르치고 배우는 자 및 앎과 삶의 온전한 관계 맺기를 새롭게 형성하는 것이다. 한마디로 영성형성 교육론은 우리의 인식론, 가치론, 존재론을 재형성하는 일종의 개혁교육학적 속성을 지니고 있음이 확인되었다. 또한 이러한 영성형성 교육론은 이념, 내용, 방법, 교사론의 준거를 통하여 체계적으로 조직화될 수 있음도 자명해졌다. 우리는 영성형성의 교육인간학적 의미에 대하여 다소 거칠지만 비교적 체계적인 조직화의 모습을 발견하였다. 즉, '관계 맺음, 연관,

맥락, 묵상, 기도, 숙고, 관용, 환대, 겸손, 믿음, 사랑, 은혜, 개방, 안전, 생명력, 경의, 감정적 공간' 등과 같이 풍부한 교육인간학적 용어들의 발견 혹은 재발견을 통하여 이들이 인간화 교육에서 얼마나 필요한지를 충분히 확인하였다.

이 용어들이 공통적으로 담지하고 있는 특성은 한마디로 '세속적인 과학주의에 물들거나 조건화된 이성이나 지성의 눈으로는 결코 파악할 수 없는 의식의 진정성을 지향하고 있다.' 는 사실이다.

> 지금 인류의식은 진정한 이성과 지성의 힘을 기르는 데 있다. 그러한 이성과 지성의 힘으로 개개인의 내부에 똬리를 틀고 은밀하게 숨어 있는 모든 감정적인 분노와 이기심을 통제하고 절제하며 인류는 평화와 상생의 공동체로 나아갈 것이다. 교육은 인류가 그렇게 나아가는 데 이바지하여야 한다. 그 길을 영성이라는 정신을 거부한 채 찾을 수는 없다. 왜냐하면 인류의 의식은 이미 영성이라고 일컬어지는 진화 수준에 도달해 있기 때문이다(이종승, 2001: 29).

기독교교육학 이론의 핵심이 영성훈련임은 자명하다(Sealey, 1985: 18, 31, 39-42; White, 1952: 227-228). 그러나 우리가 '영성' 을 기독교만의 특수 개념으로만 이해하거나 교육학적 포섭의 가소성(可塑性)을 무시할 때 현대의 왜곡된 지성교육이 처한 위기와 한계를 극복하기 위한 가능성은 철저히 '닫힌 개념' 이 된다. 우리 모두 '열린 마음' 으로 영성의 의미와 구조를 교육인간학적 인식 관심의 영역 안으로 끌어들여 교육과 영성의 의미연관에 대한 조직적이고 체계적인 탐구를 시도할 때 '온전한 교육' 혹은 교육의 본연성이 희미하게나마 그 본색을 드러낼 것으로 기대된다.

교육철학계에서 홀리스틱 이론을 바탕으로 '전체성, 전일성, 전인성, 통전성, 통합성, 관계성, 인간성, 정신성, 전 지구성, 공생성, 전체지(全體知), 열린계, 명상, 문맥, 다양성'과 같이 다소 독특한 개념적 용어를 광범위하게 구사하며 몸과 마음을 전체적으로 아우르는 유기적인 교육의 가능성과 필요성을 파악하는 탐구양식과 학술 공동체도 있었다.

슈타이너의 인지학(人智學)과 신지학(神智學) 이론을 바탕으로 영, 혼, 육체의 통합적인 교육에 대한 조직적인 이론을 번역하거나 그의 교육사상에 대한 해석학적-현상학적 연구가 지속적으로 이루어진 것도 사실이다. 어느 형식을 취하든 영성과 교육의 내적 연관성에 대한 구조적 탐구는 인간교육의 본연성을 궁구해야 하는 교육학자들의 책무성에서 비롯됨은 물론 부모, 교사, 학생, 교육 관료, 기업가들에 이르기까지 앎과 삶의 본질적 의미 파악을 위한 절박성에서 출발하고 있다.

> 교육이라는 문제는 우리 삶 속에서 너무나 절박하고 많은 사람들에게 근심과 걱정, 불안을 안겨 주는 문제다. 교육은 교육학자들만의 영역도, 교육 관료나 교사 등 교육(기업) 종사자들만의 영역도 아니다. 교육은 모든 사람들에게 그 자신의 전체 삶을 이끌어 가는 데 꼭 필요한 정신적인 주체인 인격아(人格我)를 형성하는 토대다……. 또한 인류의 구성원으로서 진정한 인간의 가치를 이어 가는, 세대 간의 의사소통을 연결하는 과정이다. 지금 우리에게 필요한 것은 거창한 교육담론이 아니라 교육이 한 인간의 형성에 어떤 영향을 미치며 어떻게 작용하는지를 아는 일이며, 인류에게 교육이라는 것이 무엇인지를 진정으로 자각하는 일이다(이종승, 2001: 23-24).

가르침과 배움에서 영성형성의 교육인간학적 의미를 탐색하고 구조화하려는 시도는 그 자체만으로도 상당한 의의를 부여할 수 있지만, 체계적이고 조직적인 연구를 통해 드러난 성과가 오늘날의 학교교육을 개혁하도록 자극하거나 촉구하는 대중적 슬로건으로 기능하는 것은 더욱 의미 있는 일이 될 것이다. 마지막으로 이 연구의 결과가 '현행 학교교육을 통하여 구체적으로 어떻게 구현될 수 있는가?' 의 문제도 고려하지 않을 수 없다.

수험 상황에 대비하는 단편적인 지식학습이 초래한 갖가지 폐해는 주지의 사실이다. 대부분의 학생은 형식적인 지식을 습득하기 위한 무한경쟁 시스템과 환경 속에서 학령기를 보낸다. 이러한 상황에서 인간교육, 생명교육, 평화교육 등을 주장하는 것은 공명에 불과할 것이다.

영성형성을 위한 교육론은 기존의 공교육을 전복하려는 선동적인 주장이 아니다. 오히려 기존에 이루어지고 있는 인간교육의 약점과 드러난 문제점을 수정 · 보완할 수 있는 치유 방안을 모색하기 위한 것이다. 기왕의 국가수준 교육정책이나 교육과정의 틀 안에서 영성과 관련된 교과목을 개발하거나 독립 프로그램을 적용하는 것은 현실적으로 어려움이 있다.

그럼에도 불구하고 학교 장면에서 학생들에게 영성형성을 위한 교육을 실천할 수 있는 방안을 예시하면 다음과 같다. 형식적인 체육교육이 아니라 몸[體性]의 중요성에 대한 성찰을 경험할 수 있는 교과목 개발, 지식의 융합과 확산을 구체적으로 경험할 수 있는 통합교과의 개발과 적용, 지적 작용으로서의 도덕성이 아니라 경험적인 행위로 체현할 수 있는 덕성교육 프로그램의 개발과 적용 등이다. 또한 학교에서 영성형성을 위한 교육의 가능성과 필요성에 대한 지속적인 관심과 구체적인 연구가 이루어져야 함은 더욱 자명하다.

참고문헌

강준민 외(2006). 삼색기도-영성, 감성, 지성 기도. 서울: 두란노.

고요한(2011). 가르침과 배움에서 영성형성의 의미와 방법에 대한 교육인간학적 고찰. 한국교육철학학회, 교육철학연구, 33(3), 1-23.

오인탁(1986). 기독교교육. 서울: 종로서적.

이명권(2004). 비움과 나눔의 영성. 서울: 열린 서원.

이어령(2010). 지성에서 영성으로. 서울: 열림원.

이은미(2011). 파커 J. 팔머의 영성과 기독교적 가르침. 나사렛대학교 대학원 석사학위논문.

이종승(2001). 21세기 새로운 공모, 영성교육. 정신세계사, 정신세계(18), 22-29.

이철국(2001). 교실에서 꽃피는 아이들-아이의 영성과 교사의 영성이 만나는 기쁨. 정신세계사, 정신세계(18), 30-37.

이환기(1996). Herbart 통각과 교수이론. 서울: 교육과학사.

전가화(1988). 진정한 영성. 서울: 믿음의 집 출판부.

정재걸(2001). 아이들은 종이 한 장에서 만물을 본다-동양 전통사상을 통해 본 영성교육의 의미. 정신세계사, 정신세계(18), 94-103.

한혜정(1993). Ignatius 영신수련과 교육. 서울: 교육과학사.

日本holistic教育硏究會(2000). 홀리스틱 교육의 이해(*The holistic education*)(송민영 외 역)(2000). 서울: 도서출판 책사랑.

Comenius, J. A. (1992). 분석교수학(*Didaktika analytiká*)(이숙종 역)(1992). 서울: 교육과학사. (원전은 1647년 출판)

Comenius, J. A. (1999). 세계최초의 그림교과서(*Orbis Sensualium Pictus*)(남혜승 역). 서울: 씨앗을 뿌리는 사람. (원전은 1658년 출판)

Comenius, J. A. (1993). 대 교수학(*Didatica Magna*)(정확실 역). 서울: 교육과학사. (원전은 1669년 출판)

Comenius, J. A. (1960). *Pampaedia*. Heidelberg: Quelle & Meyer.

Foster, R. J. (2001). 영적 훈련과 성장(*Celebration of discipline*)(생명의 말씀사 역). 서울: 생명의 말씀사.

Groome, T. H. (2001). 생명을 위한 교육(*Educating for life*)(김도일 역). 서울: 한국장로교출판사.

Miller, J. P. (2000). 홀리스틱 교육과정(*The holistic curriculum*)(김현재 외 역). 서울: 도서출판 책사랑.

Palmer, P. J. (2008). 가르침과 배움의 영성(*To know as we are known*)(이종태 역). 서울: IVP.

Peterson, E. H. (2006). 현실, 하나님의 세계(*Christ plays in ten thousand places: A conversation in spiritual theology*)(이종태 외 역). 서울: IVP.

Sealey, J. (1985). *Religious Education: Philosophical Perspectives*. London: George Allen & Unwin.

Steiner, R. (1999). 초감각적 세계 인식(*Wie erlangt man erkenntnisse der höheren welten?*)(양억관 외 역). 서울: 물병자리.

Steiner, R. (2002). 교육의 기초로서의 일반교육학(*Allgemeine menschenkunde als grundlage der pädagogik*)(김성숙 역). 서울: 물병자리.

Steiner, R. (2001). 신지학-초감각적 세계의 인식과 인간 본질에 대한 고찰(*Theosophie, Einführung in übersinnliche Welterkenntnis und Menschenbestimmung*)(양억관 외 역). 서울: 물병자리.

White, E. G. (1952). *Education*. Ontario: Pacific Press Publishing Association.

제 11 장

체성의 가르침

다음의 몇 가지 사례는 전인교육이라는 미명 아래 현재 우리 교육 현장에서 이루어지고 있는 학교 체육 및 보건 교육에 대한 '불편한 진실'을 담지하고 있다.

첫째, 교육부는 2007년 2월 '초 · 중 · 고등학교 교육과정'의 일부개정안을 발표했고, 이는 2009년부터 지금까지 단계적으로 시행되고 있다. 그 내용의 골사는 현행 고 2~3학년에 적용되는 5개 필수선택과목군 중의 하나인 예 · 체능과목군(음악, 미술, 체육)에서 체육과목군을 독립시키는 것이다. 당시 교육부 차관은 이러한 조치가 "학생들의 건강관리와 전인교육을 위해 예 · 체능교육을 강화하기 위한 방안"이라고 말했다.

한편 교육부의 정책과장은 "학생들의 체격은 커지고 있지만, 패스트푸드 섭취와 운동 부족으로 체력은 떨어져 체육을 필수로 지정한 것"이라고 밝혔다. 이에 따라 해당 학생들은 '체육' 과목을 반드시 들어야 한다. 이러한 정책 결정에 대하여 대다수의 교육 소비자는 내심 불편한 심기를 드러내고 있다.

둘째, 교육부는 2008년 보건교육과 관련된 개정 교육안을 발표하였다. 즉, 2007년 개정 교육과정의 기본 체제를 유지하되 각급 학교에서 실시해야 할 보건교육의 내용을 포함하여 2008년 개정교육과정을 고시(告示)하였다. 이를 구체적으로 살펴보면, 2009년에는 초 · 중 · 고등학교의 창의적 재량활동 영역의 17시간을 활용하여 보건교육을 한시적으로 운영하고, 2010년부터 초등학교는 재량활동, 중학교와 고등학교는 선택과목으로 운영할 수 있도록 하였다. 보건과목은 교수요목기 이후의 제1차 교육과정부터 '체육' 과에 편입되어 운영되다가, 2008년에 개정된 교육과정에서는 독립된 단위교과목으로 신설되었다는 점에서 의의가 있다.

중학교의 경우 2010년부터 재량활동 선택과목으로 '보건' 과목을 신설하여 보건교육을 실시하고 있으며, 고등학교의 경우 선택과목군(교양과목군)에 '보건' 과목을 포함하여 교육과정을 운용하도록 규정하여 현재까지 이르렀다. 교육과정 개편 추이와 경향을 볼 때 외양적으로는 학교교육과정 개편 및 보건교사 증원 등을 통한 학교보건교육이 강화될 것으로 보인다. 그러나 현실적으로 이러한 정책 결정은 학교 현장은 물론 교육 소비자들로부터 크게 환영받지 못한 채 '불편한 진실' 로 남아 있다.

'정부가 추진하는 일련의 학교교육과정과 교육 관련법에 대한 제정 및 개정을 통해 학생들의 체력, 체격, 건강, 위생을 위한 배려가 충분했다.' 고 느끼지 못하는 것은 무슨 까닭인가? 또한 현행 학교교육과정을 통해 '학생들이 경험하는 체력, 체격, 보건, 위생에 대한 학습이 인간교육의 본연성에 충실하다.' 고 느껴지지 않는 이유는 무엇인가? 이는 학교 체육 및 보건 교육에 대한 그릇된 관점, 전인교육의 본질에 대한 오해에서 비롯되고 있다.

첫째, 현행 학교교육과정 구성 및 운용원칙은 학교 체육 및 보건 교육에 대한 요소 환원주의적 관점이 지배적이다. 특히 학교 체육교육은 신체활동, 건강 관리 및 증진 활동 등이 지닌 통합적 요소[1]를 무시하고 있다. 다시 말해, 우리는 대개 체력운동, 보건증진 활동, 건강관리 활동, 환경보호 활동 등이 수업 장면을 통해 각각 바람직한 사태로 이루어진 후, 이들을 모두 합치면 온전한 학교 체육 및 보건 교육이 완성되는 것으로 여긴다. 이는 마치 우리가 다리 두 개, 팔 두 개, 얼굴, 몸통 등을 합치면 '사람' 과 근사한 모습이 될 것이라고 여기는 '생각의 습관' 과 흡사하다.

그러나 본질상 학교 체육 및 보건 교육은 전인교육의 한 부분을 담당하는 평면적인 구성요소가 아니라, 때로는 평면적이기도 하지만 동시에 입체적인 성질을 지닌 유기적 구성요소(organic components)라는 점을 바탕으로 해야 한다.

둘째, 앞과 같이 학교 체육 및 보건 교육에 대한 요소 환원주의적 관점은 전인교육의 본질에 대한 오해로 확대된다. 일반적으로 전인교육의 구성요소인 지육-덕육-체육은 마치 등가(等價)의 가치를 지닌 나열적이며 병행적인 것으로 간주되고 있다.

지육, 덕육, 체육에는 각각 서로 독립적이거나 배타적인 고유 가치를 지니는 측면도 실재(reality)하지만, 궁극적으로 인간교육의 본질상 그들은 서로 내밀한 의미 연관을 지닌다. 예를 들어, '도덕성' 은 지적 작용이면서 동시에 몸의 동작을 통해 나타나는(발현되는) 내재화된 성품으로, 언제나 지육, 덕육, 체육의 통일성이라는 측면에서 볼 때 동시적 사건이며 일체화된 경험이어야 한다.

현행 학교교육과정에 반영된 체육 및 보건 교육의 이념과 실천의 허구성

1) 이는 다음의 표현에 잘 드러나 있다. "몸은 표현의 도구다. 그러므로 몸짓으로 자신의 느낌과 생각을 표현하도록 해야 한다. 이것이 효과를 거두기 위해서는 어려서부터 다양한 예술체험을 통해 몸을 자각하고 표현하도록 해야 한다. 실제로 신체의 기교훈련보다는 문학, 미술, 음악 등 다른 장르와의 접목을 통한 통합형 학습경험이 아이들의 창의성을 기르는 데 효과적인 것으로 나타났다"(동아일보, 2005. 5. 20.).

에 대한 비판과 우려는 교육인간학적 성찰을 바탕으로 한 교육학자로서의 책무성에서 비롯된다. 경쟁 기반의 시장경제 논리, 정치경제학적 논리, 진보와 보수로 갈라서 대립된 갈등이 지배하는 학교 현장에서 학생들에게 '몸의 공정성(바르고 건강한 몸가짐)을 가르친다' 는 도그마는 한마디로 반(反)교육, 비(非)교육을 마치 참교육이라 선전하는 모순과 다를 바 없다. 우리는 학교 체육과 보건 교육의 학습 장면이나 경험이 오히려 학생들의 몸과 마음의 건강성을 파괴하고 있다는 '불편한 진실' 에 대하여 주목해야 한다.

학교 체육 및 보건 관련 교과목

체육교과

- 체육과는 신체활동 가치의 내면화와 실천을 통한 전인교육을 목표로 한다. 즉, 신체활동을 통하여 활기차고 건강한 삶에 필요한 지식과 실천능력, 자신의 미래를 계발하는 데 필요한 도전능력과 창의적 사고력, 공동체생활에 필요한 선의의 경쟁과 협동능력 등 바람직한 인성을 함양하는 것을 목표로 한다.
- 체육과는 신체활동을 통하여 체력 및 운동 능력을 기르고 자신과 세계를 이해하며 바람직한 품성과 사회성을 갖추어, 건강하고 활기찬 삶에 필요한 능력과 함께 체육문화를 창조적으로 계승 · 발전시킬 수 있는 자질을 함양하는 교과목이다.
- 체육과에서 추구하는 인간상은 신체활동을 종합적으로 체험함으로써 신체활동의 가치와 함께 창의성, 인성을 내면화하여 실행하는 사람이다. 즉, 신체활동에 지속적으로 참여하면서 체력 및 운동 능력, 창의적이고 합리적인 사고력, 스포츠 정신과 공동체의식 등의 능력을

갖춤으로써 자신의 삶을 스스로 계발하고, 나아가 범세계적 신체문화를 계승 · 발전시키는 데 공헌할 수 있는 사람이다.

- 체육과에서 지향하는 다섯 가지 신체활동의 가치는 미래사회를 대비해 우리 한국인이 갖추어야 할 핵심 역량과 관계된다. 미래사회에서 요구되는 관리능력과 대인관계 능력 및 시민의식, 창의력 및 문제해결 능력 등과 관련된 핵심 역량을 포함하면서도 체육과의 고유성을 반영한 대표적인 가치 영역이 '건강, 도전, 경쟁, 표현, 여가' 다.

첫째, '건강' 은 개인이 질병이나 결함 없이 몸과 마음의 평안을 유지할

〈표 11-1〉 신체활동 가치별 교육 내용 구성

신체활동 가치	주안점 및 내용 구성
건강 활동	건강에 관한 지식을 탐구하고 이를 토대로 심신의 건강을 증진하고 관리하며, 건강의 제 문제를 해결할 수 있는 합리적인 의사결정 능력을 함양하는 데 초점을 둔다. 건강의 실천 내용과 방법에 따라 체력 증진 및 관리, 보건과 안전, 건강관리로 구분한다.
도전 활동	개인의 신체적 수월성과 타인의 신체적 기량에 도전하면서 자신의 잠재력을 발견하고 한계에 능동적으로 도전할 수 있는 능력의 계발에 초점을 둔다. 도전의 대상을 기준으로 하여 기록 도전, 동작 도전, 표적 및 투기 도전으로 구분한다.
경쟁 활동	신체활동에 존재하는 경쟁과 협동의 원리를 인식하고, 선의의 경쟁과 상호 이해를 바탕으로 기본적인 경기 수행능력과 다양한 인지전략을 습득하는 데 초점을 둔다. 경쟁의 유형에 따라 피하기형 경쟁, 영역형 경쟁, 필드형 경쟁, 네트형 경쟁으로 구분한다.
표현 활동	신체활동의 심미적 요소를 이해하고 창의적으로 표현하며 다양한 표현 유형과 문화적 특성을 감상하는 데 초점을 둔다. 표현의 대상을 기준으로 움직임 표현, 리듬 표현, 민속 표현, 주제 및 창작 표현으로 구분한다.
여가 활동	일상생활에서 신체적 여가활동이 가지는 개인적인 가치와 사회적 가치를 인식하고, 체육활동의 생활화를 통해 올바른 여가문화를 자기 주도적으로 만들어 가는 데 초점을 둔다. 여가의 교육적 지향성에 따라 여가생활과 여가문화로 구분한다.

수 있을 뿐만 아니라 사회적으로도 조화로운 삶을 살아갈 수 있는 능력을 추구하는 가치다. 이는 지속적으로 활기차고 행복한 삶을 가꾸어 가는 기초가 된다.

둘째, '도전' 은 자신의 수준을 이해하고 받아들이면서도 한편으로는 새로운 목표를 이루기 위해 끊임없이 노력하는 태도를 추구하는 가치다. 어려움을 두려워하지 않고 도전하는 과정에서 자신의 가능성을 발견하고 성취의 기쁨을 누리면서 자신감과 함께 자기계발의 역량을 갖추게 된다.

셋째, '경쟁' 은 개인이나 집단 간의 능력을 서로 겨루는 상황에서 자기편과 협동하며 책임감을 갖고 최선을 다하되, 상대를 배려하며 정정당당하게 경기에 임할 수 있는 능력을 추구하는 가치다. 이는 개인주의적 성향을 극복하고 건강한 미래사회 공동체를 만들어 가는 기초가 된다.

넷째, '표현' 은 신체활동을 통하여 자신의 감정이나 생각을 적극적으로 드러내고 이를 아름답게 꾸밀 수 있는 능력을 추구하는 가치다. 풍부한 감수성과 비판적 사고력을 바탕으로 한 다양한 신체적 표현활동은 창의력을 기르는 데 매우 효과적이다.

다섯째, '여가' 는 주어진 여가시간을 자기계발과 사회 발전을 위하여 유용하게 활용할 수 있는 태도를 추구하는 가치다. 특히 청소년기에 건강한 생활 습관을 형성하고 자기계발 역량을 강화하는 데 매우 중요한 의미를 지닌다.

여기서 우리가 주목할 점은 '신체활동의 다섯 가지 영역은 여러 가지 핵심 역량을 포괄하기도 하면서 서로 유기적으로 연계되어 있기도 하다.' 는 사실이다. 예를 들어, 건강의 가치는 그 자체가 중요한 개인적인 역량이기도 하지만 건강의 가치를 구현하기 위하여 체계적인 체력관리 프로그램을 실행하거나 지역사회 건강관리 활동 등에 참여하면서 문제해결 능력이나 공동체 의식 등과 같은 자기계발 역량이나 사회적 역량을 강화할 수 있다.

교육부에서는 초등학교 3~4학년군, 초등학교 5~6학년군, 중학교 1~

3학년군으로 구분하여 학교 공간의 특성을 고려한 신체활동을 예시하고 있는데, 각 내용을 요약하면 〈표 11-2〉, 〈표 11-3〉, 〈표 11-4〉와 같다.

〈표 11-2〉 초등학교 3~4학년군 신체활동 예시

활동 가치	하위 영역	신체활동 예시
건강활동	건강과 생활습관	맨손체조, 스트레칭, 에어로빅스, 줄넘기, 바른 자세, 양치질, 손 씻기, 청소하기, 안전사고 예방법
	건강과 체력향상	팔굽혀 펴기, 윗몸 일으키기, 구르기, 균형 잡기, 매달리기, 전력달리기, 왕복달리기, 뜀뛰기, 급식방법, 식품선택 및 보관, 안전사고 예방, 간단한 응급처치
도전활동	속도 도전	단거리 및 중거리 달리기, 오래달리기 및 걷기, 이어달리기, 장애물 달리기, 경보, 배영, 자유형, 접영, 평영
	동작 도전	맨손체조, 매트운동, 뜀틀운동, 평균대 운동, 태권도 품새
경쟁활동	피하기형 경쟁	치기(태그)게임, 공 피하기 게임
	영역형 경쟁	럭비형 게임, 농구형 게임, 핸드볼형 게임, 축구형 게임, 하키형 게임
표현활동	움직임 표현	이동움직임(갤로핑, 러닝, 스키핑, 스텝, 점핑, 홉핑 등), 비(非)이동 움직임(구부리기, 굽히기, 돌기, 비틀기, 털기, 흔들기 등), 조작 움직임(던지기, 받기, 차기, 치기 등), 표현요소(신체, 공간, 노력, 관계 등)에 따른 신체활동(다른 사람 동작 흉내 내기 및 따라 하기 등)
	리듬 표현	곤봉체조, 공 체조, 리본체조, 후프체조
여가활동	가족과 여가	줄넘기, 조깅, 캐치볼, 플라잉디스크, 배드민턴, 볼링, 수영, 야구, 축구, 탁구, 스케이팅, 스키, 인라인 롤러, 자전거 타기, 등산
	전통놀이와 여가	사방치기, 비석치기, 자치기, 딱지치기, 구슬치기, 공기놀이, 투호, 윷놀이, 연날리기, 기마놀이, 진놀이, 줄다리기

〈표 11-3〉 초등학교 5~6학년군 신체활동 예시

활동 가치	하위 영역	신체활동 예시
건강활동	건강과 신체발달	스트레칭, 요가, 팔굽혀 펴기, 윗몸 일으키기, 웨이트 트레이닝, 오래 달리기, 자전거 타기, 줄넘기, 성차(性差), 성폭력 예방 및 대처법, 운동 중 상해 예방 및 대처법
	건강과 재해안전	제자리에서 높이뛰기, 좌우로 큰 뛰어넘기, 전력 달리기, 공 던지고 받기, 왕복달리기, 음주, 흡연의 폐해 및 예방, 화재 및 자연재해 예방 및 대처행동
도전활동	거리 도전	높이뛰기, 멀리뛰기, 공 던지기, 배팅
	표적/ 투기 도전	콩주머니 던지기, 투호, 다트, 승부차기, 간이골프, 간이볼링, 씨름, 태권도, 유도, 택견
경쟁활동	필드형 경쟁	야구형 게임, 크리켓형 게임, 티볼형 게임, 킨볼형 게임
	네트형 경쟁	배구형 게임, 족구형 게임, 플링고형 게임, 플레이 스쿠프형 게임, 배드민턴형 게임
표현활동	민속 표현	우리나라 민속무용(소고춤, 탈춤, 강강술래, 농악무 등), 외국의 민속무용(엔카, 패티 케이크 폴카, 에이스 오브 다이아몬드, 쿠스타프스 스콜, 트로이카, 마임, 티니클링 등)
	주제 표현	꾸미기 체조, 실용무용, 창작무용
여가활동	생활환경과 여가	긴 줄넘기, 인라인 스케이팅, 플라잉디스크, 부메랑, 댄스스포츠, 에어로빅스, 요가, 음악줄넘기
	자연환경과 여가	등산, 래프팅, 스키, 자전거 하이킹, 캠핑

〈표 11-4〉 중학교 1~3학년군 신체활동 예시

활동 가치	하위 영역	신체활동 예시
건강활동	건강과 환경	달리기, 걷기, 트래킹, 등산, 수영, 요가, 에어로빅스, 줄넘기, 맨손체조, 스트레칭, 웨이트트레이닝, 짐볼
	건강과 체력	약물 및 기호품의 올바른 사용법, 성폭력 예방활동, 구급처치 활동
	건강과 안전	환경보호활동, 안전사고 예방활동, 재난대비 활동, 수상안전

도전활동	기록 도전	트랙경기, 필드경기, 경영, 스피드 스케이팅, 알파인스키, 역도, 스피드 스택
	동작 도전	마루운동, 도마운동, 평균대운동, 철봉운동, 슬랙라인
	표적/ 투기 도전	사격, 국궁, 양궁, 볼링, 골프, 태권도, 씨름, 유도, 카바디, 피구, 다트, 게이트볼, 게이트골프, 디스크골프, 보치아, 커롤링
경쟁활동	영역형 경쟁	축구, 농구, 핸드볼, 하키, 럭비, 미식축구, 풋살, 넷볼, 플로어볼, 플래그풋볼, 얼티미트, 골볼
	필드형 경쟁	소프트볼, 야구, 크리켓, 티볼, 발야구, 킨볼, 킥런볼
	네트형 경쟁	배구, 배드민턴, 탁구, 테니스, 족구, 소프트발리볼, 인디아카, 핸들러, 소프트 테니스
표현활동	심미 표현	피겨스케이팅, 창작체조, 음악줄넘기, 치어리딩
	현대 표현	리듬체조, 현대무용, 댄스스포츠, 라인댄스, 힙합
	전통 표현	국내 민속무용, 국외 민속무용, 발레
여가활동	사회와 여가	마라톤, 자전거타기, 인라인롤로, 스케이팅, 부메랑, 저글링, 스쿼시, 라켓볼, 아이스하키
	자연과 여가	캠핑, 산악자전거, 윈드서핑, 낚시, 래프팅, 스키, 스노우보드, 수상스키, 웨이크보드
	지구촌 여가	줄넘기, 널뛰기, 제기차기, 투호, 스포츠클라이밍, 카누, 카약, 스피드 스택, 플라잉디스크

체육과의 교수-학습은 교사 중심의 일방적인 교육 내용 전달방식을 지양하고, 학습자와의 적극적인 상호작용을 통한 학습 내용의 탐색 및 적용을 지향한다. 이를 위해 학습환경의 특수성에 부합하도록 다양하게 교수-학습 방법을 구안하고 변용하여 지도하도록 한다. 이를 위해 첫째, 교수-학습 설계는 창의성과 인성을 지향한다. 둘째, 개인차를 고려한 수준별 수업을 실시한다. 셋째, 자기 주도적인 교수-학습 환경을 조성한다. 넷째, 통합적인 교수-학습 활동을 운용한다. 다섯째, 목표별, 상황별로 수업전략, 수업기법, 수업공학 등을 창의적으로 변형하여 활용한다. 이들 항목 중에서 특히 '창의성과 인성을 지향하는 체육과 수업활동' 을 예시하면 〈표 11-

5>와 같다.

〈표 11-5〉 영역별 창의/인성을 위한 교수-학습 방법 활용 예시

구 분		활용 예시	창의 및 인성 요소
건강활동	창의	급식 혹은 간식품의 식품영양군을 분석하기	유추/은유적 사고, 논리/분석적 사고, 호기심/흥미, 감수성
	인성	자신의 흥미와 수준에 적합하도록 자율적인 체력 운동을 계획하고 실천하기	자율성
도전활동	창의	운동 용구 및 기구의 발전에 따른 기록 향상은 진정한 인간의 능력 향상이라 할 수 있는가에 대하여 토론하기	비판적 사고, 논리/분석적 사고, 복합적 성격
	인성	좌절을 극복한 유명 선수의 일대기를 감상하고 토론하기	자기조절 능력
경쟁활동	창의	전쟁과 스포츠에서 이루어지는 경쟁의 공통점과 차이점에 대해 비교하고 발표하기	논리/분석적 사고
	인성	기능 수준이 낮은 학생들을 위하여 기존 게임을 변형하고 실제로 해 보기	배려심
표현활동	창의	주어진 운동기구에 적합한 새로운 체조 동작을 만들어 적용해 보기	논리/분석적 사고, 독창성, 다양성, 개방성, 상상력, 호기심/흥미
	인성	창작무용 발표 시 주인공을 맡을 사람에 대해 민주적으로 토론하기	공평함
여가활동	창의	다른 나라 사람들의 여가활동을 체험하거나 조사하여 상대적인 가치를 찾아보기	감수성, 다양성, 개방성, 몰입, 호기심/흥미
	인성	바람직한 여가 선용 사례를 직접 조사하여 자기 생활에 적용해 보기	자기주도성

운동과 건강생활 교과

운동과 건강생활 교과는 고등학교 학생들이 신체활동을 통해 자신의 건강을 증진하고 활동적인 삶을 영위하는 데 필요한 지식과 실천능력을 함양하도록 지도하기 위한 과목이다.

- 현대사회에서 직면하는 건강문제의 원인을 올바르게 인식하고 신체활동을 통해 건강문제를 합리적으로 해결하여 고등학생들이 스스로 건강을 관리할 수 있는 실천능력을 기르는 데 목적을 두고 있다. 또한 자신의 건강한 미래생활을 적극적으로 준비하고, 지역사회 및 국가 발전에 공헌할 수 있는 신체적, 정신적, 사회적으로 건강한 사람으로 성장하도록 하는 데 목적을 두고 있다.
- 건강한 생활과 관련하여 운동의 중요성을 이해하고 실천하는 통합과목으로 운동과 건강관리, 운동과 체격, 운동과 체력, 운동과 정신건강 영역으로 구성된다.
  - '운동과 건강관리' 는 건강 및 건강관리의 개념, 건강과 운동의 관계, 건강생활 및 운동환경 관리 등의 이해와 실천을 강조한다.
  - '운동과 체격' 은 신체 이미지 개념, 자세 진단과 자세관리 운동방법, 비만 진단과 비만 해소를 위한 운동방법, 운동을 통한 체격관리 등의 이해와 실천을 강조한다.
  - '운동과 체력' 은 운동과 건강 체력의 관계, 체력 허약의 원인과 문제점, 체력 측정과 체력 증진을 위한 운동방법, 운동을 통한 체력관리 등의 이해와 실천을 강조한다.
  - '운동과 정신관리' 는 정신건강과 운동의 효과, 스트레스의 원인과 관리, 운동과 건강한 대인관계 형성, 운동을 통한 정신건강 관리 등의 이해와 실천을 강조한다.
- 운동은 창의성과 인성 함양을 내재하고 있는 활동으로, 운동과 건강

생활의 목표, 내용, 방법, 평가의 모든 측면에서 창의성과 인성을 강화하려고 노력한다.

- 우리의 삶에 영향을 미치는 건강문제의 다양한 원인과 건강의 중요성을 인식하고, 바람직한 운동실천과 올바른 건강관을 갖도록 지도한다. 또한 운동이 우리 건강에 미치는 효과를 바르게 이해하고, 개별적으로 적절한 운동방법을 계획하고 실천하도록 지도한다.

궁극적으로 학생들이 건강한 삶을 유지하고 지속적으로 관리하기 위해 운동을 생활화하도록 지도한다. 이 교과에서 제시하고 있는 지도 내용의 영역 및 요소별로 수업활동에 적합한 신체활동을 예시하면 〈표 11-6〉과 같다.

〈표 11-6〉 운동과 건강생활의 지도 내용별 신체활동 예시

<table>
<tr><th>내용 영역</th><th>내용요소</th><th>신체활동 예시</th></tr>
<tr><td>운동과 건강관리</td><td>• 건강과 건강관리의 개념
• 건강과 운동의 관계 이해
• 건강생활과 운동환경의 책임의식</td><td rowspan="4">• 건강달리기, 걷기, 오래 걷기, 계단 오르내리기, 자전거 타기, 줄넘기 등
• 심폐 지구력 운동, 근력 및 근지구력 운동, 유연성 운동 등
• 달리기 경기, 도약 경기, 투척 경기, 수영, 스케이팅, 스키, 스노보드, 스케이트보드, 인라인 스케이팅 등
• 태권도, 유도, 씨름, 검도, 권투 등
• 골프, 플라잉디스크, 양궁, 국궁, 볼링 등
• 기계체조, 필라테스, 맨손체조, 음악줄넘기, 꾸미기 체조, 댄스스포츠, 에어로빅스, 요가 등</td></tr>
<tr><td>운동과 체격</td><td>• 신체 이미지와 자아의식
• 바른 자세와 자기절제
• 비만 해소와 자기절제
• 체격관리를 위한 운동실천</td></tr>
<tr><td>운동과 체력</td><td>• 운동과 건강 체력의 관계
• 체력 허약의 원인과 문제점
• 체력 증진과 실천의지
• 체력관리를 위한 운동실천</td></tr>
<tr><td>운동과 정신건강</td><td>• 정신건강과 운동의 효과
• 스트레스의 원인과 관리
• 운동과 건강한 대인관계 형성 및 배려
• 정신건강을 위한 운동과 자기통제</td></tr>
</table>

보건교과

2008년에 개정된 교육과정에 따라 '보건' 과목이 중학교와 고등학교에서 선택과목으로 지정되어 현행 학교교과목 운용에 반영되고 있다. 체육교과의 하위 영역으로부터 벗어나 독립된 영역의 단위교과가 된 '보건' 과목은 인간다운 삶을 영위하기 위해서는 신체적으로뿐만 아니라 정신적 · 사회적으로도 건강해야 한다는 것을 전제로 한다. '보건' 과목은 건강의 소중한 가치를 알고 몸과 마음의 발달과정을 이해하며, 건강한 생활 습관을 형성하고 건강관리 능력을 향상함으로써 궁극적으로 개인과 공동체의 삶의 질을 향상하기 위한 과목이다.

- 보건교과 교육에서 추구하는 인간상은 건강관리 능력을 갖춘 민주시민이다. 보건과목의 목적은 학생들의 건강관리 능력을 육성하여 지-덕-체가 조화로운 건강한 사람을 길러 행복한 삶을 살아가도록 하는 데 있다.
- 보건교육의 목표는 건강의 가치를 알고 건강에 대한 지식을 습득하고, 건강관리 방법을 실천함으로써 건강하고 행복한 삶을 살아가는 데 필요한 능력을 기르는 것이다.
- 건강에 대한 올바른 개념을 정확하게 이해하게 함은 물론 건강 증진 행위를 강화할 수 있도록 과학적이고 체계적이며 올바른 건강 관련 지식을 제공한다.
- 건강을 증진시키는 합리적인 의사결정 능력, 건강에 대한 정보 혹은 지식 획득능력, 건강 증진 행위들을 자기 주도적으로 결정하는 능력 등을 길러 책임감 있는 습관 및 태도를 갖추어 스스로를 건강의 주체로 인식하게 만든다.
- 보건교과의 학습 경험을 통하여 건강에 대한 관심과 관련 지식 습득 및 바람직한 건강행위로서의 실천활동을 가르치며 일상생활에서

건강을 위한 행동을 생활화하는 태도를 갖도록 지도한다.

- 물리적, 사회적 환경이 건강에 미치는 영향을 제대로 알고 발견된 건강 문제를 해결하기 위한 삶의 기술을 습득한다. 즉, 자신을 둘러싸고 있는 내외적 환경요인들이 자신의 건강에 미치는 긍정적 · 부정적인 영향을 알고, 이미 드러나거나 개연성이 있는 자신의 건강문제를 효과적으로 해결할 수 있는 삶의 기술을 익혀 건강한 삶을 살아갈 수 있도록 만든다.

교육부가 고시한 학교교과목으로서의 '보건' 과목에서 다루어야 할 지도 내용 체계를 요약하면 〈표 11-7〉과 같다.

〈표 11-7〉 중 · 고등학교 보건과목 내용체계 요약

영 역	지도 내용	
	중학교	고등학교
일상생활과 건강	• 건강의 이해 • 생애주기와 건강 • 청소년과 건강 • 비만 예방과 건강한 생활습관 • 식품선택과 건강 • 건강 정보의 선택	• 건강과 삶의 질 • 건강관리를 위한 건강검사 • 비만 예방과 건강 • 혈압, 맥박 등의 활력 징후와 이상증상
질병 예방과 관리	• 질병의 발생과 예방 • 신체기관별 건강관리 • 생활습관별 예방 • 전염성 질환 예방	• 신체기관별 건강관리 • 고혈압, 당뇨병, 뇌졸중, 암 예방 • 전염병 예방과 관리
약물 오·남용 및 흡연 · 음주 예방	• 약물의 이해 • 의약품의 올바른 이해 • 니코틴 중독과 흡연 예방 • 알코올 중독 예방	• 약물 오·남용과 중독 예방 • 의약품의 관리와 사용법 • 흡연의 폐해와 금연의 이득 • 음주의 폐해와 절주의 이득

성(性)과 건강	• 신체변화와 성 욕구 조절 • 성 심리의 차이와 이성교제 • 건강한 성역할 • 건강한 임신과 피임 • 성폭력과 성매매 예방 • 에이즈와 성인성(性因性) 질환	• 신체변화와 성 욕구 조절 • 성역할과 성적 자기결정권 • 사랑과 책임 • 성폭력과 성매매 예방 • 성인성 질환과 사회문화 이해
정신건강	• 정신건강의 이해 • 스트레스, 우울, 불안 관리 • 학교폭력, 분노와 갈등조절 • 행위중독 예방 • 의사소통과 건강한 삶	• 자아존중감 높이기 • 의사소통과 건강한 삶 • 감정의 표현과 폭력 예방 • 신경증, 성격장애 등 정신질환 이해 • 신체상(body image)과 섭식장애
사회와 건강	• 또래집단과 건강 • 소수자-사회적 약자와 건강 • 의료기관 이용방법 • 의료소비자의 권리 인식 • 건강과 환경	• 가족과 공동체의 건강관리 • 헌혈, 골수장기 기증 • 보건의료제도와 의료서비스 • 생활건강과 건강
사고예방과 응급처치	• 응급처치의 의미와 일반원칙 • 간단한 응급처치 • 복부 밀쳐 올리기법(하임리히법) • 구조 호흡과 심폐소생술	• 안전사고 · 손상 예방과 관리 • 응급처치와 심폐소생술 • 응급환자 운반법

이상의 세 가지 학교교과목에 대하여 분석한 결과의 느낌은 '놀라울 정도의 방대함' 그 자체다. 오직 입시를 위한 수험교육 환경에 포박당한 우리 학교교육의 특수한 현실을 완전히 무시한 목표, 내용, 방법들이 '체육'과 '보건' 교육이라는 철저히 미화된 이름으로 가장하여 학교교육과정 전반에 걸쳐 은둔하고 있다. 이제 교육학자들은 이미 드러났거나 개연성이 있는 학교 체육과 보건 교육의 문제점에 대한 해결의 단초나 시도들에 대하여 주목할 의무가 있다. 문제점을 요약하면 다음과 같다.

● 심리적 아노미: 교사들은 '어떤 형태의 교육경쟁이건(학생 간, 학교 간,

지역 간에 이루어지는) 스포츠맨십을 기반으로 하는 공정한 경쟁이 이루어져야 한다.' 고 학생들에게 가르치지만, 정작 그들을 둘러싸고 있는 우리의 교육환경은 불의, 부당, 불법 등이 지배하는 모순만을 보여주고 있다. 학생들은 우리 사회에서 불공정이 정의를 이기는 왜곡된 메시지가 난무하는 것을 보고 들으며, 불공정한 경쟁이 교묘하게 조장되는 학교 장면을 직접 경험하면서 자신의 동료들에 대하여 인간적인 배려를 보여 줄 심리적 여유가 있을 리 만무하다.

- 물리적/환경적 아노미: 교사들은 '우리 몸의 건강 수준(수면, 영양, 운동 상태 등에 따른)과 개별적인 학습능력 간에는 높은 상관성이 있다.' 고 가르치지만, 정작 학습을 위한 물리적 환경과 조건은 학생들의 건강 상태를 전혀 배려하지 않고 있다. 대부분의 학교에서 물리적 시설은 인간규모 교육(human scale education)을 위하여 적합성을 확보하지 못하고 있고, 학교를 둘러싼 주변 환경의 위해성으로 말미암아 최적의 교육환경을 확보하는 것이 사실상 어렵다.

체성 가르침의 기초

교육현상학적 기초

10여 년 전에 중앙일보는 '학교체육을 살리자' 라는 기획특집 시리즈를 통하여 당시 우리나라 학교 체육 및 보건 교육의 현실적인 문제점과 외국의 우수한 학교 체육 및 보건 교육 실태에 대한 조사를 수행하고, 우리나라 학교 체육 및 보건 교육 개혁을 위한 현실적인 제언을 한 바 있다. 그 내용을 요약하면 다음과 같다.

우리나라의 학교체육은 학교 안팎의 시설 인프라와 인적 자원 측면에서 매우 열악하다. 대부분 체육 및 보건 교육은 이론수업 형태의 형식적인 방식으로 진행된다. 극심한 입시위주 교육환경에서 학교체육은 당연히 기피 과목이 될 수밖에 없다. 단위학교에서는 체육시설을 유지하거나 보수할 수 있는 예산이 거의 없다.

일본의 학교 체육교육은 '어릴 때 재미를 붙여야 평생 체육을 즐긴다.'는 슬로건 아래 즐거운 학교체육을 지향한다. 이를 위하여 학생들의 개인차(학생 맞춤형)를 전제로 하는 다양한 학생중심, 활동중심, 재미중심 신체활동이 이루어지고 있다. 자유로운 규칙 변경, 혼성 팀 편성, 휘슬 소리 없는 자율성, 지역사회와의 연계 등을 통하여 페어 리더십을 경험하도록 하고 있다.

대만에서는 엘리트 체육과 학교체육을 철저히 분리하여 다양한 신체활동을 통해 수험 스트레스를 낮추기 위한 노력을 경주하고 있다. 학교의 체육시설은 지역사회와 공유하는 것을 목적으로 수준 높은 시설을 갖추고 있다.

미국에서 이루어지는 학교 체육 및 보건 교육의 핵심은 '몸을 바로 알고 몸을 잘 다스리는 교육(사람의 몸은 저마다 다른데 자기 몸은 어떠한가?)' 이다. 가급적이면 학생들의 체육활동에 대한 평가를 지양하고(체육 교과목의 성적이 학업 성취도에 반영되지 않도록), 기능교육은 가능한 한 늦게 이루어지도록 교육과정을 구성한다. 또한 개인 활동보다는 그룹 활동을 통하여 협동심, 리더십, 균형감을 체득하도록 배려한다.

프랑스의 학교 체육교육은 대부분 놀이 수준에서 이루어진다. 오히려 정규수업보다는 방과 후 수업을 통하여 신체활동의 기본기 등을 집중적으로 가르친다. 프랑스에서는 정규 체육수업-방과 후 체육활동-학교 밖 체육시설 인프라를 활용한 교육으로 이어지는 정부 책임의 체육 및 보건 교육체제를 갖추고 있다. 프랑스에서는 방과 후 학교 밖에서 이루어지는 신체활동을 '제3의 체육수업' 이라고 부른다.

캐나다 학교체육의 특징은 '남녀가 함께 하는 성적 기회균등을 실천하는 교육' 이다. 단위학교마다 천혜의 자연 이점을 충분히 살린 다양한 체험

활동 프로그램이 마련되어 있다. 캐나다 학교 체육교육의 세 가지 목표는 체력과 건강을 증진시키고, 종목별 실기를 습득해 경쟁력을 확보하며, 신체활동을 통해 긍정적인 정신 자세를 함양하는 것이다.

그렇다면 10여 년이 지난 지금 우리나라 학교 체육교육의 현실은 어떠한가? "텅 빈 운동장, 덩치 큰 약골만 큰다. 차량, 컴퓨터, 학원 등 학생들의 건강을 해치는 3적(敵)이 우리 교육환경을 지배하고, 대부분의 학생은 게임 (모바일) 등에 빠져 운동량 부족이 심각한 상태다"(중앙일보, 2008. 4. 11.). "신체능력 검사 저등급 급증, 그중에서도 고3이 최악이다"(동아일보, 2009. 10. 15.). "체육수업 빼 입시준비, 학교는 학생들의 체력단련을 포기했다. 운동량이 줄면서 저체력, 비만 학생은 증가했다. 학교 체육교육이 제 기능을 못하면서 사설 스포츠학원에 청소년들이 몰리기도 한다. 초등학교 체육수업시수가 연간 21시간이 준 반면, 영어나 수학은 전 학년에 걸쳐 수업시수가 늘었다"(중앙일보, 2010. 5. 4.). "서울시교육청이 9년간 학생들의 체력 및 체격 변화를 조사한 결과(2000~2009학년도 서울교육 통계연보) 초·중고생의 덩치는 커졌지만, 체력은 급격히 떨어지고 있다. 이는 입시준비에 매달려 체력관리에 소홀한 것이 주된 원인이다"(동아일보, 2011. 2. 14.). 이처럼 시간의 흐름은 학교 체육 및 보건 교육의 개선에 아무런 도움이 되지 않았다. 더 큰 문제는 '향후 10년이 지나면 좀 더 나아질 것' 이라는 희망감마저도 전혀 가질 수 없다는 데 있다.

이제 우리는 기왕의 학교 체육과 보건 교육이 갖는 교육(인간)학적 모순과 드러난 문제점을 해결하기 위한 방안을 구체적으로 모색할 필요가 있다. 다음의 몇 가지 사례가 이러한 작업 수행에 적절한 방향성과 유의미성을 제공할 것으로 보인다.

이 기사가 현재 우리의 학교 현장에서 이루어지는 체육 및 보건 교육 실태에 대하여 던지는 메시지는 무엇인가? 그것은 '페어 리더십' 의 경험과 신체활동 참여에 대한 자발성 문제다. '건강한 신체활동에의 자발적인 참여 및 보건교육의 경험이야말로 학생들의 관계(공동체) 리더십, 자기(성장)

서울 소재 '하나고등학교'에 재직 중인 영어교사 장 모(24) 씨가 미국 매사추세츠 주의 사립 '노스필드마운틴허먼고등학교'에 다니던 시절의 이야기다. 그녀는 매주 네 차례 오후 4~6시에 달리기를 했다. 정규수업인 클럽활동시간으로 '크로스컨트리 팀' 소속이었다. 15명이 팀을 이루어 학교 밖의 트인 공간을 3~5km를 뛰는 방식으로 다른 사립 고등학교 여학생들과 시합을 하기도 했다. 장 씨는 우수한 학업성적에다 뛰어난 클럽활동 실적까지 인정받아 보스턴 소재 명문사립인 '웨슬리대학교'에 진학할 수 있었다. 그녀는 "운동을 하면서 인종과 상관없이 두루 친구를 사귈 수 있었고 진취적인 정신도 갖게 되었다."라고 말했다. 미국 캘리포니아 주에 사는 전 모(10) 양은 여름방학 때 국내 초등학교에 체험학습을 왔다가 깜짝 놀랐다. 수영강습 방식이 미국과 너무 달랐기 때문이다. 미국에서는 첫 1년간은 천천히 물과 친해지는 과정을 갖게 하는 것에 비해 한국의 학교에서는 첫 시간에 이미 발장구와 호흡 등 수영기술부터 무조건 가르쳤다. 전 양은 미국에서 골프, 농구, 펜싱을 즐기던 운동소녀이었지만, 국내의 학교 수영강습에는 적응하지 못했다. 학부모인 이찬진 씨는 "미국의 학교에서는 운동을 할 때 진도나 승부내기를 강요하지 않고 가급적이면 즐기도록 지도한다."라고 소개했다. 영국이나 미국 등 경제선진국의 교육철학은 체육, 덕육, 지육의 순서다. 그만큼 건강한 신체와 스포츠의 경험을 통하여 함양되는 공동체의식과 리더십을 중시한다. 특히 학교를 중심으로 다양한 스포츠클럽이 활성화되어 있다. 영국의 명문 고등학교인 '이튼스쿨'은 1800년대부터 이미 크리켓과 럭비, 조정 등과 같은 단체경기를 정규교육과정에 포함시켰다. 이 학교의 토니 리틀 교장은 "교실 밖에서 이루어지는 다양한 신체활동은 충분히 많은 것을 배울 수 있다."라고 말했다. 더욱이 선진국에서는 교내 체육시설에 대한 투자도 상당한 수준에 이르고 있다.

출처: 중앙일보(2010. 5. 5.).

리더십을 형성시키는 원천이 된다.' 는 사실은 자명하다.

예를 들어, 기마전, 인간 탑(피라미드) 쌓기, 단체 줄넘기, 줄다리기 등과 같이 단체를 이루어 수행하는 신체활동은 관계(공동체) 리더십을 기르는 데 대단히 유용한 학습 콘텐츠라고 볼 수 있다. 관계의 리더십은 건전한 경쟁심과 공정한 팀플레이를 통한 '페어 리더십' 을 경험하도록 만드는 원천이기도 하다. 이러한 리더십의 경험은 그들이 사회에 나가 장차 사회의 각 분야에서 '공정한 리더'로 성장하게 만드는 원천이 될 것이다. 또한 맨 흙과 콘크리트가 깔린 운동장 대신 고운 잔디가 깔린 운동장, 국제경기가 가능한 수영경기장, 전천후 실내경기장 등이 학교 체육시설 인프라로 구축된다면 우리 학생들은 신체활동에 자발적으로 참여하고 건강에 대한 발상과 태도의 전환 역시 이루어지지 않을까?

다음의 기사내용은 '체력이 곧 학력이며 결국 개인의 경쟁력(혹은 핵심 역량)'이라는 다소 원론적이지만, 교육인간학적인 측면에서 타당한 논리 전개를 위한 충분한 근거가 될 만하다.

> 요즘 학생들은 이전 세대보다 키와 몸집이 커졌지만, 체력은 갈수록 떨어진다는 소식이다. 교육과학기술부의 국감자료에 의하면 2008년 초·중·고등학교 학생들 가운데 좋은 체력을 의미하는 1, 2등급 비율은 33%로 2000년의 41%보다 줄었다. 반면에 체력이 떨어지는 4, 5등급의 비율은 42%로 같은 기간에 11% 포인트 늘었다. 그중에서도 대학입시 준비에 가장 바쁜 고등학교 3학년 학생들의 체력 저하가 가장 심각해 49%가 4, 5등급이었다. 이처럼 '덩치만 큰 약골'이 늘어나는 이유는 과도한 학습부담, TV시청과 컴퓨터(인터넷) 사용, 모바일 사용 등 몸을 안 쓰는 활동의 증가, 체육활동 감소, 패스트푸드 섭취와 같은 서구식 식습관이 복합적으로 작용했기 때문이다. 특히 고3이 되면 학교체육 수업은 학급에 게시된 시간표에만 남아 있을 뿐 실제는 자습이나 보충학습 시간으로 대체되기 일쑤다. 입시 스트레스가 심각한 학생들과 (입시지도 및 진학 성과에 노심초사하는) 학교 측의 사정에 공감하면서도 수험생일 때 달리기 등 학교체육 활동을 더욱 강조하거나 중시하는 외국의 학교들을 떠올리지 않을 수 없다. 한국의 수험생은 운동하는 시간을 아깝게 생각하고 오로지 수험공부에만 매달린다. 그러나 이러한 생활 스타일이 정작 학습효과를 떨어뜨린다는 연구결과가 많다. 운동은 늙은 신경세포 간에 연결망을 만들어 내며 뇌세포에 산소와 영양을 공급한다. 분자생물학자 존 메디나는 운동을 하면 뇌에 BDNF(brain-derived neurotrophic factor)라는 향정신성 물질이 만들어지는데 이 물질이 지적 능력

을 향상한다는 연구결과를 발표했다. 미국 하버드 대학의 존 래티 교수는 "운동은 집중력과 침착성을 높이고 충동성을 낮춰 준다."라고 설명한다. (이처럼 적절한 운동이 집중력 향상과 정서순화에 도움이 된다는 연구결과는 많다) 2001년 미국의 '듀크대학교' 연구팀은 쥐를 대상으로 실험을 했다. 운동을 한 쥐들이 그렇지 않은 쥐들보다 기억, 계획, 조직, 문제해결능력 등 고난도의 두뇌활동이 훨씬 높았다. 한마디로 똑똑해지는 것이다. 운동과 학습 능력 간의 긴밀한 상관관계는 믿어도 좋다.[2)] 우리 학생들의 체력저하는 곧 학력저하를 의미할 수 있다. 학력을 높이기 위해서도 학교 체육수업을 내실화해야 하지만, 학생들의 체력을 체계적으로 관리할 필요도 절실하다('체력은 국력'이라는 선동적인 구호는 언제나 그저 호들갑스러운 구호로만 머물렀을 뿐이다).

출처: 동아일보(2009. 10. 15.).

형식논리학적 기초

주지하듯, 명목적으로는 전인교육, 완전한 교육, 좋은 교육의 원형으로 지육, 덕육, 체육을 드는 것이 일반교육학 이론의 통념이다. 형식논리학적으로 따질 때 '지육'은 지식의 탐구와 지혜의 형성을, '덕육'은 도덕의 학습과 미덕의 실천을 지향한다. 이것은 각각 '지능'과 '덕능(혹은 덕행)'으로 현재(顯在)화되고, 이는 또다시 '지성' 및 '덕성'이라는 가치 이데올로기로 조직화된다. 그렇다면 '체육'은 어떠한가?

앞의 방식으로 조직화하면 '체육'은 체력의 완성과 건강의 유지를 지향하며, 이는 '체능'으로 현재화된다. 그러나 지성과 덕성에 상응하는 '체성'에 대한 가치 이데올로기로서의 논의는 간과되고 있다. 다시 말해, 교육학 학술 담론체에서 '체성'이라는 용어 사용은 의도적이건 아니건 거의

2) 미국과 인도네시아 연구진에서 수행한 연구에서는 학력 향상의 조건으로 '충분한 수면과 휴식, 균형 있는 영양 섭취, 발달 수준에 적합한 운동' 등을 들고 있다.

이루어지지 않고 있는 실정이다. 이를 요약하여 구조적으로 단순하게 제시하면 〈표 11-8〉과 같다.

우리는 종종 예 · 체능이라는 단어를 통하여 '체능' 의 개념적 사용에 익숙하다. 여기서 그것은 단순히 체력과 체격을 바탕으로 하는 육체적 능력의 기능적 활성화에 국한되어 편협하게 이해되고 있는 것이 사실이다. 그러나 본질적으로 '체능' 이란 지능과 덕행을 기능적으로 활성화하는 근원적이면서 동시에 매개적인 에너지다. 그렇다면 기능적 활성화 에너지로서의 '체성' 이란 무엇인가? 교육학자들은 학교 체육 및 보건 교육에서 표면적 교육과정과 잠재적 교육과정을 망라하여 외재적 가치와 내재적 가치로 가름하여 교육목적을 설정하기도 하지만, 여기서는 중재적(혹은 중립적) 가치까지 확대하고자 한다.

- 외재적 가치란 체력, 체격, 체형, 체질, 체모(體貌)의 완전성, 온전성, 전일성을 추구하는 것으로, 조직적인 학교교육과정 및 학습 경험을 통하여 구체적으로 달성된다.
- 중재적 가치란 체험, 체습(體習), 체감, 체득, 체현(體現), 체화, 체벌 등을 통하여 외재적 가치와 외재적 가치의 통섭(統攝)을 가능하게 만드는 과정에서 작용하는 것으로, 이론과 실천, 지식과 실용을 일치시키는 노력에 의하여 달성된다.
- 내재적 가치란 체면(體面), 체통(體統), 체신머리, 체휼(體恤: 남의 처지

〈표 11-8〉 지성-덕성-체성의 형식논리학적 구조

구 분	지(知)	덕(德)	체(體)
본(本)	식(識)	도(道)	건(建) 혹은 강(强)
용(用)	지식, 지혜의 뛰어남	덕행, 품행의 방정함	체력, 체격의 튼튼함
성(性)	지성	덕성	체성
능(能)	지능	덕능(혹은 인격)	체능
육(育)	지육	덕육	체육

를 이해하여 가엾게 여김), 체지(體智: 깨달음의 지혜)와 같은 일종의 내재화 혹은 내면화된 심리적 가치들로, 개인의 구체적인 행동거지(行動擧止)를 통하여 드러나게 마련이다.

이를 볼 때 '체성' 이란 지식과 도덕을 아우르면서 동시에 차별성을 지닌 포괄과 포월의 원리로서 설명 가능한 교육의 원형이라고 할 수 있다. 그러므로 '체성' 은 한마디로 몸의 기능적 전일성 혹은 교육의 본연체인 셈이다. 개인의 특성을 지-정-의나 지-덕-체로 분할하여 특정 측면의 변화에 치중하여 환경적인 처치를 가하고, 그 환경적 처치의 효과를 그 특성에만 반영하는 경향성은 근본적으로 잘못된 것이다. 개인은 환경적 처치에 대하여 지적으로, 정서적으로, 신체적인 학습으로 동시에 반응한다. 따라서 교육인간학적 측면에서 볼 때 개인은 단편적 특성들의 환원에 의한 단순한 총합이 아니다.

여기서 '학습' 은 전체로서의 학습자와 전체로서의 환경 간의 역동적인 상호작용으로 정의되며, 교육적 성취는 지-덕-체는 물론 아직 개념화되지 않거나 예상치도 않았던 인간성의 측면에 부합하도록 총체적으로 평가된다. 결국 '체성교육' 이란 단지 몸의 튼튼함이나 건강함만을 의미하는 체용(體用)과 신체 형질의 수준에서 다룰 수 있는 것이 아니라 보다 더 근원적인 심리철학적 차원으로 끌어올려야만 이해될 수 있는 메타(meta) 개념인 셈이다. 한마디로 체성교육이란 체력육성(physical impowerment), 개인보건(individual health), 위생환경(healthy environment) 등에 대한 학교교육과정상의 인지적, 정의적 학습 경험과 동시에 이루어지는 학교 안팎의 인간화된 물리적, 심리적 환경의 조건이 만족될 때 달성 가능한 복잡한 양상을 내재하고 있다.

그렇다면 우리가 체성교육에 대한 조직화된 이론을 모색할 때 그 원형이 될 만한 교육론은 과연 무엇인가? 이 글에서는 로크(Locke)의 건강 및 위생교육에 대한 견해와 주장을 중심으로 그 원형을 탐색하고자 한다. 주지하듯, 로크 자신의 성장 상황, 학교교육 경험, 아동양육 경험(애슐리 3세)에 대한 회상과 지인들로부터 부탁받아 답해 준 자녀교육의 방향, 방법에 대한 편지글들을 묶음 형식으로 꾸며 그의 친구가 펴낸 책이 『교육에 관한 고찰(*Some Thoughts Concerning Education*)』이다.

이 책의 핵심 내용은 몸과 마음의 전일적 건강성에 대한 로크의 경험과 학적 이해와 주장이다. 물론 이것은 체계적인 조직교육학 이론이 아니라 교육의 본질에 대한 통찰, 이른바 교육현상학적 관점에서 비롯된 조언 내지 안내서의 수준에 머물러 있다. 로크의 건강철학은 다음 인용문들에 요연하고 명료하게 잘 드러나 있다.

> 어린이의 정신이 중요하며 우리의 주된 관심이 내면에 있다 할지라도 결코 신체가 무시될 수는 없다. 그래서 나는 (교육에 관한 논의를 위해) 이 문제부터 시작할 텐데, 이것은 엄청날 정도로 숙고해 왔기 때문에 만일 내가 잘못 생각하지 않았다면 명료하게 매듭지을 수 있다(Locke, 1993: 19).

> 일과 행복에서 건강은 매우 중요하다. 누구든 뛰어나고자(excellent) 하는 사람들에게 '역경과 피로를 이겨 낼 수 있는 강인한 체질이 얼마나 필요한가?'는 어떤 증명도 필요하지 않을 정도로 명명백백하다(Locke, 1993: 19).

그는 개인의 특수한 체질, 다시 말해 '몸의 차이성'을 전제로 하는 바른 습관 형성을 통해 건강함이 달성된다고 보았다. 그렇다면 모든 이가 건강한 체질을 달성하기 위해 행할 수 있거나 혹은 반드시 해야만 하는 신체단련 방법은 구체적으로 무엇인가? 로크의 주장을 요약하면 다음과 같다.

- 아이들에게 겨울이든 여름이든 너무 따뜻하게 옷을 입히거나 덮어 주어서는 안 된다. 세신(洗身)이나 세족(洗足) 시에도 냉수에 익숙하게

만들어 외부 환경에 순응하도록 단련시켜야 한다.

- 실내활동보다는 야외활동을 통하여 햇볕에 적당히 노출되도록 해야 하고, 변화무쌍한 자연환경에 스스로 적응하도록 만들어야 한다. 다시 말해, 실외의 공기를 충분히 마시도록 하는 것이야말로 건강성의 척도다. 자신의 건강을 위해서도 물론 유용하지만 위험에 처한 인명을 구하기 위해 아이들에게 수영을 가르치는 것은 필요하다.
- 성차의 특성에 따라 신체단련의 방법이 구분되어 있어야 한다.
- 몸에 너무 달라붙거나 끼게 만드는 의복을 착용해서는 안 된다. 자연성을 거스르는 신체활동이나 아름다운 몸매를 만든다는 취지로 신체를 가공하기 위한 시도들은 반드시 경계해야 한다.
- 아이들의 식사는 소박하고 간단해야 한다. 유아기에는 가급적이면 육류 섭취를 삼가야 하고, 가급적이면 설탕, 향신료, 소금의 맛에 익숙하지 않도록 해야 한다.
- 식습관은 포만감에 익숙하지 않도록 해야 한다. 또한 식사시간을 일정하게 정하지 않는 것이 바람직하다.
- 술을 마시지 않도록 해야 하며, 성인들의 음주 습관이 자녀들에게 전이되어서는 안 된다.
- 과일 섭취는 과일 각각의 특성을 고려하여 먹이도록 한다.
- 일찍 자고 일찍 일어나는 습관이야말로 가장 중요하다. 다만 수면 습관은 아이의 기질, 체력, 체질을 고려해 탄력적으로 적용할 수 있다.
- 침대는 딱딱하게 만들어 주고, 푹신푹신한 것보다 오히려 누빈 이불이 좋다. 왜냐하면 우리가 딱딱한 침대에서 숙면을 하게 되면 신체 각 부분이 골고루 튼튼해지기 때문이다.
- 아이들에게 규칙적인 배변 습관이 형성되도록 지도해야 한다. 설사나 변비가 생길 경우 약으로 고치려는 시도는 가급적 지양해야 한다. 어떤 경우든 약물에 의존하여 질병을 치료하려는 시도는 바람직하지 않기 때문이다. 아이들이 조금 아프다고 해서 약을 주거나 의사를 찾아

서는 안 된다.

- 아이들의 유약한 체질은 될 수 있는 한 손대지 말고 꼭 필요한 경우에만 조치를 취해야 한다.
- 어떤 이유든 아이들에게 체벌을 가해서는 안 된다. 체벌로는 결코 아무것도 고칠 수 없기 때문이다. 다만 체벌은 가하는 사람과 당하는 사람 사이에서 권위와 존경심의 상실만 초래할 뿐이다.
- 아이가 활력과 활동성을 보이지 않는다면 육체적으로 수행하는 노동을 시켜야 한다. 아이의 비활동성에 대한 징계로 학습에 전념하게 만드는 것보다 가시적이며 육체적인 신체활동을 찾아야 한다.

이상과 같은 로크의 주장에 따르면, 건강함과 위생적인 생활이란 조직화된 '학습 경험' 에 의해 형성되는 것이 아니라 오히려 자연스러운 '생활 습관' 에 의해 형성된다고 보는 것이 더 옳다. 왜냐하면 어른들이 아이들에게 반복해서 (건강과 위생에 관한) 주의를 주거나 규칙을 가르칠 수 없으므로 아이들 스스로 실행함으로써 좋고 바른 습관을 만드는 것 이외에 어떤 것도 기대할 수 없기 때문이다. 모든 습관 중에서 특히 절제하는 습관은 엄청난 힘을 갖고 있다(Locke, 1993: 26). 그러므로 우리가 교육의 이념과 실천에서 가장 유념해야 할 것은 바로 '아이들에게 어떤 습관을 형성시키느냐?'다(Locke, 1993: 31).

로크는 "모든 미덕과 탁월성(excellence)의 원리란 이성이 인정하지 않는 욕망을 스스로 억제하는 힘에 있다." 라고 주장하였다. 이러한 힘은 오로지 좋고 바른 행동 습관에 의하여 획득되고 증진되는데, 어릴 때의 습관은 더욱 중요하다(Locke, 1993: 45). 우리가 교육에서 지고(至高)의 목표로 삼는 것은 바로 미덕이다. 이러한 교육목표는 달성되기 어렵지만, 매우 가치 있는 것이다. 미덕이란 한마디로 실천적이며, 본질적인 선이다(Locke, 1993: 73).[3]

다시 말해, '미덕' 이란 도(道)라는 지성(知性)과 덕(德)이라는 품성(品性)

이 체성(體性)의 작용으로 말미암아 우리 몸에 체현, 체화, 체득된 것이다. 미선성(kaloskagathia)이라는 고대 교육이념에 이미 드러나 있듯이 미와 선은 언제나 교육의 원형으로 작용하고 있으며, 로크도 이를 교육사상의 유산으로 온전히 계승하고 있음을 알 수 있다. 이처럼 그의 보건과 위생에 대한 경험과학적인 담론은 체계적이고 조직적인 체성교육이론 정립에 지대한 영향을 미칠 것으로 평가할 수 있다.

체성 가르침의 교수학 구조

이론적 기초

우리가 체성교육에 대한 논의를 일정한 형태의 조직교육학 이론으로 만들기 위해서 '기존의 유용한 이론들에 대하여 항상 열려 있는 태도를 견지해야 한다.'는 사실은 자명하다. 새로운 이론 창출에서 발생학적 기원의 형식을 따르기보다 소위 간학제적, 융·복합적인 방식의 교육이론 구축을 지향하는 것이 바람직하기 때문이다. 이를 위해 여기에서는 다음의 몇 가지 이론에 주목하고자 한다.

첫째, 교육현상학이다. 교육현상학은 '보다 의미 있는 교육'을 추구하자

3) 이러한 로크의 건강교육에 대한 생각과 주장은 동양의 『소학』에 문화보편적인 이데올로기로 명백하게 드러나 있다. 『소학』에서는 "우리가 이치를 궁구하고 몸을 닦음은 곧 학문하는 것에서 가장 큰 것(窮理修身 斯學之大)이요, 무릇 몸이란 부모의 가지이니 스스로 공경함이야말로 가장 중대한 일(敬身 爲大)"이라고 하였다. 그러므로 몸을 바로 닦고 몸소 실천하는 것이야말로 좋은 행실의 근본이라 할 수 있다(修身踐言 謂之善行). '좋은 행실'을 구현하는 방법과 내용은 언제나 교육인간학적 인식 관심의 핵심이다.

는 데서 그 필요성을 찾을 수 있다(김춘일, 1997: 167). 체임벌린(Chamberlin)은 『교육현상학을 위하여(*Toward a Phenomenology of Education*)』라는 저서를 통하여 교육현상학 연구에서 주목하는 것들로 '학습, 환경, 문화, 제도, 과정, 처방, 이해, 철학' 등이 있다고 했다(김춘일, 1997: 214-224 재인용). 이들 개념은 학교 체육 및 보건 교육을 해체하여 그 대안으로서 체성교육론을 하나의 조직교육학으로 정립하는 데 유용한 논리적 기초를 제공한다.

학습, 환경, 문화, 제도 등의 측면에서 볼 때 기왕의 학교 체육 및 보건 교육의 목적은 체력, 보건, 위생 개념에 국한되어 있었다. 그러나 체성교육 이론은 이로부터 외연적인 확대과정을 거쳐 '심미적(審美的) 사고, 관계적 사고, 통합적 사고'를 가능하게 만드는 시도를 통해 인간교육의 본연성을 목표로 하게 될 것이다. 다시 말해, 주지교과의 본위의 교과교육(학습, 환경, 제도, 문화, 과정, 처방, 이해, 철학)에서 한 옆으로 떠밀려 있던 미적 교육이 그 강조점이나 실천적 비중에서 본래의 위치를 되찾을 수 있을 것이다(김춘일, 1997: 263).

메를로-퐁티(Meleau-Ponty)에 의하면, 미적 사고의 특성에는 반드시 '(신)체성'이 개입되기 마련이다. 그가 말하는 (신)체성이란 우리의 내적인 것과 외적인 것, 주관적인 것과 객관적인 것, 지적인 것과 정서적(도덕적)인 것을 연결시켜 주는 매개체다. 그러나 단순히 매개체라고 하기보다는 오히려 지각(지성)과 도덕(덕성)의 본연성이라 할 수 있다.

다시 말해, '미적 앎'이란 우리의 (신)체성에 기반을 두고 있으며, 이러한 본연성은 나와 세계, 정신과 육체, 지성과 감성(혹은 덕성), 시간과 공간이 하나로 만나는 연속과 통합의 특성이 있다(김춘일, 1997: 271-272 재인용). 그러므로 지금 우리가 모색하려는 체성교육이론은 교육의 역사에서 그동안 간과되거나 소외의 길을 걸어 온 '신체미학'을 정신미학이나 출세의 미학과 동등한 위치로 끌어올 수 있을 것이다.

둘째, 홀리스틱(holistic) 교육이론이다. 아마도 학교체육, 건강・보건교육에 대한 교육인간학적 담론을 더욱 풍성하도록 자극한 것은 홀리스틱 교육이론일 것이다. 철학(윤리학)과 심리학을 두루 아우르는 홀리스틱 교육이론은 오늘날 가장 유용한 학교 체육 및 보건 교육이론으로 각광받음과 동시에 교육 내용 구성을 위한 정당한 체계를 갖추고 있다고 여겨진다.

홀리스틱 교육이론에 의하면, 심신의 분리를 초래한 가장 큰 이유는 다름 아닌 우리의 학교교육 현실 때문이다. 다시 말해, 학교는 학생들의 불편한 심기나 불안한 심리를 당연한 일로 간주하는 반면, 상당한 수준의 훈련을 요하는 지적 학습을 강조하는 불일치에서 학생들의 정신적, 신체적 건강 파괴가 발생한다.

이러한 학교 장면에서 학생들의 신체 발달 및 건강생활에 대한 배려는 기대할 수 없으며, 설령 할 수 있다 할지라도 대부분 부적절하게 이루어지기 마련이다. 이를 극복하기 위해서 우리는 심신을 재통합하는 인간적인 학습 경험을 통하여 인간교육의 전체성을 촉진시켜야 한다(Miller, 2000: 214).

셋째, 구성주의 철학이다. 지식의 절대성, 보편성, 객관성, 초월성, 관념성을 거부하는 구성주의는 지식과 학습에 대한 독자적 설명체계를 구축함으로써 교육학 이론 연구에 크게 기여하고 있다. 이를 요약하면 다음과 같다(강인애, 2001).

- 항상 구체적인 상황을 배경으로 한 지식만을 제공한다.
- 현실의 복잡함을 그대로 여과 없이 제시하여 인지적인 도전을 유도한다.
- 모든 지식과 과제는 항상 실제적 상황을 전제로 전개된다.
- 학습 상황에서 다루는 과제도 실제 사회에서 대면하게 될 성격과 특성을 지닌 것으로 제시한다.

이러한 구성주의의 교육학적 적용은 일종의 상황중심 수업모형과 상통한다. 이는 학생들의 직관과 그들의 경험적 지식과 관점에 가치를 부여하는 모형이다. 이를 학습 장면이나 사태에 적용함으로써 단순한 지식의 전달과 수용이 아니라 생활 주변에서의 특수한 상황을 학생의 인지구조와 연계시킬 수 있고, 학생들이 자연스럽게 탁월한 능력을 발견할 수 있도록 안내할 수 있다. 체성교육의 본질이 바로 이러한 '상황 중심의 구성적 학습 경험을 적극 지향한다.' 는 점에서 구성주의 철학은 체성교육이론의 정립에 시사하는 바가 크다.

넷째, 최근 긍정심리학(positive psychology)을 통해 부각되고 있는 몰입이론이다.[4] 몰입이론의 핵심은 다음과 같다. 즉, 우리의 신체행위나 사고활동이 최적 상태로 기능하거나 유용한 성과를 거두기 위해서는 반드시 '목표 수행활동에 참여하는 주체의 심리적, 신체적 특성들이 서로 유기적으로 상관이 있거나 궁극적으로 일치되어 있어야 한다.' 는 사실이다. 그러므로 우리가 교육적으로 무엇을 하건 개인의 '의도–동기–목표, 행동–감정–선택, 자아–대상–매질(媒質), 감정–목표–사고, 가슴–의지–정신, 육체–마음–영혼(혹은 체성–덕성–지성), 느낌–소망–생각' 등이 서로 일치(몰입)되어야 한다.

이에 비추어 볼 때 현행 수험교육은 학생들의 건전한 몰입 경험을 방해하는 최대의 반교육, 비교육적인 사태다. 다시 말해, 불행하게도 오로지 주지주의에 고착되어 수험교육이 지배하는 우리의 교육 현실에서 이러한 몰입이론은 허망한 신기루일 뿐이다.

만일 체성교육의 조직 이론화 작업이 인간교육의 본연성을 모색하는 것이라면 교육의 이념 정립과 실천의 과정에서 이들 각 항목을 일치시키기

4) 한 작곡가는 자신의 작업이 최고조에 달하는 순간에 대하여 "황홀한 느낌에 사로잡혀 마치 내가 존재하지 않는 것처럼 느껴진다. 내 손은 나의 통제를 벗어나 혼자 움직이고 그저 멜로디가 저절로 흘러나온다."라고 설명하였다. 이러한 물아일체, 무아지경, 절정 경험 현상을 미하이 칙센트미하이(M. Csikszentmihalyi)는 몰입(flow)이라고 명명하였다. 이처럼 몰입은 단순한 추상적인 개념이 아니라 적극적인 현상이며 능동적인 개입의 경험이다.

위한 묘합(妙合)의 방안을 찾는 데서 출발해야 한다. 따라서 몰입이론은 교육인간학 탐구에 유용한 시사점으로 던져 주고 있다.

방법적 원리

체성교육의 방법적 원리의 핵심은 객관적인 지식의 실재성과 선위성에 대한 부정이다. 기존의 학교교육과정 정책은 일부 교육정책 입안자가 자의적으로 체육과 보건 교육에 관련하여 검증된 지식이라고 여긴 것들을 철저히 객관화하고, 이를 일부 교육(학)자가 제안하는 커리큘럼 구성 및 조직 원리에 따라 정형화된 '교과서' 로 제시하고 있다. 그러나 체성교육의 올바른 구현을 위해 우리는 이미 타성적으로 길들여지고 마음의 습관처럼 굳어진 이러한 방법적 원리를 역으로 적용하려는 실험을 도모해야 한다.

다시 말해, 상황에 따라, 개인에 따라 각기 경험한 사실의 탐색을 바탕으로 '건강한 몸' 과 관련된 지식을 구성하거나 재구성하고, 건강한 몸의 체현을 위해 구체적으로 실생활에서 적용해 나가는 방법적 원리를 말한다. 이때 생활 속에서 우리가 쉽게 접할 수 있는 몸의 건강, 위생 등과 관련된 실용서, 교양서, 안내서, 인문학 도서 등을 읽고, 이에 근거한 몸건강의 지식을 획득한 후, 그것을 구체적인 체험 형태의 행신(行身)을 통해 몸건강교육의 본연적 의의를 체현, 체득, 체화하도록 지도하는 것이다.

구성적 원리

체성교육의 구성적 원리는 기존의 학교 체육 및 보건 교육의 해체와 전향적인 재구성이다. 이를 위한 구체적인 원리는 '다면적 입체화, 유기적 구조화, 학습의 인간화' 등이다. 이를 적용했을 때 기존의 교과 지식이나 제한적인 신체활동을 바탕으로 하는 학습 사태 및 경험이 아니라 '몸' 이라는 주제를 중심으로 지식, 품행을 포괄하는 내용 구성 및 활동계획이 이루어져야 한다. 그 내용을 예시하면 〈표 11-9〉와 같다.

체성교육이론 정립의 구성적 원리는 개별성을 지향하되 전체성을 고려하고, 차별성을 지향하되 통합성을 추구하며, 앎과 행함을 철저히 일치시키려는 '학습의 인간화'를 지향한다. 이때 '몸'은 전인적인 학습자와 분리되어 객관적인 학습 대상으로 머물지 않게 만들어야 수험교육 풍토에 매몰된 채 표류하는 전인적 인간교육의 본질을 회복할 수 있을 것이다. 이는

〈표 11-9〉 체성교육을 위한 학습 사태 구성

<table>
<tr><th>구 분</th><th>관련 개념</th><th>읽을거리</th><th>활동거리</th><th>통합활동</th></tr>
<tr><td>몸 바로
알고
생각하기</td><td>지신(知身)
체험(體驗)
체감(體感)
체습(體習)
체득(體得)</td><td>• 몸의 지능
• 잘 먹고 잘 사는 법
• 인체의 신비
• 사상의학-몸의 철학, 마음의 건강
• 몸의 이해-학제간적 접근
• 내 몸의 신비
• 인체의 오묘한 신비
• 내 몸 사용설명서
• 몸으로 본 중국사상
• 당신의 몸 얼마나 아십니까?</td><td>전문서적
읽기
감상문 쓰기
내 글 쓰기</td><td rowspan="3">• 봉사활동 (개인 및 단체) 체험
• 페어 리더십 체험
• 페어 트래블 체험
• 몸 일기 (운동, 섭식, 체력 등) 쓰기
• 예절교실 체험
• 웰니스 (wellness, 요가, 명상, 기도 등) 체험</td></tr>
<tr><td>몸 바로
세우기</td><td>입신(立身)
체력(體力)
체격(體格)
체형(體形)
체질(體質)
체모(體貌)</td><td>• 스포츠의 철학적 탐구
• 온몸으로 하는 학습법
• 몸이 즐거운 신락(身樂) 학습법
• 몸이 즐거워지는 오행학습법
• 체육미학</td><td>개인운동
단체운동
창작운동</td></tr>
<tr><td>몸 바로
다루기</td><td>행신(行身)
지신(持身)
경신(敬身)
체휼(體恤)
체통(體統)
체현(體現)
체화(體化)</td><td>• 사소절(士小節)
• 예기(禮記)
• 효경(孝經)
• 소학(小學)</td><td>예절학습
효행학습
자기주도
학습</td></tr>
</table>

"건강한 몸에 건강한 정신이 깃든다."는 로크의 주장과 크게 다를 바 없다.

교육부의 분석에 의하면, 미래사회에 적합한 인간상은 지육, 덕육, 체육의 조화로운 발달을 추구하되 동시에 자신만의 독특한 삶의 스타일도 형성해야 함을 요구한다(교육과학기술부, 1997: 87). 한마디로 전인적 성장을 표방하는 정부의 교육 아젠다는 편향된 주지(主知)교육에 의한 폐해를 극복하고자 지, 덕, 체의 조화로움을 강조하였다. 본질적으로 지, 덕, 체의 조화로운 발달을 추구하는 교육이란 학생들의 성장 경험을 '전체로서 대하고, 전체로서 관리하며, 전체로서 이해하는' 것을 의미한다. 따라서 지, 덕, 체는 인간의 특성을 정량적으로 구분 짓는 것이 아니라 인간이 지닌 기능적인 특징을 개념적으로 구분한 것이어야 한다.

제7차 교육과정은 지, 덕, 체가 통합된 전인적 인간 육성을 위한 학교교육을 궁극적인 목적으로 하는데, 여기서 '체육'과 '보건'은 내재적 가치와 외재적 가치를 구체적으로 실현하도록 설계되었다. 명시적으로 '체육'은 신체활동을 주된 교육 내용으로 하여 신체활동 자체를 위한 기능 습득뿐만 아니라 그에 관한 이론적 지식의 습득 및 태도의 발달을 통합적으로 도모하는 교과다. 그러나 이러한 장황한 설명들이 진정으로 '학교교육' 속에서 몸과 마음의 조화로운 '아름다움' 혹은 '체육미학(體育美學)'을 구현하는데 과연 유용한 지침이었는가?'에 대하여는 다소 회의적이다.[5)]

교육부는 학교 체육수업의 활성화를 위해 2010년부터 전국 초등학교에 스포츠 강사 1,300명을 배치하기로 했는데, 그 실효성에 대한 의구심이 들지 않을 수 없다. 결론적으로 인프라와 재정 문제가 아니라 학교 체육과 보

5) 뉴질랜드의 학교교육과정은 '언어, 수학, 과학, 기술, 사회과학, 예술, 건강과 신체복지'의 7개 기본학습 영역을 기초로 하고 있는데, 이는 현행 우리의 학교 체육교육에 시사하는 바가 대단히 크다. 그중 '건강과 신체복지'는 단순한 교과로서의 '체육'과 전혀 다르다. 그것은 나머지 6개 영역과 유기적으로 관련되는 기초로 기능하기 때문이다. 이것이 학교 체육 및 보건 교육에 대한 철학적 담론의 기초가 되어야 함은 자명하다.

건 교육에 대한 담론은 교육인간학의 핵심이 되어야 한다. 인간교육이 '몸의 통합성, 관계 맺음, 의사소통'을 위한 프로그램이 되기 위해서는 그 형식과 내용이 그만큼 활짝 열려 있어야 한다.

학교교육과정이라는 지속적 형식과 몸과 관련된 다양한 형태의 단속적(斷續的) 형식이 공존하고 때로는 연대할 때 비로소 인간교육은 풍부하거나 완전해질 수 있다. 인간교육의 가장 무서운 적은 획일적인 교육과정으로 '전인(all man)을 전인(whole man)으로 만들자.'고 선동하는 것이다. 그러므로 전일적인 몸을 위한 학교교육과정은 단지 '체육'이나 '보건' 교과의 시간비율 문제가 아니다. 그것은 언제나 인간교육의 본질문제다. 궁극적으로 체성교육(몸에 대한, 몸을 위한, 몸으로 하는 교육)은 비인간화된 1등이 아니라 전인적인 꼴찌까지 포용하는 교육 이념과 실천의 본연적 원리가 되어야 한다.

참고문헌

사소절(士小節)
소학(小學)
예기(禮記)
효경(孝經)

강인애(2001). 왜 구성주의인가?-정보화시대와 학습자중심의 교육환경. 서울: 문음사.
교육과학기술부(1997). 교육과정 해설.
교육과학기술부(2009). 고등학교 교육과정 해설-체육.
교육과학기술부(2009). 재량활동 선택과목 중학교 교육과정 해설-보건.
교육과학기술부(2011). 체육과 교육과정. 교육과학기술부 고시 제2011-361호.
김유미(1998). 온몸으로 하는 학습법-두뇌와 신체의 조화. 서울: 도서출판 진우.
김춘일(1997). 교육현상학의 기초. 서울: 태학사.
박정훈(2003). 잘 먹고 잘 사는 법. 서울: 김영사.

손인춘(2006). 당신의 몸 환경은 어떻습니까? 서울: 명상.
송재희(2003). 몸이 즐거운 신락학습법. 서울: 숨비소리.
이성주(2003). 인체의 신비. 서울: 살림.
이원범 외(저)(2002). 몸이 즐거워지는 오행학습법. 서울: 김영사.
이창일(2003). 사상의학, 몸의 철학 마음의 건강. 서울: 책세상.
이천희(1996). 스포츠의 철학적 탐구. 서울: 고려대학교출판부.
프랑스문화연구회(1998). 몸의 이해-학제간적 접근. 서울: 도서출판 어문학사.

加納喜光(1999). 몸으로 본 중국사상(동의과학연구소 역). 서울: 소나무.
日本Holistic教育研究會(2000). 홀리스틱교육의 이해(송민영 외 역). 서울: 책사랑.
胡小明(1992). 체육미학(민영숙 역). 서울: 동문선.

Bourbeau, L. (2009). 몸의 지능(이현경 역). 서울: 아시아코치센터.
Csikszentmihalyi, M., Csikszentmihalyi, I. S. (Ed.). *Optimal experience: Psychological studies of flow in consciousness*. New York: Cambridge University.
Csikszentmihalyi, M. (2003). 창의성의 즐거움(노혜숙 역). 서울: 북로드.
Csikszentmihalyi, M. (2007). 몰입의 즐거움(이희재 역). 서울: 해냄.
Dubo, R. J. (1994). 건강 유토피아(허 정 역). 서울: 명경.
Giordon, A. (2002). 내 몸의 신비(이규식 역). 서울: 동문선.
Juan, S. (2001). 인체의 오묘한 신비(김영수 역). 서울: 시아출판.
Locke, J. (1993). 존 로크의 미래를 위한 자녀교육(임채식 외 역). 서울: 서원.
Miller, J. P. (2000). 홀리스틱 교육과정(김현재 외 역). 서울: 책사랑.
Ratcliff, J. D. (1993). 당신의 몸 얼마나 아십니까?(동아출판사 편집부 역). 서울: 동아출판사.
Roizen, M., Oz, M. (2009). 내 몸 사용설명서(유태우 역). 서울: 김영사.

제 12 장 덕성의 가르침

덕성 가르침의 본질

이 장에서는 덕성교육의 명시적 목표(공적 진술)에 대한 해석학적 검토와 더불어 덕성을 가르치는 것이 과연 교수학적으로 적합한 것인지의 여부를 비판적으로 검토한다. 교수학은 일반교육학 형성의 필요조건이다. 따라서 덕성의 가르침에 대한 교수학적 적합성 논의는 메타교육학의 문제이기도 하다. 그러므로 덕성의 가르침은 교육적 교수학(educational instruction)의 문제라고 규정지을 수 있다. 이러한 교육적 교수학은 이미 헤르바르트가 일반교육학을 구성하는 하위 조직교육학으로 구축하였고, 그 후 지속적인 연구가 이루어져 독자성을 지닌 학술 담론체로서의 정당성을 용인받았다.

교육적 교수학의 핵심 콘텐츠는 헤르바르트가 일반교육학을 조직화하기 전에 이미 로크에 의해 개진되었다. 비록 그는 조직화된 이론으로 제시하지는 못했지만, 교육적 교수학의 내용이 덕성, 지성, 체성의 가르침으로 구성되어야 할 당위성에 대하여 인간학적 규명을 시도하였다. 이는 현대교육이 추구하는 전인교육의 핵심적 가치로 자리 매김하기에 이르렀다. 즉, 지육, 덕육, 체육을 통합하는 전일적 학습 경험을 통해 형성되어 나가는 전인이야말로 가장 이상적인 '교육된 인간상' 으로 채택되었고, 이는 문화보편적인 특성을 지니고 있다.

교육학 연구사를 볼 때 지식 구성체(교재)를 매개로 하는 학교 장면의 학습 사태를 통하여 전인 형성의 한 부분인 '지육' 이 가능하고 또한 정당하다는 교수학적 전제에 대한 의심은 거의 없었던 것이 사실이다. 그러나 체육, 덕육에 대한 교육학적 교수학의 적합성 검토와 비판적 대안들은 부단히 제기되고 있다. 이는 체육과 덕육이 과연 어떤 조직화된 지식을 통해 각 개인에게 어떻게 체현될 수 있는지, 체제이론을 적용해 보더라도 과연 그 프로세스가 확인 가능한 성질의 것인지의 문제이기도 하다. 이러한 문제 제기의 단초는 학교 장면에서 이루어지는 덕성과 관련된 학습 경험에 따라 '각 개인은 과연 덕성을 갖춘 혹은 교육된 인간이 되는가?' 의 여부에 관한 일종의 비판적 회의에서 비롯된다.

인류 지성사에서 덕성은 비단 교육학만의 인식 관심 대상은 아니었다. 덕성은 형이상학, 도덕철학, 사회철학, 종교철학, 사회윤리학, 응용윤리학, 자아심리학, 발달심리학 등 다양한 분야에서 탐구 대상으로 삼고 있다. 그러나 덕성을 가르치기 위한 덕육의 방법과 내용에 대한 조직적이고 체계화된 이론은 오로지 교육인간학의 연구 대상일 수밖에 없다. 왜냐하면 그것은 교육적 교수의 문제이기 때문이다. 이러한 교육적 교수는 다양한 분야에서 다루는 인간의 문제를 통합적으로 다루는 특성이 있다. 다시 말해, 교육적 교수학에서 말하는 덕성의 가르침은 인간(사람)다움, 인간 갖춤, 인간됨, 인간화, 인성 등을 아우르는 메타인간학적 속성을 내포하기 때문이다.

철학에서 말하는 '인간(사람)다움' '인간됨' 이란 이상적인 인간상과의 논리적 정합성을 다루고, 심리학에서 말하는 '인간화(몰인간화 포함)' '인성' 이란 사람들이 지녀야 할 일종의 통계적 보편성을 다룬다. 그러나 교육적 교수학은 그처럼 논리와 보편의 차원에서 객관화된 '-다움, -갖춤, -됨, -화(化)' 등을 철저히 개인과 사회의 실존적 차원으로 정향시키고 있다. 따라서 교육적 교수학의 주요 콘텐츠로서 '덕육' 은 인류라는 보편성과 개인이라는 특수성을 변증적으로 통합하고 있다.

이를 형식 논리의 방식으로 따져 보자. 덕성의 가르침에 대한 개별 학습 경험을 통해 온전하게 사람됨을 구현한 사람들의 결사체는 반드시 그들이 배운 덕성을 기반으로 온전한 사회가 되어야만 한다. 그러나 우리 사회의 현실을 살펴보면 이러한 논리는 그야말로 형식과 논리의 차원에 머물고 있음을 쉽게 발견할 수 있다. 학교 장면에서 학습 사태를 통해 모든 학령(學齡) 인구가 오랜 기간 동안 덕성의 가르침을 받아 사회에 배출되었지만, 정작 우리 사회는 미덕이 지배하지 못하고 있다.

한마디로 덕성교육의 부적합성이 우리 사회 도처에서 드러나고 있다. 이 글은 바로 이러한 사회 인식의 방식과 덕성에 대한 교육적 교수학의 문제점을 비판적으로 파악하는 데서 비롯된 대안 모색의 의지에서 출발하고 있다.

덕성 가르침의 명시적 목표

'국민공통기본교육과정' 에는 초등학교 3학년부터 고등학교 1학년까지의 공통과목인 '도덕' , 고등학교 선택교과인 '시민윤리' '윤리와 사상' '전통윤리' 가 있다. 이처럼 도덕교과는 도덕 혹은 윤리라는 명시성을 기반으로 '덕성, 인성, 인격, 품성, 인품, 가치, 미덕, 규범' 등을 포괄하는 교육학적 목표를 통합적으로 제시하고 있다. 다음은 교육부가 고시한 초 · 중등학교 교육과정 중 도덕 관련 과목들(도덕, 시민윤리, 윤리와 사상, 전통윤리)의 성격과 목표를 요약한 것이다.

도덕교과의 성격과 목표

'도덕' 은 학생들이 자신을 이해하고 일상생활에 필요한 규범과 예절을 익히며, 국가와 민족의 구성원으로서 그리고 세계사회의 일원으로서의 역할과 책임을 파악하게 하여 한국인, 나아가 세계인으로서의 바람직한 삶을 살아가는 데 도움을 주는 교과다.

'도덕' 은 인간으로서 마땅히 지키고 실천해야 할 보편적이며 이상적인 가치들과 우리 사회에서 바람직한 생활의 기준이 되는 도덕적 규범과 가치들을 내면화하여 올바른 행동 습관을 기르는 동시에 다양한 도덕문제를 합리적으로 해결할 수 있는 도덕적 사고력과 가치판단 능력을 길러 주는 데 역점을 둔다.

'도덕' 은 인성교육과 민주시민 교육 그리고 국가적인 차원에서 중시되는 통일대비 교육과 국가안보 교육을 핵심 영역으로 다루고 있는 핵심 교과다.

'도덕' 은 바람직한 삶을 위한 도덕규범과 가치문제를 다루는 규범과학적 관점과 사회질서 유지 및 국가와 민족의 발전을 위한 국민의식 형성문제를 탐구하는 사회과학적 관점을 중심으로 학제적인 접근을 시도한다.

'도덕' 교과의 구성은 계열적 특성과 범위적 특성을 기반으로 한다. 3~6학년에서는 도덕적 가치규범에 대한 올바른 이해 및 초보적인 도덕적 판단력 육성 그리고 도덕적 실천 성향과 행동 습관에 역점을 둔다. 7~10학년에서는 도덕적 가치 및 규범의 심도 있는 이해와 신념화, 도덕원리에 입각한 보다 높은 수준의 도덕적 사고력과 판단력의 육성 및 자율적 도덕성의 습득에 강조점을 둔다. 학습 내용은 개인생활, 가정생활, 이웃생활, 학교생활, 사회생활, 국가와 민족 생활 등의 영역을 망라한다.

'도덕' 과의 일반목표는 한국인으로서의 바람직한 삶을 살아가는 데 필요한 기본생활습관과 예절 및 도덕규범을 익히고 일상생활에서 부딪히는 도덕적 문제를 바람직하고 합리적으로 해결할 수 있는 판단능력을 기르는

〈표 12-1〉 도덕교과의 지도 영역별 가치와 덕목

지도 영역	주요 가치 및 덕목(학습 성과)
개인생활	생명존중, 성실, 정직, 자주, 절제
가정/이웃/학교생활	경애, 효도, 예절, 협동, 예교, 애향
사회생활	준법, 타인배려, 환경보호, 정의, 공동체의식
국가/민족생활	국가애, 민족애, 안보의식, 평화통일, 인류애

것이다. 또한 올바른 시민의식과 국가 및 민족 의식 그리고 세계평화와 인류공영 의식을 함양하고, 삶의 이상과 원리를 체계화하여 실천할 수 있는 도덕적 성향을 기른다.

- 인간이 도덕적으로 살아야 하는 이유를 이해하고 삶의 다양성에 따른 가치갈등 문제를 해결할 수 있는 가치판단 능력의 신장과 함께 인간 존중의 삶의 자세를 지닌다.
- 가정, 이웃, 학교 생활에서 요구되는 도덕규범과 예절을 익히고 이러한 생활에서 나타나는 도덕적 문제 사태들에 대한 합리적 해결 방안을 모색하는 가치판단 능력을 신장하여 바르게 살아갈 수 있는 생활 태도와 실천 의지를 지닌다.
- 전통 도덕과 시민윤리를 중심으로 하는 오늘날 민주사회의 도덕을 이해하고 실천하며, 현대사회에서 발생하는 도덕문제를 합리적이고도 바람직하게 해결할 수 있는 능력을 신장하여 원만한 사회생활을 영위하려는 태도와 실천 의지를 지닌다.
- 국가, 민족, 민족문화를 아끼고 사랑하는 애국애족의 자세를 지니고, 국토와 민족 분단의 현실 및 통일정책과 통일 과제를 파악하여 통일을 이룩하는 데 필요하며, 바람직한 한국인 및 세계시민으로서의 능력과 태도를 지닌다.

시민윤리 교과의 성격과 목표

'시민윤리'는 현대 시민사회에서 민주시민으로서 생활하는 데 바람직한 윤리관을 형성하게 하기 위한 과목이다.

'시민윤리'는 민주시민으로서의 자질과 능력을 습득하며, 현대사회의 윤리적 문제들을 해결하려는 능력과 태도를 지니게 함과 동시에 경제윤리 및 직업윤리 의식을 지니게 하고, 국가관, 안보관 및 민족 공동체의식을 함양하게 하며, 세계시민으로서의 올바른 자세를 확립하게 하는 데 그 목적을 두고 있다.

'시민윤리'는 인성교육을 효과적으로 실행하기 위하여 일상적인 시민생활에서 당면하는 문제들을 올바르게 해결하는 데 필요한 윤리적 규범이나 민주적인 삶의 방식들을 자기 주도적으로 학습할 수 있도록 다양한 활동형, 체험형 주제들을 제공한다. 또한 다른 교과에서 부분적으로 다루는 민주시민 교육, 통일교육, 환경교육, 성교육, 진로교육, 국제이해 교육 등의 다양한 학습 주제를 시민 윤리적 차원에서 총체적으로 학습할 수 있게 하는 경험을 제공하는 데 그 특징이 있다.

'시민윤리'의 학문적 배경은 시민사회의 다양한 윤리적 문제의 해결을 목표로 하고 있는 사회윤리학 및 응용윤리학과 같은 규범과학적 접근에 그 토대를 두는 가운데 시민사회, 국가안보, 공동체, 통일문제 등을 다루는 사회과학적 접근을 포괄하고 있다.

'사회윤리' 교과의 일반목표는 민주시민으로서 지녀야 할 시민사회에서의 윤리적 규범들을 올바르게 이해하고 이를 일상생활에서 자율적으로 실천할 수 있는 능력과 태도를 지니게 하는 것이다.

- 시민사회의 특징과 윤리적 과제를 올바르게 이해하고 이를 합리적으로 해결하려는 능력과 태도를 지닌다.
- 현대사회의 윤리적 문제점을 올바르게 이해하고 이를 합리적으로 해

결하려는 능력과 태도를 지닌다.

- 현대 사회생활에서 경제생활의 중요성을 인식하고 삶의 설계와 올바른 직업선택 능력과 태도를 지니며 장차 직업생활을 원만하게 영위할 수 있는 자세를 지닌다.
- 국가발전 및 통일국가 형성을 위하여 시민으로서 지녀야 할 국가관, 안보관, 민족 공동체의식의 중요성을 올바르게 인식하여 실천하고, 지구 공동체의 윤리적 상황에 대한 인식을 바탕으로 세계시민으로서의 올바른 자세를 지닌다.

〈표 12-2〉 시민윤리 교과의 지도 영역별 학습 내용

지도 영역	학습 내용(학습 성과)
시민사회와 윤리	• 시민사회의 특징과 윤리적 과제 • 시민으로서의 자각과 보람된 삶 • 시민공동체 속에서 사는 지혜 • 민주시민으로서의 능력과 태도
현대사회문제와 시민윤리	• 생명존중과 환경윤리 • 성(性) 윤리와 약물문제 • 과학, 정보와 윤리 • 문화, 예술, 종교와 윤리
경제생활과 직업윤리	• 자유 시민사회에서의 경제생활 • 경제발전과 경제윤리 • 삶의 설계와 직업선택 • 직업생활의 기본자세
국가발전과 지구 공동체윤리	• 국가발전과 시민의 자세 • 민족공동체의 번영과 통일 • 문화교류와 민족문화의 주체성 • 세계시민으로서의 올바른 자세

윤리와 사상 교과의 성격과 목표

'윤리와 사상' 은 청소년들의 인간관이나 세계관이 물질주의, 출세주의

로 흐르고 있고 특히 서구의 가치관과 사상을 무비판적으로 추종하는 방향으로 가는 가운데 한국인으로서의 주체적인 윤리관과 사상적 틀을 형성하게 하려는 과목이다.

'윤리와 사상' 은 학생들이 인간의 삶 속에서 등장하는 윤리와 사상의 중요성을 인식하고, 동서양의 윤리 및 현대사회 사상의 흐름과 특징을 파악하여 한국 윤리와 사상의 기본 틀을 정립하는 데 그 목적이 있다.

'윤리와 사상' 은 인성교육 및 민주시민 교육, 국가-사회적으로 요청되고 있는 민족정체성 함양 및 민주적 도덕 공동체 구현에 도움을 주기 위한 다양한 학습 내용을 포함하고 있다.

'윤리와 사상' 의 학문적 배경은 건전한 윤리관의 정립을 위한 규범과학적 접근과 사회사상의 탐구 및 정립을 위한 사회과학적 접근에 그 바탕을 두고 있다.

'윤리와 사상' 의 일반목표는 윤리 및 사상의 중요성과 그 내용에 대한 올바른 이해를 바탕으로 한국인으로서 올바른 삶을 살아가는 데 필요한 주체적이고 종합적인 윤리관과 사회사상적 틀을 확립하는 데 있다.

〈표 12-3〉 윤리와 사상 교과의 지도 영역별 학습 내용

지도 영역	학습 내용(학습 성과)
윤리와 사회사상의 의의	• 인간의 삶과 윤리 및 사회사상 • 인간의 행위와 윤리 • 이상사회의 구현과 사회사상
윤리의 흐름과 특징	• 동양윤리 • 서양윤리 • 한국윤리
현대사회사상의 흐름과 변화	• 현대사회사상의 기원과 형성 • 현대사회사상의 흐름과 쟁점 • 현대사회사상의 발전 전망
한국윤리, 사회사상 정립과 민족적 과제	• 한국윤리와 사회사상의 정립 • 민주적 도덕공동체의 구현 • 한국의 진로와 민족적 과제

- 인간의 삶에서 윤리 및 사회사상이 지니고 있는 의미를 올바르게 이해하고 윤리 및 사회사상 문제들을 탐구하는 태도를 지닌다.
- 동서양 및 한국 윤리의 흐름과 특징을 체계적으로 파악하고 한국인으로서 지녀야 할 바람직한 윤리적 인식체계를 확립한다.
- 현대 사회사상의 전개과정을 체계적으로 탐구하여 한국인으로서 지녀야 할 바람직한 이념적 시각의 틀을 확립한다.
- 한국 사회의 윤리 및 사회사상의 현실을 올바르게 파악하여 민주적 도덕 공동체의 구현 및 민주통일에 이바지하려는 태도를 기르며, 한국인으로서의 긍지와 주체성을 지닌다.

전통윤리 교과의 성격과 목표

'전통윤리'는 학생들에게 우리 조상들의 윤리적 삶을 현대적 시각에서 재음미하여 한국인으로서 지녀야 할 바람직한 윤리적 인식과 자세를 보다 확고히 정립하게 하려는 과목이다.

'전통윤리'는 학생들에게 우리 조상들이 지켜 온 전통윤리의 기본정신과 내용 그리고 현대적 의미와 중요성을 올바르게 인식하게 하여 자신과 가족에게 가치 있는 삶, 친족, 이웃, 교우관계에서의 바람직한 삶, 국가, 사회에 능동적으로 이바지하고 자연을 아끼는 삶의 자세를 기르게 하는 데 목적이 있다.

'전통윤리'는 인성교육 그리고 사회국가적 차원에서 중시되고 있는 예절교육과 민족정체성 교육을 다루고 있다. 학생들이 우리 민족의 유구한 윤리적 전통을 현대적으로 계승하여 민족주체성을 지닌 미래 지향의 도덕적이고 창조적인 한국인으로서 성장할 수 있게 하기 위한 과목이다.

'전통윤리'의 학문적 배경은 우리 민족의 전통 윤리사상 등을 탐구하는 넓은 의미의 다학문적 한국학에 그 기반을 두고 있다. 내용은 우리 조상들이 자기 자신, 가족, 이웃, 사회, 국가 생활 영역 등의 구체적인 삶의 장면에서 실천했던 핵심적인 가치와 규범들로 구성되어 있다.

'전통윤리' 교과의 일반적인 목표는 우리 조상들이 실천했던 윤리적 삶의 기본 정신과 지혜를 바르게 이해하고 창조적으로 계승하여 이를 실제 생활에 적용 · 실천할 수 있도록 지도하는 데 있다.

- 현대 한국 사회에서 전통윤리의 의미와 중요성 그리고 그 본질과 기본 이론을 올바르게 이해하여 전통윤리를 실제 생활 속에서 계승하려는 자세를 지닌다.
- 전통윤리에 나타난 개인이나 가족생활에서의 윤리적 규범을 올바르게 이해하고 이를 실제 생활에 적용 · 실천하는 능력과 태도를 지닌다.
- 전통윤리에 나타난 친족, 이웃, 교우 관계에서의 윤리적 규범을 올바르게 이해하고 이를 실제 생활에 적용 · 실천하는 능력과 태도를 지닌다.
- 전통윤리에 나타난 국가, 사회에서의 윤리적 규범과 자연관을 올바

〈표 12-4〉 전통윤리 교과의 지도 영역별 학습 내용

지도 영역	학습 내용(학습 성과)
전통윤리의 의의와 기본정신	• 전통윤리의 의미와 중요성 • 전통윤리의 본질과 기본이론 • 전통윤리의 현대적 계승
개인과 가족의 가치 있는 삶	• 인격도야와 수신(修身) • 부모 및 조상의 공경과 효친(孝親) • 부부, 형제자매 관계와 사랑
친족, 이웃, 교우관계와 바람직한 삶	• 친족 및 이웃관계의 화목(和睦) • 교우관계와 신의(信義) • 관혼상제(冠婚喪祭)와 예절
국가, 사회에 이바지하고 자연을 아끼는 삶	• 국가생활과 국민의 도리 • 사회생활과 정명(正名)정신 • 전통적 자연관과 자연 친화

르게 이해하고 이를 실제 생활에 적용 · 실천하는 능력과 태도를 지닌다.

이상에서 살펴본 바와 같이 국가수준 교육과정에 진술된 명시적 목표는 기본적으로 포괄성, 추상성, 일반성, 개념성, 선위성, 객관성, 보편성, 상보성 등을 기반으로 하는 것이 자명하다. 이는 근본적으로 학습자의 교육 경험에 따른 행동 성과를 예상하여 기술하는 특성이 있기 때문이다. 그러나 현실적으로 이러한 명시적 목표가 과연 교수학적 적합성을 지니고 있는지, 그리고 현실적으로 학교 장면에서 교육적 교수의 실행 가능성이 있는지 여부에 대하여 비관적인 상황이라는 것 또한 자명하다.

덕성 가르침의 적합성 검토

도덕교과의 적합성, 정당성, 타당성에 관한 공적 논변

교육부는 국민공통교육과정을 공적으로 고시하는 동시에 각 교과목별 해설서를 발간하면서 각 교과의 타당성, 정당성, 교수 적합성 등에 대하여 조목조목 설명하였다. 특히 도덕교과 관련 교육과정 해설에 의하면 "(도덕) 교과의 타당성을 높이기 위한 노력은 세계가 지향하는 보편윤리와 우리 국가, 민족이 지향해 온 민족정신으로부터 공통분모를 찾아내어 교과의 목표 및 내용으로 삼는 일" 이라고 했다. 또한 "교과의 타당성 제고를 위한 또 다른 노력은 국민의식상의 위기 상황 극복을 위하여 시급히 요청되는 바를 수행하려는 것" 이라고 했다.

첫째, '도덕' 교과의 학적 근거는 간학제적인 것임을 우선적으로 제시했다. 목표나 내용 면에서 한국학, 철학(특히 윤리학), 정치학, 사회학, 심리

〈표 12-5〉 도덕교과의 학적 근거

학문 영역	내 용
한국학	• 전통적 가치관과 덕목을 반영 • 세계화 속의 한국적인 것의 의미 투영 • 전통사상과 윤리에 대한 재해석
윤리학	• 당위의 학, 가치의 학의 학적 근거 • 인간의 당위적 규범문제를 제시 • 실천도리로서의 보편적 가치에 대한 학습
정치학 사회학	• 사회의 권위적 배분문제를 제시 • 정치문화를 통한 청소년의 정치사회화 기능
심리학	• 정신분석, 행태주의, 행동주의, 인본주의 학습 • 인격교육의 원리와 방법 제시 • 인격교육과 배려교육을 통한 공동체의식 함양

학, 교육학 등이 그 중심이 된다. 교육부가 펴낸 『교육과정 해설』에서 제시된 내용을 요약하면 〈표 12-5〉와 같다.

이러한 도덕교과는 인본교육, 윤리 및 예절 교육, 시민사회 공동체교육, 통일대비 및 국가안보 교육, 다문화사회 교육, 생태 및 환경 교육 등의 간학제적 학문 특성을 반영하여 그 내용이 구성되었다.

둘째, '시민윤리' 의 학적 근거 역시 간학제적 성격을 바탕으로 한다고 적시했다. 기저이론은 사회윤리학과 응용윤리학이다. 『교육과정 해설』에서는 '사회윤리학의 구조론적 접근은 사회문제의 원인을 개인이나 사회구조 자체의 문제에 두고 있으므로 그 문제 해결도 사회구조의 정당성에 초점을 맞추고 있음' 을 명시하고 있다. '시민윤리' 는 이러한 사회윤리적 관점을 수용하면서 시민사회의 문제가 단순히 시민의 덕에 의해서만 해결될 수 없는 복잡한 문제임을 부각시킴은 물론, 궁극적인 사회문제 해결을 위해서는 개인적 노력과 더불어 제도개혁이 병행되어야 함을 지적하고 있다. 기존의 윤리교육이 방법론적 개인주의를 주로 했다면, 시민윤리는 이와 방법론적 전체주의를 융합하는 학문적 토대를 바탕으로 한다.

반면 응용윤리학은 '성 윤리, 환경윤리, 직업윤리, 정보윤리, 사회윤리' 등을 포괄하여 인간 존재의 도덕적 차원을 다루는데, 이는 도덕교과의 내용적 측면에 대하여 이론적으로 지지한다.[1)]

이러한 '시민윤리' 의 일반목표는 시민사회에서의 윤리적 규범들을 올바르게 이해하는 인지적 측면, 그러한 규범들을 일상생활 속에서 자율적으로 실천할 수 있는 능력인 능동적 측면, 태도의 정의적 측면을 고르게 강조한다.

셋째, '시민윤리' 와 비교해서 '윤리와 사상' 의 성격을 규정할 때 전자가 민주시민 교육의 맥락에서 최소한의 도덕을 지향한다면, 후자는 우리가

〈표 12-6〉 윤리와 사상 교과의 학적 근거

학문 영역	내 용
인본주의심리학 윤리학	• 인간중심 및 생명존중 사상의 당위성 • 현대사회에서 인간소외의 문제와 해결책 • 인간의 성장가능성과 이타심의 필요성
정치학 사회학 교육학	• 체제존속과 정치사회화 이론 • 사회공동체 이론과 이데올로기의 본질 • 국가정체성 및 국민통합의 의의 • 정책적 사고능력의 함양
인간주의 교육학 평화교육학 현상학(해석학)	• 민족의 동질성 회복방안 모색 • 다양성 속의 통일성의 정치사회적 의의 • 국세화, 개방화, 세계화 속의 민족정체성

1) 이론윤리학은 인간 존재의 도덕적 차원의 전제들에 도전하는 이론들을 비추어 도덕적으로 평가하는 데 관심을 갖는다. 인간 삶의 도덕적 차원은 첫째, 옳은 행위와 그른 행위 간에 중요하고 진정한 차이가 존재한다. 둘째, 많은 경우에 우리는 어떤 행위가 옳으며 어떤 행위가 그른지를 알거나 적어도 그에 대한 정당한 신념을 가질 수 있는 능력이 있다. 셋째, 무엇이 옳고 그른지에 대한 이러한 지식이나 정당한 신념은 우리의 행위에 영향력을 가질 수 있다. 반면에 응용윤리학은 특정한 도덕적 문제에 대해서 특수한 의미를 가지는 철학적 이론을 전개함으로써 그러한 문제들에 대처하려는 시도다.

전통적으로 지행해 온 최대한의 도덕을 지향한다고 설명한다. 이러한 '윤리와 사상'의 학문적 성격은 인성교육, 인본교육, 공동체교육, 민주시민교육, 통일교육 등으로 구분된다.

덕성 가르침의 명시적 방법론

『교육과정 해설』에 명시된 바에 의하면, 도덕 관련 교과를 가르치는 일반적인 원칙이나 방향은 통합적 접근이다. 도덕교과는 도덕으로 아는 것, 믿는 것과 느끼는 것, 행동하는 것의 삼위일체를 목표로 하고 있으며 이를 위한 적합한 방법이 통합적 접근이라는 것이다. 특히 다음과 같이 도덕교과를 가르치는 교사의 역할을 강조하고 있다.

> 도덕과 교사는 각별히 주의를 기울여 적절한 교수방법을 구사해야 한다. 동시에 도덕과 교사에게는 다른 교과 교사에 비하여 더 한층 신념과 열정이 요청된다. 왜냐하면 도덕과 수업에서 교사는 단순히 도덕과 관련된 지식만을 전수하는 것이 아니라, 학생들의 도덕적인 사회화 과정에서 동일시와 모방의 대상이 되기 때문이다.

또한 도덕과 수업은 교사 중심의 주입식 수업과 학생 중심의 탐구식 수업이 절충될 수 있는데, 주입식 지도방법이 실시되는 과정에 대한 심리적인 해석은 자극-반응 연상주의, 조건화, 모방화, 일치이론, 균형이론 등 여러 가지 이론으로 설명이 가능하다고 적시하고 있다. 반면에 탐구식 지도방법이 추진되는 과정에 대한 심리적 해석은 게슈탈트 심리학(행태주의), 장(場)이론으로 가능하다.

다른 교과에 비하여 덕성의 가르침은 다양한 심리학적 기저이론을 바탕으로 방법론적 원리가 활짝 열려 있어, 이로 인한 방법론적 복수주의가 가장 첨예하게 실험되고 시행될 수 있는 개연성이 높다. 그러나 현실적으로 이러한 덕성교육의 유토피아는 다양한 이유에서 디스토피아로 전락하고 있다.

덕성교육과 부도덕한 교사

다음과 같이 도덕 관련 교과를 가르치는 교사가 교실에서 수업을 진행하는 한 장면을 상정해 보자.

교 사: 오늘은 공자의 인(仁), 예수의 사랑, 부처의 자비(자애)에 대하여 공부한다. 교과서 다들 준비했지? 교과서 안 가져온 놈들 일어서! 교과서 없이 어떻게 공부하려고 하니? 이 멍청한 놈들아! 다음 시간에도 교과서를 가져오지 않으면 수행평가에서 5점 감점이다. 알았어. 자, 조용히 하고……. 그리고 오늘 배울 내용은 시험에 반드시 나오는 내용이니까 시험 전까지 요약, 정리해 두어야 한다 (잠시 교실이 소란해진다).

교 사: 야! 조용히 못해, 똑바로 앉아. 지금부터 수업 분위기를 흐리거나 방해하는 놈은 내가 지적하는 즉시 교실 밖으로 뛰쳐나간다, 알았어?

학생들: (소극적으로 반응한다.)

교 사: (더욱 화를 내며) 내 말이 말 같지 않나? 다시 한 번 복창한다. 수업시간에 졸지 않고 떠들지 않는다. 실시!
(교실 안은 정적이 흐르고 엄숙해진다.)

이 상황은 비록 가상의 실재이긴 하나 오늘날과 같이 수험교육 환경이 지배하는 교실 장면에서 상정이 전혀 불가능한 것만도 아니다. 이것이 바로 우리 교실에서 벌어지고 있는 덕성교육의 진풍경이다. 공자의 인과 부처의 자비를 가르치는 교사는 잔인하면서 무자비하다. 이러한 상황에서 교육부에서 낙관적인 뉘앙스로 명시한 도덕교과의 합목적성, 타당성, 정당성은 여지 없이 무너진다. 교실은 덕성이 실종된 살(殺)풍경이 지배하는, 마치 교도소, 정신병원, 신병훈련소의 통제 상황과 중첩된다. 덕성의 가르침은 이미 여기서 멈추었다.

덕성교육과 부도덕한 사회

고등의 교육적 경험을 수혜한 일부 기업인, 정치인, 사회지도층 인사의 부도덕한 행태(반인륜적, 반사회적)와 공정경제 질서를 왜곡하는 행위(거액의 횡령, 증여, 양도, 탈세 등) 등은 덕성교육의 가치와 본질을 크게 훼손시킨다. 이것이 문제가 되는 것은 단지 그러한 행위가 부도덕한 개인 차원이 아닌 사회 전체의 도덕적 건강성에 대한 위기요인이기 때문이다. 나아가 덕성의 가르침에 가장 위해한 요소임을 지적하지 않을 수 없다.

학생들은 교실 장면에서 도덕, 미덕, 윤리, 인성, 가치, 규범, 덕성, 인격 등에 대하여 교재학습(text-bound) 방식을 통하여 인지적(구상적)으로 학습한다. 그들은 일견 사례나 전거(典據) 등을 통해 덕성의 가르침에 대하여 수긍한다. 그러나 교실을 벗어났을 때 사회적으로 벌어지는 비도덕적 장면들을 목격하거나 다양한 매체를 통해 접하는 사회적 무질서를 보고 느끼면서 무의식적으로 학습이 이루어진다. 또 다른 학습이론으로는 잠재학습, 사회적 학습, 비형식적 학습 이론이 있다. 심리적으로 이러한 상황은 학습자에게 모순 메시지에 따른 사회적 아노미와 더불어 도덕적 아노미를 유발한다. 교실 장면에서 체득한 '착한 사람이 되어야 한다.'는 교훈적 메시지는 상반된 사회적 메시지를 통하여 '착한 사람은 반드시 손해 본다.'는 왜곡된 자아의식을 형성시키고, 이러한 모순 메시지는 정신적 안정과 균형감을 상실하게 만들어 버린다. 이때 또 한 번 덕성의 가르침은 멈추거나 오히려 반전되어 버린다.

도덕교과의 반(反)교육성

도덕(윤리)교과의 정당성과 교수 적합성에 대한 논변은 부단히 이루어지고 있다. 제5공화국이 내세운 국정지표(정의사회 구현)와 더불어 등장한 '국민윤리' 교과는 오히려 정권을 뒤흔드는 학생들의 참여의식을 길러 주었다. 그 후로도 오랫동안 도덕 및 윤리 교육에 대한 정당성 논쟁은 학술적 차원을 떠나 다양한 형식으로 이루어지고 있다. 이러한 경향 속에서 김상봉(2005)의 과격한 논의는 애써 외면할 수 없는 진실의 목소리를 담지하고 있다. 그는 현행 도덕(윤리)교육은 노예도덕이며 교육적 파시즘이란 파격적인 정언(定言)을 구사하였다. 그는 다음과 같이 밝혔다.

> 분명한 것은 공식적으로 주어진 도덕 교과서와 공식적으로 규정된 교과과정에 따라서는 교사들 자신조차 자라나는 학생들에게 도대체 어떻게 도덕성을 길러 주어야 할지 알 수 없을 정도로 현행 도덕교과가 혼돈과 부조리 속에 있다는 것이다(김상봉, 2005: 8).

> 도덕 교과는 사실이 아니라 당위를 가르쳐야 하는 교과인 까닭에 문제가 되는 사실에 대해서는 학문적으로 거의 아무런 가르침도 주지 못하면서 무슨 말을 하든 습관적으로 반드시 이래야 저래야 한다는 식으로 말을 한다……. 결과적으로 문제가 되는 사실에 대해 세내로 된 이해나 성찰도 없는 상태에서 학생들에게 이래야 한다 저래야 한다는 당위규범만을 타율적으로 주입하게 되는 것이다. 그런데 더욱 문제가 되는 것은 그렇게 주어지는 당위규범들이 과거 '국민윤리' 공구의 잔재 때문에 지극히 수구적이고 때로는 반도덕적이라는 것이다(김상봉, 2005: 9).

이 언설은 학교에서 이루어지고 있는 덕성의 가르침이 철저히 '부조리,

비합리, 반교육, 반사회, 반인권' 의 모순 속에도 굳건히 교과의 생명력을 부지하는 안타까운 처지를 잘 웅변하고 있다.

덕성의 가르침은 '일정한 교수의 형식을 기반으로 해야 하는가?' 혹은 '철저히 자율 기반의 학습 사태 경험을 통하여 내면화해야 하는가?' 의 문제가 현행 덕성교육의 교수학적 난제임은 분명하다. 김상봉은 이러한 난제의 원인에 대하여 다음의 몇 가지 이유로 설명하고 있다(김상봉, 2005: 29-59).

- 도덕에서 가르치는 덕성은 자기를 위한 것이 아니라 철저히 남을 위한 것이다. 다시 말해, 타인과 공동체를 위한 도덕적 태도와 행위가 자기를 위한 덕성에 우선함으로써 자아실현이 완성(이타적 자아실현) 된다는 모순을 합리화한다.
- 사회적 강자의 폭력과 횡포에 대하여 '어떻게 자기를 지켜야 하는가?' 의 문제는 간과되어, 불의를 보면 침묵해야 하는 이유를 학습하게 만든다. 도덕교과에서는 폭력과 불의에 대한 저항의 내러티브가 거의 등장하지 않는다.
- 도덕적 의무감이라는 책무성을 통하여 타율적으로 길들여지는 덕성을 정당화한다. '의무' 는 나와 무관한 객관적 실체가 아니라 사회적 맥락 속에서 다양하게 규정되는 유연성을 바탕으로 해야 함에도 불구하고 도덕적 개성(도덕 상대주의)은 있어서도 안 되고 오히려 철저히 말살되어야 한다고 가르친다.
- 개인이 지닌 자기중심성이 공동체를 지향하는 이타성이나 희생으로 확대되기 위해서는 자기긍정의 덕성이 필요하나, 현행 도덕교육은 자기부정의 방식으로 이타성을 지향하라고 주장하는 모순을 정당화한다.
- 공동체주의나 시민주의는 국가주의, 집단주의, 전체주의(파시즘) 등에 의하여 교묘하게 위장되어 있다. 공적 기제는 표준교육과정을 통해 국가의 아젠다, 국정 지표, 대외관계 등의 정책을 우선시함으로써

개성 혹은 개별성은 양보되어야 한다는 점을 정당화한다. 그러므로 학생들은 '애국애족은 무조건 필요하고 정당하다.' 고 교육된다.

- 도덕(윤리)교육은 조야한 국수주의를 선전하도록 기능하고 있다. 정체성은 그 자체로서 중요하고 교육적 필요의 핵심적 이상이다. 그러나 폐쇄성, 단절성, 독자성에 기반을 둔 우수성에 대한 강조나 선전은 오히려 유치하거나 맹목적인 국수주의를 정당화한다.
- 도덕(윤리)교육은 학교 장면에서 획일적 질서를 절대화하는 도구로 기능할 수 있다. 이것은 대개 학교에서 정한 임의규칙이나 자율을 가장한 학생 자율규칙을 통해 갈등은 나쁜 것이니 무조건 법과 규칙에 대하여 순종하는 태도를 합리화한다.

그는 현재 학교교육에서 덕성의 가르침이 담지하고 있는 교육적 위기의 근원에 대하여 다음과 같이 설명하고 있다.

> 교과서가 가르치는 바에 따르면 자유는 방종과 같은 것이 되어 버리고, 개인주의는 비도덕적 태도의 전형이며, 갈등과 무질서는 가장 두려운 사회악이고, 국가와 민족은 언제나 신성하고 오류를 모르는 거대주체다. 그리하여 (모든 개인의) 욕망은 억압되어야 하고, 차이는 동일성 앞에서 침묵해야 하며, 개인은 전체를 위해 언제라도 희생될 수 있어야 한다. 도덕교육이란 이런 규범들을 수입하는 것이며, 학생들은 이러한 전체주의적 노예도덕을 수동적으로 받아들이지 않으면 안 된다(김상봉, 2005: 150).

이 논의 중에서 가장 핵심적인 논쟁거리는 도덕의 개인적 차원 문제다. 교육은 기본적으로 개인의 차이 혹은 수월성(excellence)을 지향한다. 그러나 동시에 공동성 혹은 동일성을 지향하는 이중적 구조 속에서 기능한다. '동일성으로 회귀시키는 개성' 이라는 인식론적 패러다임이야말로 오랫동안 전승되어 온 서양의 지배적인 사유방식이었고, 이를 극복하려는 것이 바로 포스트모던 사상이다. 그러므로 그가 주장하는 논의의 핵심은 바로 이러한 탈근대성 혹은 포스트모던한 덕성의 가르침의 방식과 내용에 대한 가능성과 필요성이다.

덕성의 가르침에 대한 담론의 핵심은 도덕적 성숙이다. 이는 교육학, 심리학, 사회학, 윤리학을 기반으로 하는 덕성의 의미가 단순히 객관적 지식체로 나와 무관하게 실재하는 것이 아니라 내 안에서 혹은 남과의 온전한(holistic) 관계 속에서 맥락적 의미를 가질 때 가능해진다. 도덕적 성숙은 자유와 주체성의 확장이다(김상봉, 2005: 212). 여기서 주체성은 고립된 존재자가 아니라 다양한 타자와의 '만남과 소통'을 통해 이루어지는 형성적 측면이 강하다. 김상섭(2012)은 도덕적 성숙과 형성의 관계에 대하여 칸트의 말을 인용하면서 다음과 같이 설명하고 있다.

> 도덕교사가 할 수 있는 최대한은 (단순한) 도덕성의 형성이나 도덕적 주체의 형성이 아니라, 도덕적 성숙 혹은 완전성으로 이끄는 것이다. (이를 통해서) 덕성의 교육(가르침)은 명백한 한계를 가지면서도 또한 정당한 권리를 확보할 수 있다(김상섭, 2012: 18).

결국 덕성의 가르침에는 그것이 형성의 방식이든 이해의 방식이든 '교육학적 정당성이 실재한다.'는 점은 자명하다. 이처럼 교육학적 정당성을 기반으로 하는 덕성의 가르침에는 두 가지 패러다임이 있다. 첫째, (잠재성을 지닌) 도덕적 학습자가 도덕적 존재로 형성되어 가는 '실천'으로 보는 관점이고, 둘째, 도덕적 존재가 행한 도덕적 경험을 '해석'하거나 '이해'하고자 하는 관점이다(김상섭, 2012: 18).

- '형성적 관점'에 따르면 덕성교육을 통해 우리가 희망하는 도덕성 혹은 도덕적 인간이 형성된다. 그러한 덕성교육은 덕성의 가르침의 구

조를 지식교육이나 미적 교육과 동일한 교육적 구조인 '내면화' 로 파악하게 만들어 준다.

- '이해적 관점' 에 따르면, 덕성교육이라는 실천에는 구성적인 원리와 규제적인 원리가 각각 존재한다. 덕성교육의 구체적인 실천들은 학습자로 하여금 자신의 도덕적 자발성에 성숙한 형태를 부여하도록 조력하는 활동으로 해석된다.

그렇다면 도덕적 성숙과 완전성은 어떤 교육적 조치와 형식으로 가능할 수 있을까? 이에 대하여 김상봉은 다음과 같은 덕성 가르침의 방향과 원칙을 제시하였다(김상봉, 2005: 245-299).

- 덕성의 가르침은 선의 개념을 깨닫게 하는 것이어야 한다.
- 자기의 의지와 욕구능력 자체를 반성적으로 돌이켜 보게 만들어야 한다. 도덕적 숙고능력이란 자기의 의지와 욕망을 돌이키는 반성능력에 의하여 존재하기 때문이다.
- 무엇이 좋은 것인가와 무엇이 나쁜 것인가를 가리는(분변하는) 법을 가르쳐야 한다.
- 자신의 쾌락과 즐거움에 대한 정당성을 스스로 제시할 수 있도록 만들어야 한다.
- 욕망이 제한되는 경우나 상황에 대하여 스스로 생각하도록 인노해야 한다. 이러한 욕망에 대한 생각은 총체성 속에서 이루어져야 한다.
- 행복과 행복감이 수단으로 생각되지 않는 자기긍정을 통해 자신이 추구하는 욕망의 대상을 체계와 총체성 속에서 생각하도록 한다.
- 권위나 전통에 결코 종속되지 않고 부단히 만나는 자기실존의 위기에 대하여 올바로 결단하는 힘을 길러 주어야 한다.
- 자유를 기반으로 하는 용기와 긍지를 깨닫게 한다.
- 가치들의 대립 혹은 갈등에 대한 반성적 자기의식의 형성에 도움을 주

어야 한다. 이를 통해 인격의 가치가 내적으로 형성되어 나갈 수 있다.

- 주체를 주체가 되게 만드는 활동을 보장하여 '착함' 에 대한 주체적 자각을 지향하도록 허용한다.
- 폭력에 저항하고 미움을 극복하도록 자신을 사랑하고 남을 배려하는 힘을 길러 준다.
- 상호 주체적인 만남의 형식을 통해 예의와 친절함, 배려, 호의 등을 표현하거나 내면화하도록 만든다.
- 착함에서 옳음으로 자신의 행위와 가치를 전향시키는 만남의 형식을 다양화해 준다.
- 의무, 법칙, 규범 등에 대한 합당한 행위규칙과 가치체계를 수립하도록 안내한다.

결론적으로 덕성의 가르침은 도덕적 성숙과 완전성을 향한 교육학적 정당성에서 그 존재의 이유를 찾을 수 있다. 그러나 그것은 교육의 실천과 사회환경의 정당성이 선행되어야 가능하다는 사실이 사회적으로 충분히 합의되어 있어야 한다. 그러므로 도덕적인 부모, 도덕적인 교사, 도덕적인 사회가 도덕적인 인간을 만들 수 있다. 덕성의 가르침은 '교육적 정의' 를 완성하는 가장 긴요한 교수학적 노력이다. 사람과 사람, 사람과 자연, 사람과 우주의 도덕적 관계, 가치 기반의 관계가 온전하게 되었을 때 덕성의 가르침은 비로소 온전해진다. 현행 덕성의 가르침은 다음의 몇 가지 원칙에 대하여 반성적으로 성찰하게 만드는 '위기 상황' 에 있음이 틀림없다.

- 덕성의 가르침은 '만남과 소통' 의 다양한 형식을 통해 정의로움을 구현하는 것이 본질적인 목적으로 정향되어야 한다.
- 학교 밖 사회환경에서의 정의나 공정성 확보야말로 교실 안에서 이루어지는 덕성의 가르침을 완전하게 만드는 제일 조건이다.
- 인지적 차원을 넘어서는 감사, 감동, 감격, 감탄의 정서적 경험이야말

로 도덕적 성숙과 완전성을 가능하게 만드는 추동(推動)적 힘이 된다.

- 덕성은 공동체에 대한 강요된 의무감이 아니라 근신(勤愼)하는 개인의 자세에서 출발해야 한다.

참고문헌

강봉수(2001). 유교도덕교육론. 서울: 원미사.

교육부(1997). 고등학교 교육과정(교육부 고시 제1997-15호). 도덕과 교육과정 해설.

교육부(1997). 도덕과 교육과정(교육부 고시 제1997-15호).

교육부(1997). 중학교 교육과정(교육부 고시 제1997-15호). 도덕과 교육과정 해설.

김상봉(2005). 도덕교육의 파시즘: 노예도덕을 넘어서. 서울: 도서출판 길.

김상섭(2012). 덕성교육의 이해적 접근. 한국교육철학학회, 교육철학연구, 제34권, 제2호, 1-21.

박재주(2012). 인격함양의 도덕교육. 서울: 철학과 현실사.

高山岩男(1988). 교육과 윤리(이원호 역). 서울: 주류.

Barrow, R. (1979). *Moral Philosophy for Education.* London: George Allen & Unwin.

Bull, B. L. (2008). *Social Justice in Education.* New York: Palgrave Macmillan.

Giroux, H., Purpel, D. (1983). *The Hidden Curriculum and Moral Education.* California: McCutchan Publishing Co.

Macintyre, A. (2004). 윤리의 역사, 도덕의 이론(김민철 역). 서울: 철학과 현실사.

Niblett, W. R. (1986). 변천하는 사회의 도덕교육(정인석 역). 서울: 교육출판사.

Noddings et al. (2007). 정의와 배려(윤현진 외 역). 서울: 인간사랑.

Ricknoa, T. (1992). *Educating for Character.* New York: Bantam Books.

Ricknoa, T. (1998). 인격교육론(박정호 외 역). 서울: 백의.

Ricknoa, T. (1994). 자녀와 학생들을 올바르게 기르기 위한 도덕교육(정세구 역). 서울: 교육과학사.

Schopenhauer, A. (2004). 도덕의 기초에 대하여(김미영 역). 서울: 책세상.

Straughan, R. (1982). *Can we teach children to be good?.* London: George Allen & Unwin.

제 13 장

가르침의 정치경제학

한국의 현대 교육사상은 전통적 사유의 유전과 단기간에 걸쳐 이루어진 서구 교육학의 도입에 따른 혼재의 필연성 속에서 혼란스럽게 형성되었다. 이러한 혼돈 상황 속에서 교육사상 간 상호 충돌이 발생하기도 하고, '한국 교육학의 논리와 운동'을 제창하는 목소리도 높아지게 되었다. 특히 인본주의와 행동주의 교육사상을 각각 견지하던 학풍 간 벌어진 논쟁과 격앙된 목소리의 핵심은 화해 불능의 반목(反目), 적대적 태도를 통해 교육사상의 우위론을 차지하려는 헤게모니 다툼이었다.

이에 대하여 이종각은 '감각적 논쟁, 양분법적 사고방식, 이론의 타당성에 대한 혼돈, 의미론적 혼란'으로 표현하고 있다(이종각, 1992: 83). 이러한 혼란이 갖는 현상의 본질은 '국가 교육정책 수립과 집행의 장면에서 헤게모니를 누가 갖느냐?'에 따라 학교교육의 모습이 크게 달라질 수밖에 없었다는 사실이다. 그러나 우리는 본질적으로 '좋은 교육, 바른 교육, 참된 교육'을 지향하려는 각각의 주의 · 주장들이 품고 있는 내적으로 충만했던 충정만큼은 부정할 수 없을 것이다.

가르침에 대한 교육사상

인간주의

인간주의 교육사상은 현대 물리학의 복잡성 이론(complex theory)을 연상할 만큼 다양한 스펙트럼을 형성하고 있다. 실제로 이는 '교육인간학, 인간주의 교육학, 열린 교육론, 대안교육론, 자유교육론, 전인교육론, 인간교육학, 인간화 교육론' 등과 같이 다양한 프레임을 형성하고 있는 상태다. 기본적으로 인간주의 교육사상은 정치경제학적으로 편향되거나 주도되는 교육 이념과 정책 수립에 거칠게 저항하고, 그 대신 인간교육의 본연성, 진정성, 본유성, 합리성, 본래성 등을 추구하려는 역동적 동인(動因)을 지니고 있다. 대표적인 인간주의 교육사상가인 리치(J. M. Rich)의 *Humanistic Foundations of Education*을 번역·소개한 김정환은 인간주의 교육사상의 핵심에 대하여 다음과 같이 요연하고 정확하게 설명하고 있다.

> 현대 교육학의 가장 큰 과제는 무엇일까? 교육의 문제를 본질적인 차원에서 깊게 생각하는 사람은 한결같이 교육의 인간화라고 답할 것이다. 교육의 인간화란 교육의 이념, 내용, 방법, 체제에서 너무나 뒷전에 밀려 있었던 인간을 다시 찾아 주자는 생각이다……. 도대체 인간주의 교육학(사상)이란 어떤 발상 위에 서 있는가? 그것은 교육이 국가발전을 위한 것, 사회개조를 위한 것, 기술이나 지식을 습득하기 위한 것 이전에 인간됨을 찾는 교육이어야 함을 외치는 하나의 새로운 교육이념(사상)이다……. 또한 (근본적으로) 인간을 수단이 아니라 목적으로 존중하는 교육이다(Rich, 1996: 351-352).

이와 같이 인간주의 혹은 인간중심주의 교육사상은 교육현상에서 인간

〈표 13-1〉 인간주의의 다층성

구 분	핵심 개념 및 특성
교육인간학	독일 중심의 삶의 철학, 현상학, 해석학, 비판이론, 실존철학, 철학적 인간학, 정신과학적 교육학(소위 독일교육학), 개혁교육학, 문화교육학 등을 공부한 학자들(이규호 교수를 선두로)이 우리나라의 사회 및 교육 현실에 바탕을 둔 합리적인 교육 이해의 틀을 제시하고 이를 체계적으로 조직화함. 볼노프, 셀러, 딜타이, 슐라이어마허 등이 정립한 교육사상의 체계를 슬기롭게 간취하여, 1950~1980년대까지 미국의 실용주의와 행동주의 교육학을 도입한 교육학자들에 의하여 우리나라 학교교육이 주도됨에 따른 여러 가지 교육학적 부작용과 문제점을 적시하고, 이를 타개하기 위한 구체적이고 실천 지향적인 인간중심 교육 이념과 실천, 정책을 강하게 촉구하였음. 경제학 기반의 지식주의, 업적주의, 경쟁주의를 지양하며 다양한 인간현상, 예를 들어 도야, 실존, 만남, 위기, 각성, 상담, 판단, 시간, 공간, 언어, 창조, 오성, 진리, 도덕, 죽음, 예술, 존재, 몰입, 용기, 여행, 자유, 교양, 인격 등을 의미 있는 교육 이념과 현상으로 포섭하여, 정치경제학과 행동주의가 지닌 교육 이해의 편협성을 극복하여 인간의 전일적 성장을 촉구하는 교육사상을 정립하였음.
열린교육사상	루소로부터 연원(淵源)하는 자연주의 교육사상을 모태로 영미권(닐의 자유주의나 듀이의 진보주의에 강력하게 동조하는 세력중심)에서 새롭게 제기된 현대 교육사상으로 학자들은 이를 open education으로 명명하였으며, 우리나라에서는 '열린교육' '개방교육'으로, 일본에서는 '개별화교육'으로 번역·도입하였고, 1990년대 초반부터 활발한 연구와 더불어 유치원과 초등학교 수준에서 실질적인 학교개혁을 주도한 사상임. 열린교육사상은 형이상학적 확장을 통해 장애물이 제거되어 교육의 이익이 모든 사람에게 돌아갈 것임을 주장함(Niberg, 1998: 49). 또한 이는 기본적으로 교육과정에서 결과보나 과정을 중시하고, 아동의 인격과 학습권을 보장하며, 지식이나 기술을 선택하여 통합적으로 배우게 하며, 교사의 권위를 최소화(최소 개입으로 최대의 교육 효과를 지향하는)하는 교육 이념과 방법을 지향한다. 이는 교사와 학생 간 심리적 관계의 열림, 교육 과정 및 내용의 콘텐츠 열림, 교육 시설 및 공간의 물리적 열림 등을 추구하여 지식중심, 교사중심, 결과중심의 학교환경과 교육 장면을 획기적으로 개선하도록 촉구하였음. 특히 학교 장면에서 학습의 본질과 교사의 비권위성에 대한 전향적인 태도를 촉구하였음.

대안교육/ 홈스쿨링	전인교육사상을 연구하고 실천하던 학자들이 좀 더 적극적인 인간교육의 실천 방안과 이념들을 모색하게 되면서 대안교육사상을 하나의 교육운동과 흐름으로 정립함. 우리나라에서는 1990년대 교육 분야에서 일어난 새로운 교육운동을 이념적으로 지지하며 구체적인 활동을 전개해 나가기도 함. 2000년대 들어 정부의 용인을 얻어 내어 공교육을 대체하는 새로운 학교 형태(특성화고등학교)로 확대되고 있음. 이론적으로는 포스트모더니즘, 해체주의, 아나키즘, 생태주의 등을 적극적으로 수용하고, 서머힐, 발도로프 학교, 키노쿠니 학교 등을 면밀히 연구하여 나름대로 토착형 대안교육 모델을 지속적으로 개발하고 있음. 개인 차원은 물론 연구단체, 실천연합체(대안교육 연합)를 통해 기존의 공교육에 거침없는 비판을 제기하고 새로운 교육의 모색이라는 이념적 기치를 내세움. 대안교육의 궁극적인 모델로 가정학교, 자생적 공동체교육 등을 지향하기도 함.
인간(화)교육/ 전인교육사상	인간교육사상의 또 다른 이름인 전인교육사상은 교육인간학이 주로 형이상학, 심리-철학적 연구방법론에 집중하는 데서 생긴 약점을 뛰어넘어[김정환(1996)은 교육인간학을 교육적 인간학으로 달리 부름] 인간교육을 실질적으로 가정, 학교, 사회에서 구현하기 위한 방법론을 제시하였음. 기본적으로 페스탈로치의 교육사상을 전인교육의 원형으로 수용하여(김정환 교수가 대표적임) 슈타이너나 간디의 사상으로 확장시켜 우리의 실정에 적합한 전인교육 모델 발굴에 천착함. 노작교육, 생활교육, 독서교육, 대화교육, 각성교육, 의식화 교육 등을 교육원리로 삼고, 교육이 도구적으로 기능하도록 만든 정치경제학적 교육학에 대한 저항의식을 체계화하였음. 만남, 창조, 회복, 각성 등을 전인교육에 적합한 이념으로 적극 채택하고, 감각계발 교육, 영성교육, 자유교육, 평화교육, 해방교육, 평민교육 등의 교육방법(실천)을 주창함. 특히 이를 연구하던 학자(주로 고려대학교 출신)들이 나스르(Nasr)의 '전인교육'을 번역·발간하여 전인교육의 본질 이해를 대중화함. 그 주요 내용은 삶의 교육, 자기 충족적 교육, 인간중심적 교육, 균형과 조화의 교육, 동기부여적 교육, 통합적 교육, 개인에 적합한 교육, 의미 있는 교육, 내성(內省)적 교육, 외향적 교육 등임. 특히 전인교육사상은 탈학교 경향에서 비롯된 대안학교, 대안교육 운동 및 가정학교 운동의 실천에 가장 직접적인 영향을 미쳤다고 평가할 수 있음.

자유교육사상	삶의 철학을 좀 더 심화시키고 닐의 교육사상을 절대화하여 교육 이론과 실천의 토대를 형성하고 구체적인 자유교육의 실천을 주도할 것을 강조함. 본질적으로 자유교육이란 학생에게 자유를 최대한 보장하는 교육으로 이해됨. 또한 자유교육은 사고와 행동의 자유를 보장함으로써 이룩된다고 여김. 자유교육에서 자유의 의미는 인간의 고유한 가능성으로서의 자유, 곧 실현되어야 할 능력으로서의 자유를 의미함. 자유교육사상의 본질은 자유를 보장하는 교육으로서의 자유교육이 아니라 자유실현을 위한 교육으로서의 자유교육을 의미함(정은해, 2000: 21). 자유교육사상에서 '학생에게 자유를 보장한다는 것'의 의미는 그들에게 자기결정의 기회를 허락한다는 것임. 자기결정, 자기주도, 자기성장의 능력에 대한 신뢰와 반교육적 권위를 지양하도록 교육 장면에 호소함. 이처럼 자유-능력은 교육의 전제이며, 자유-기회는 교육의 조치이며, 자유-실현은 교육의 목표로 관계 설정이 가능함. 특히 닐에 중심을 두는 자유교육사상은 자율, 자치, 자연, 자활, 자유, 자발 등의 인간 사고와 행동의 능동성을 제일 원리로 삼고 있음. 결국 자유교육의 원리는 조형성, 적절성, 상대성, 보편성, 전체성, 교육적 권위, 자유, 자발성, 사회성 등을 중심으로 이루어짐(정은해, 2000: 239-286).
홀리스틱 교육사상	1990년대 초반 캐나다의 밀러(Miller)가 제창하여 북미중심으로 전개된 교육이론으로 범세계적인 관심사 속에서 우리나라는 '일본홀리스틱교육연구회'의 홀리스틱 교육과정에 대한 연구 결과를 수용하면서 학술 연구는 물론 교육개혁 운동으로 확대됨. 우리나라에서는 '홀리스틱교육실천학회'가 설립되어 이론 연구와 실천적 모델 개발에 주력하고 있음. 홀리스틱 교육사상은 행동주의 심리학, 실용주의, 인지심리학, 인본주의, 초개인심리학, 슈타이너의 인지학, 정신통합교육론 등을 이론적 기저로 삼고 있으며, 통전적, 전(全) 연관적, 전일적 인간 형성을 추구하는 교육이론을 정립함.

(성)이 소외되거나 물화되는 것을 강하게 부정하고, 오로지 교육의 내용, 방법, 목적에 인간을 정치(定置)시키려는 노력에 초점을 맞추고 있는데, 그 정향성에 따라 〈표 13-1〉에 지시된 바와 같은 다층성(혹은 방법론적 복수주의)을 드러내고 있다.

〈표 13-1〉에 제시된 것처럼 인간주의 교육사상은 '우리가 어느 시각을 중시하느냐?'에 따라 아주 다양하게 전개되고 (때로는 상호 중첩될 수도) 있

다(Rich, 1996: 356-357). 정영수(1995)는 『인간교육의 탐구』에서 인간교육의 이론은 자유와 평등, 인간교육의 변증성, 비판이론, 범지학, 인지학, 인간성 회복, 정치교육, 평화교육, 환경교육, 통일교육 등에까지 그 인식 관심이 확대될 수 있음을 제시하고 있다. 우리가 어떤 프레임을 취하더라도 현대사회에서의 인간주의 교육사상은 반드시 다음의 여섯 가지를 핵심적인 교육 원리와 방법으로 삼아야 한다(Rich, 1996: 352).

- 교육이념은 인간됨을 일깨워 주는 각성적 교육관을 전제로 해야 한다.
- 교육 내용에서는 인간 현존에 대한 물음의 학(學)인 인문교과가 가장 중시되어야 한다.
- 교육방법으로는 부단한 만남의 기회 제공을 통해 인간화가 이루어져야 한다.
- 교육조직은 모든 이가 참여의식과 일체감을 누리도록 민주화 · 자율화되어야 한다.
- 모든 교사는 자신의 삶을 의롭고 의미 있게 만드는 '선비적 교사' 이어야 한다.
- 교육 연구는 자연과학적 방법론을 지양하여 인간학적 방법론을 찾아가야 한다.

인간주의 교육사상이 추구하는 이상적으로 교육된 인간상은 '자아를 실현한 존재' 다. 인간이 지닌 가능태(可能態)를 현실태(現實態)로 실현하는 자아실현은 그 자체가 교육목적이 될 수 있다. 왜냐하면 교육의 본래 목적은 각 개인이 최대한 넓게, 높게, 깊게 그 가능성을 실현하도록 조력하고 그에 필요한 여러 인간적 특성과 능력을 기르는 데 있기 때문이다(정범모, 2000: 328). 이것은 오롯이 '교육적 분위기' 속에서 단속(短續)적인 형식으로(Bollnow, 1999: 77-93) 이루어지는 인간성의 온전한 발현을 지향한다. 그러나 정치경제학적 자유주의가 지배하는 학교교육 위주의 사회 현실 속에서 과연 이것이 가능할까? 정치경제학적 자유주의(자유사상의 보수주의)와 성과 창출 지향의 행동주의가 주도적인 한, 우리나라에서 인간주의 교육사상은 단지 교육학자들의 머리와 책상 위에 놓인 아주 단순한 연구 주제일 뿐이다.

기초주의

기초주의 교육사상은 1950년대 후반 한기언이 자신의 교육학적 신조(creeds)로 제창한 후 지속적으로 연구 성과가 축적되었음에도 불구하고 대중적인 지지를 이끌어 내지 못했으나, 몇몇 교육철학자(정순목, 김정환, 박봉목, 박선영 교수와 일본의 渡部學 등)에 의하여 학계의 관심사가 된 바 있었다. 그가 설명하는 기초주의 교육사상의 발상에 대한 모티프는 다음과 같다. 미국 교육이 영국 및 독일 교육학의 영향에서 벗어나 20세기 초반 가장 미국적, 세계적, 현대적인 실용주의(pragmatism)를 만들어 낸 후, 이를 바탕으로 교육사상 및 제도의 종속성을 벗어나 자생적, 선도적, 창도(唱導)적 교육사상을 발전시켜 나갔고, 결국 오늘날 세계 최고의 교육문화 강국이 된 점을 목격하고 나서 우리의 교육 현실에 대한 반성적 성찰의 결과물이었다(한기언, 1982: 450).

이는 문화적 사대주의, 교육문화 종속주의에 대한 용기 있는 도전이었으며 학자의 진정한 양심에서 비롯된 것이다. 이것이 바로 그가 말하는 학문적 식민지에 대한 저항이며 동시에 학문적 독립이었다(한기언, 1982: 452). 그는 기초주의 교육사상의 구조를 "모든 사람의 인생을 예술적 경지에까지 승화시키는 인간 형성의 기본 원리"라고 규정하였다(한기언, 1982: 459). 기초주의는 일종의 교육적 가치체계로 일정한 논리체계와 구조를 〈표 13-2〉와 같이 상정하고 있다.

한기언은 교육학의 학문적 정체성을 "인간 형성(교육현상)을 대상으로 하는 자율적이며 종합적인 과학"이라고 규정하였다(한기언, 1982: 462). 이

〈표 13-2〉 기초주의의 구조

구 분	핵심 개념 및 특성
3이념	시간의 이념(傳統): 밝은 눈, 자유의 이념(主體): 냉철한 머리, 질서의 이념(改革): 뜨거운 가슴
3특성	포괄성, 통합성, 역동성
6개념	문화(孝), 생활(誠), 지성(公), 인격(寬), 협동(勤), 봉사(信)
6가치	정신적 종교적 가치(聖), 건강가치(健), 진리가치(眞), 도덕가치(善), 물질가치(富), 심미가치(美)
발달 단계	형성 → 성숙 → 원숙(圓熟)
교육적 인간상	빼어난 자(叡智人): 애국적 인간(민족주의, 항존주의, 본질주의, 문화주의, 종교주의 기반), 범애적 인간(자연주의, 진보주의, 개인주의, 실존주의 기반)
	너그러운 자(寬容人): 합리적 인간(합리주의, 주지주의, 분석주의, 구조주의 기반), 교양적 인간(인격주의, 인문주의 기반)
	씩씩한 자(雄建人): 노작적 인간(노작주의, 실학주의, 공리주의, 사회주의 기반), 봉사적 인간(심미주의, 복지주의, 개조주의 기반)
기본적 인간성	기호(記號)의 사용, 초보적 신체기술, 구성적 활동, 도덕적 책임, 기본적인 사회관계 기술, 유희

로 미루어 볼 때 그는 인간주의 교육사상에서 크게 벗어나지 않았음을 알 수 있고, 새로운 도식으로 설명했지만, 헤르바르트(Herbart)와 유사한 방식의 교육적 가치체계 설정이라는 점에서 또다시 형이상학적, 심리-철학적 담론의 한계에 머물러 있다고 평가할 수 있다. 그럼에도 불구하고 기초주의 교육사상은 현대 한국 교육사상의 가능성으로 여전히 남아 있다.

한기언은 박봉목이 기초주의(사상)는 한국 교육에 대한 역사철학적 비판에 토대를 두고 상반되는 양대 계기의 이상적인 조화를 강조하며 현대교육의 병폐를 역사성의 경시와 전체적이고 통합적인 연구 위에서 이룩되는 조화정신의 결여에 있다고 보고 이런 점에서 기초주의가 필요하다고 한 평가를 밝혔다(한기언, 1982: 443).

이상의 내용을 종합해 볼 때 기초주의에서 말하는 '기초'란 전통+주체

+개혁의 역사성을 의미하며, 이러한 '기초'의 개념적 구조 속에서 개인의 수월성은 물론 이들이 서로 포괄, 종합, 역동하는 전체적인 인간교육의 수월성을 조화롭게 추구했다는 점에서 다시 한 번 음미할 필요가 있다.

자유사상의 보수주의(교육의 정치경제학)

자유사상의 보수주의는 정치학, 경제학(특히 자유주의 경제학과 교육경제학), 경영학, 행정학과 같은 사회과학을 기반으로 해서 국가교육의 이념과 정책 방안을 연구하거나 실제로 정치에 참여한 학자들에 의하여 형성된 교육사상으로 넬러(Kneller)가 명명하였다(Kneller, 1990: 259). 우선 그 사상 형성 배경을 살펴보자. 자유사상의 보수주의자들은 민주주의의 양대 가치인 자유와 평등 중에서 자유사상의 선위성을 믿거나, 전체적 평등에 대한 국지적 자유의 우위성을 주장하고, 극단적인 경우 자유지상(自由至上)의 사회(정치)철학을 바탕으로 세상사를 이해한다. 이러한 태도는 교육 이해의 방식에도 온전히 적용되거나 때로는 외연적으로 확대된다. 넬러는 이에 대하여 다음과 같이 비교적 상세하고 체계적으로 설명하고 있다.

자유사상가들에 의하면, 인간은 본질적으로 합리적이고 경쟁적이며 자기중심적이다. 그들은 자유시장경제를 가진 민주사회에서 구성원들이 최소한의 규제 속에서 자신의 이익을 추구하는 것이 허용될 때 그 사회 전체가 이롭다고 여긴다. (비록 불평등론자들이 주장하는 '교활한 재생산구조'가 실재한다 할지라도) 결국 이기주의적 습성과 태도는 사회적(혹은 우연적) 학습과정을 거쳐 누구에게나 '가르쳐진다'. 자유사상가들은 개인적인 인간본성을 보다 더 믿고 있기 때문에 교육에서도 보다 급진적인(혹은 사회경제적 상황에 부합하도록) 실험 장면들을 도모한다(Kneller, 1990: 260).

그들에 의하면, 사회는 개인보다 우월한 유기체가 아닌 개인들의 연합이다. 사회제도는 그것이 개인의 자유를 증진시키는 정도에 한하여 잘 작용할 뿐이다. 자유사상가들은 단순하게 사회의 개혁을 위하여 학교교육을 이용하는 것을 반대한다. 그들은 학교가 시험, 운동, 학교정신, 교사의 모범 등을 통해서 경쟁과 수월성의 목표를 추구해야 한다고 주장한다. 학교는 사회화를 위한 기관으로서 봉사할 것이 아니라 자유로운 선택을 기반으로 하는 지적 성취를 보장해야 한다. 할당제, 긍정적 행위, 사회적 배경에 따른 차별 없이 자격을 갖춘 개인에게는 누구에게나 장학금 등을 지원하는 보조체제가 있어야 한다. 이때 학교는 개인의 재능을 찾아내고 계발시키기 위해 노력해야 한다. 왜냐하면 국가는 배출될 수 있는 모든 전문기술인을 필요로 하기 때문이다(Kneller, 1990: 260).

자유사상의 보수주의자들은 사람들이 지성과 재능을 발달시킬 수 있게 하는 것이 학교교육의 핵심적인 목적이라고 주장한다. 여기서 지성이란 사고력, 상상력, 감성력, 관찰력, 탐구력, 판단력 등을 포함하며, 이러한 능력들은 비판적으로 독서하고, (과학적) 증거의 중요성을 재고(숙고)하고, 논쟁을 평가하며, 자신의 의견을 형성하고 표현할 수 있게 만드는 힘이다. 학교는 학생이 지성을 연마하도록 지속적인 반복학습에 필요한 기술들을 가르쳐야만 한다(Kneller, 1990: 269). 그렇다면 자유사상의 보수주의자들이 일관성 있게 견지하는 교육의 수월성(excellence)이란 개념은 무엇인가? 이는 다음 인용문에 잘 드러나 있다.

> 교육의 수월성을 장려하기 위해서 학교는 구체적인 성취기준을 필요로 한다. 각 수준에서 배출기준은 진입기준보다 반드시 높게 설정되어야 한다. 모든 졸업장은 기본적인 기술의 완성을 의미해야 한다. 따라서 자동으로 진급되는 일은 절대 있어서는 안 된다. 그보다 오히려 학교는 탁월한 학문적 성취(수행력)에 대하여 많은 보상을 해 주어야 한다. 자유사상의 보수주의자들에 의하면 지성이란 (결코) 평등하게 분배되어 있지 않으며 기본교육도 근본적으로 평등하지 않다. 평등한 교육의 기회가 제공되어야 함은 마땅하지만, 그 목적은 누구나 똑같은 지적 수준에 도달하도록 하는 것이 아니라 각자의 능력의 차이를 인식할

수 있게 만드는 것이다(Kneller, 1990: 270).

스미스(Smith)의 자유방임론, 프리드먼(Friedman)의 부모의 학교 선택 및 통제론, 노직(Nozick)의 최소국가론, 위인(Wynne)의 학교 권위와 훈련론, 콜렌퀴드트(Colenquist)의 비자발적 (지시적 혹은 주입식) 도덕교육론 등에 의하여 활발하게 개진된 자유사상의 보수주의 교육사상에 따르면, 그들은 역설적이게도 공립학교의 필요성을 승인하는 한편 그 안에서 자유의 이념을 극대화하려고 한다(Kneller, 1990: 266). 또한 그들은 본질적으로 업적주의 지지자들이다. 그들은 학교의 일차적 존재목적은 재능이 있고 활기 있는 자들에게 성공의 사다리를 타고 올라갈 수 있도록 준비시키는 것이라 여기기 때문이다.

이 상황에서 사회화, 인격화, 평등화, 평화와의 조화는 차후의 문제다. 한마디로 자유사상의 보수주의 교육사상에 따르면 학교교육의 목적은 선택의 자유를 기반으로 하여 경쟁 시스템을 통해 개인의 수월성을 이끌거나 보장하는 것이 분명하다. 교육, 학습, 개인의 수월성은 공교육 시스템의 책무성, 생산성, 효율성을 기반으로 산출되며, 이는 곧 국가의 경쟁력과 직결된다.

이러한 자유사상의 보수주의 교육사상은 오랫동안 우리나라 교육정책을 지배해 왔으며, 최근에는 신자유주의 교육정책이 등장하면서 다소 경직된 자유주의를 완화 혹은 수정하는 경향을 보이기도 하였다. 그러나 교육현상의 본질 측면에서 볼 때 자유사상의 보수주의건 혹은 신자유주의건 모두 어떤 한계가 내재되어 있음을 쉽게 간파할 수 있다. 교육이 정치경제학적 논리에 지배될 때 인간은 철저히 소외되고 말기 때문이다. 이를 잘 알면서도 국가교육 시스템에서 여전히 인간 소외에 대한 관심과 배려는 뒷전인 것도 '불편한 진실' 이다.

행동주의(혹은 복합주의)

행동주의 심리학에 기반을 둔 교육학의 핵심은 '변화'다(정범모, 1984: 19-22). 이에 따라 수반되는 행동주의 교육사상은 일종의 복합주의라고 해도 과언이 아니다. 왜냐하면 이 사상은 학습주의의 특성을 기반으로 하되 교육주의도 함께 수용한 후 교수-학습의 작용을 오로지 '계획적으로 의도된 행동 변화'로 회귀(回歸)시키는 단일구조를 띠기 때문이다.

행동주의자들은 학습의 메커니즘, 수행력의 변화, 목표 달성 및 성과 창출, 행위의 측정과 평가 등이야말로 모든 교육현상의 핵심이어야 한다고 주장한다. 이때 인간 이해의 가장 확실한 과학적 증거는 객관도, 신뢰도, 타당도를 확보한 표준화된 검사도구들이다. 행동주의 심리학을 기반으로 복합주의 교육사상을 주도한 정범모는 '지적, 정의적, 의지적 영역에서 이루어진 확인 가능한 변화'를 교육현상의 핵심으로 간주하고 있다.

행동주의 교육사상에 따르면, 교육 주체로서의 인간(성)은 이해되거나 수용되는 것이 아니라 해석되거나 분석된다. 그런데 문제가 되는 것은 이러한 해석과 분석이 유기론적 이해방식이 아닌 요소환원주의(총합주의)적 이해방식을 원칙으로 삼는다는 점이다. 행동주의 혹은 복합주의에 의하면, 어떤 형태든 개인이 거둔 성취의 수월성은 개인 역량의 수월성으로 확대되어 이해된다. 이로 인해 인간(성)은 학습활동을 기반으로 하는 행위(행동), 달성, 성취, 성과, 수행, 역량, 평가, 선발, 배분 등에 철저히 소외되고 만다. 결국 인간이 주체가 아니라 그 인간이 외적으로 거둔 성과나 성취가 지닌 경제성이 주체가 되고 만다.

이러한 양상에서 벌어지는 교육현상을 신봉하는 사회과학자(교육학자 포함)들은 인(간)성, (도)덕성, 창의성, 영성조차 객관화하여 과학적 분석과 논리적 추정이 가능하다고 감히 주장한다. 마침내 행동주의에 기초한 모든 교육현상은 사회경제적으로 학력주의를 성숙시키고 정치경제학적으로는 경쟁과 선발주의를 심화시키는데, 이것이 마치 민주주의 양식의 전형인 것

〈표 13-3〉 교육주의와 학습주의

교육주의	학습주의
• 인간은 스스로 학습하지 않는 속성이 있기 때문에 교육해야 한다. 따라서 교육이라는 인간 활동의 가치는 당연하다. • 교육주의는 다양한 교육철학의 존재 의의를 지지한다. • 교육주의의 뿌리는 국가(국민)교육제도를 정당화하고 지탱하는 국민교육주의에 있다. • 사람은 개인이기 이전에 국가의 구성원이다. 사람을 국민으로 만들기 위하여 교육하지 않으면 안 된다. • 국가는 국민을 교육할 권리를 확보하고 정당화한다. • 국가는 국민교육의 수행을 위하여 공교육제도를 수립하여야 한다. 일정 기간 필수적인 국민교육을 정하고 취학을 의무화하고 국민은 교육받을 권리가 있다. • 근본적으로 닫힌 교육을 지향한다. 삶과 유리된 교육을 강요한다. • 보편적 절대가치의 명분을 내세워 지배집단의 헤게모니를 유지, 강화한다. • 개인이 자발적이고 능동적인 학습자로 성장하는 것을 가로막고 피동적 학습자로 간주하고 훈련시킨다. • 교육적 체계를 갖추지 않은 학습활동에는 무관심하다.	• 학습은 각자에게 새로운 지식, 사고방식, 규범, 기능, 감성 등을 습득하는 의도적 활동이다. • 인간의 학습능력과 학습의 자발성을 신뢰하고 존중한다. • 주체적 학습활동을 정당화한다. • 인간은 학습동물로서 강력한 학습 욕구와 학습능력을 지니고 있다. • 학습활동을 통제하거나 억압하지 않으면 학습활동은 평생 지속된다. • 학습은 선행 학습자에 의하여 촉진될 수는 있지만, 학습자 자신의 적극적인 학습활동에 의하여 이루어진다. • 교사가 가르친다고 반드시 학습이 이루어지는 것은 아니다. • 인간은 학습자로 태어나는 것이지 교육자로 태어나는 것은 아니다. • 연구와 사고는 학습활동의 결과이지 교육의 결과가 아니다. • 근본적으로 열린 사회를 지향한다. • 교육은 학습을 위한 보조수단일 뿐이다. • 교육자와 학습자는 상호 학습한다. • 국가교육은 국가가 교육하는 제도가 아니라 학습자의 권리와 자유를 보장하는 제도다. • 학습의 목표는 학습자의 삶에 내재되어 있다.

출처: 이성진(편) (1994). pp. 205-223의 내용을 재구성함.

처럼 대중들이 착각하게 만들어 버린다. 아마노 이구오(天野郁夫)는 학력주의 사회 풍토—(시험을 통한) 선발과 분배—사회적 자원 획득의 연관 개념으로 다음과 같이 명료하게 설명하고 있다.

> 현대사회에서 사람들의 사회적 지위는 '그가 어떠한 사회적 자원(부, 권력, 위신, 기능)을 얼마나 보유하고 있는가?'에 따라 결정된다. 그러나 사회적 자원은 대다수 사람들이 원하기 때문에 불평등하게 분배되고 있다……. 따라서 교육문제는 이들 사회적 지위를 규정하는 사회적 자원 중 지식, 기능의 분배와 관련된다. 왜냐하면 지식, 기능의 대부분이 학교교육을 통해 획득되기 때문이다……. 그리하여 학력(學歷)은 과거에 획득한 지식, 기능뿐만 아니라 미래의 지식, 기능 습득 능력을 예견한다……. 이와 같이 학력이 사회적 자원의 분배와 높은 상관이 있다고 하는 것은 학력 그 자체가 하나의 희소자원인 동시에 학력을 획득하는 것이 다른 자원을 획득하기 위한 수단적 성격을 지닌다는 것을 의미한다……. 사회적으로 가열과 냉각의 과정을 통하여 선발과 분배가 이루어진다(이러한 기능이 수행되는 주요 무대는 바로 학교교육 장면이다)(天野郁夫, 1992: 15-21).

행동주의 교육사상은 이러한 업적주의, 경쟁주의, 학력주의 사회 상황에 선발-배분의 합리적인 메커니즘을 마련해 준다. 이러한 문제나 인간학적 약점에도 불구하고 행동주의 교육사상이 여전히 현대교육에서 그 주도권을 놓치지 않는 것은 무언가 나름의 강점이 숨어 있기 때문은 아닐까? 자유사상의 보수주의 교육사상이 추구하는 교육의 수월성을 경제성, 객관성, 공정성, 효율성, 경쟁력 등으로 제한하여 이해할 때 행동주의 교육사상의 강점도 분명히 존재한다.

이러한 강점은 교육현상의 본질을 단순히 '인간 행동의 계획적 변화'로 규정할 때 더욱 큰 위력을 발휘한다. 여기서 변화란 '육성, 조성, 함양, 계발, 교정, 개선, 성숙, 발달, 증대' 등 내적, 외적 양태의 변화를 모두 포함하는 포괄적 개념이다(정범모, 1984: 19). '계획적'이란 말은 교육목적이 이념적, 철학적이어야 함은 자명하지만, 동시에 과학성(분석적, 논리적)을 기반으로 어떤 정향성을 가져야 함을 의미한다(정범모, 1984: 24).

이러한 목적 지향적인 변화 기반의 공학적 교육 개념은 국가 규모의 교육 필요성과 경제학적 유용성이라는 장점을 바탕으로 한국 교육정책 형성과 집행의 주도권을 행사하고 있다. 그러나 행동주의 교육사상은 이것이 지닌 몰가치, 탈가치, 가치 중립성(value free)으로 인해 대립되는 교육사상들과 논란의 중심에 항상 서 있다.

이상의 주류 교육사상과 더불어 구성주의, 평등주의, 평화주의, 생태주의, 복지주의, 인격주의, 아나키즘, 학습주의 등 다양한 교육사상이 비록 대중적 공감을 얻지는 못하고 있지만, 서로 공존하며 교육의 참된 본질을 찾기 위하여 부단한 노력을 경주하고 있음도 주목해야 한다.

가르침의 교육정책적 과제

위기이론으로 보기

세계 문명사의 흐름 속에서 교육의 위기 상황, 위기 장면은 문화보편적인 현상이었다. 한마디로 인류는 '교육의 위기' 로부터 한시도 자유로운 적이 없었다고 해도 과언이 아니다. 물론 이러한 위기는 비단 교육현상에 국한된 문제만은 아니다. 이로 인해 최근 다양한 학문 영역에서 위기를 연구주제로 삼는 경향이 비등하고 있다. 데이(Day)의 『위기심리학(*Welcome to Your Crisis*)』, 루비니(Rubini)의 『위기경제학(*Crisis Economics*)』이 있고, 최근 출간된 정갑영의 『위기의 경제학』 등이 이에 해당되는 대표적인 사례들이다. 또한 위기상담학, 위기협상론, 위기사회론, 체제위기론 등 위기에 대한 학문 특성별 조직적-체계적 이해방식들이 확산되고, 교육학 분야에서는 실버먼(Silberman), 페레즈(Perez)와 고피나선(Gopinathan), 캐리어(Karier)와 스프링(Spring) 등이 이미 위기를 담론의 핵심으로 삼거나 극단적으로 '위기교육학' 을 주창한 바 있다.

실버먼은 『교실의 위기(*Crisis in Classroom*)』(1970)를 통해 학교교육에서 벌어지고 있는 인간교육의 실패를 위기로 진단하고 미래 지향적 학교교육의 이상향을 제시하였고, 캐리어와 스프링은 『위기의 근원(*Roots of Crisis*)』(1975)을 통해 범세계적으로 벌어지는 현대교육의 전반적인 위기 국면을

〈표 13-4〉 위기이론의 구조

범 주	위기요인	차 원	기저이론
존재상(存在狀)의 급격한 변화	• 존재론적 상실 • 실재의 파괴, 붕괴, 해체 • 정체성 발달 단계상의 장애요인 (E. Erikson) • 예) 죽음, 자살, 성장통	개체적	존재론 현상학 발달심리학
소유나 관계의 왜곡 및 해체	• 거래적 관계구조(망)의 파괴, 붕괴, 와해, 왜곡, 전도 • 공동체의식(이타심)이나 평화의 해체 • 이상적 질서(인륜)의 파괴 • 공권력에 대한 도전, 전복, 불신 • 지식, 부, 권력의 편재성에 기인한 각종 갈등 • 예) 경제(인플레, 디플레, 스태그), 권력투쟁, 폭력, 쟁송(爭訟), 가족해체, 인종 갈등, 디바이드(학력, 영어, 지역, 부, 세대 등)	개체적 사회적	사회학 사회심리학 공학 경제학
항상성 (Homeositasis)의 불균형 및 파괴	• 생태적 형평성의 파괴, 부정, 박탈, 상실 • 심리적 상태의 불균형, 불안정으로 인한 고통 • 물리적 상태의 불균형으로 인한 재난의 위험 • 환경 생태의 불균형, 이상 • 기능적 장애를 유발하는 제도나 풍토 • 예) 기/갈/성, 우울감, 일탈행동, 환경 파괴, 기후 이상	개체적 사회적 우주적	물리학 생태학 정신의학 운동역학

분석 · 제시하였다. 한편 페레즈와 고피나선은 『교육의 위기(*Crisis in Education*)』(1977)를 통해 다양한 학자의 교육위기론을 정리 · 제시하여 교육위기에 대한 교육학계의 경각심을 자극하였다. 위기이론, 위기학을 이론적으로 정립하는 것은 다소 방대한 작업이 될 수 있다. 따라서 여기에서는 교육현상(교육사상과 교육정책)과 관련된 사항들에 국한하여 시론(試論) 수준에서 논의하고자 한다. 우선 위기의 기본적인 양상은 〈표 13-4〉와 같이 구조화할 수 있다.

〈표 13-4〉에 제시된 바와 같이 존재상, 관계성, 항상성을 위기분석의 프레임으로 살펴볼 때 우리 교육의 현실에서는 다차원적인 문제 상황이 아주 쉽게 드러난다. 다시 말해, 교육에서의 위기 양상은 존재상, 관계성, 항상성 중에서 어느 하나에 국한되지 않고 모두와 밀접하게 관련되어 있다. 인간학에서는 불안감을 조성하면서 삶의 지속적인 과정을 중단시키는 갑작스럽고도 강압적인 사건을 '위기'라고 정의한다(Bollnow, 1999: 113). 이를 우리 교육 장면에 적용해 볼 때 관계적 질서 파괴에서 비롯된 교실 붕괴, 학생들을 자살로 내모는 성과지상주의, 소신과 원칙을 상실한 교육정책과 이로 인한 대중의 정책 불신 풍조, 조기교육을 조장하는 교육제도로 인한 가족 해체, 현실적으로 실재하는 영어 및 학력 디바이드(divide), 각종 정신질환을 유발하는 시험(성과행동) 중심의 선발구조, 가치 중립적 교육과정, 시장경제 논리가 지배하는 공교육정책, 비인간적 교육 시설과 환경, 학습자의 과잉생산으로 인한 경제적 손실 등 헤아릴 수 없이 다양한 교육위기의 모습이 선명하게 드러난다. 그렇다면 이러한 제반 문제를 정책적으로 해결할 수 있는 사상적 기반, 소위 기저로 삼을 만한 교육사상은 무엇인가? 그리고 그것이 실제로 교육정책에 반영될 때 문제 해결의 가능성은 과연 있는가?

〈표 13-5〉에서 나타나듯, 각각의 교육사상은 상호 배타적인 교육사상들이 지닌 교육정책상의 위기진단 요인들을 비교적 명료하게 제시하고 있다. 한마디로 어떤 교육사상이 교육정책의 주도권을 행사하든지 교육의 위기

〈표 13-5〉 교육사상별 교육정책의 위기진단 요인

	인간주의	자유사상의 보수주의	행동주의
인간주의	-	경제학(Economics) 프렌들리 성향을 기반으로 하는 시장경제 논리 및 성장제일주의가 지배하는 사회구조 속에서 파생되는 극단적인 자유경쟁, 효율성 지향의 교육정책으로 인한 인간성 문제	가시적인 성과 창출, 학교교육의 효과성을 교육행위의 핵심으로 삼는 행동과학적 이론을 추구함으로써 파생되는 교육의 가치 중립적 성향의 교육정책으로 인한 가치 중립성 문제
자유사상의 보수주의	윤리학(Ethics) 프렌들리 성향을 기반으로 학생인권, 생명윤리, 생태환경 등을 지향하는 교육구조 속에서 파생되는 교육의 생산성, 효율성 저하의 교육정책	-	개인적 차원의 변화 양상에 초점을 맞추는 교육 이론과 실천으로 인해 나타나는 국가 수준의 교육 경쟁력을 경시하는 교육정책
행동주의	인성, 인권, 창의성 등 심리적 요소들을 지나치게 강조하고 외현적으로 드러나는 성과 창출의 메커니즘 부재에 따른 교육 본연의 의미 약화를 심화시키는 교육정책	몰가치적 무한경쟁 기반의 교육환경 속에서 온전한 성장을 거스르거나 극단적인 경우 배반적인 교육이념을 정당화하는 교육정책	-

는 반드시 실재한다는 것을 잘 보여 주고 있다. 이러한 정책 차원과 달리 교육의 단속적 형식이라는 측면에서 위기의 교육적 유용성을 주장하는 경우도 있다.

> 인간은 위기를 통해서만, 즉 근본적으로 다른 어떤 방도가 없는 매우 극단적인 위협을 통해서만 자신의 본래적인 자아 존재를, 환언하면

> 모든 영향들에 대항하여 자기 스스로를 책임질 수 있는 어떤 확고한 위치를 획득할 수 있다. 이러한 과정을 통해 비로소 인간은 참된 윤리적 존재가 된다……. 만일 위기가 이렇게 인간의 본질에 속하며 인간의 자아형성에 불가피한 것이라면 교육자가 이러한 위기에 대하여 어떤 태도를 취해야 하는가라는 문제가 제기된다……. 교육자는 어떤 위기에 대하여 책무성을 가질 수 없으며 위기를 지배할 수 없다……. 이러한 점들로 인해 교육학의 범위가 의식적인 교육행위보다 훨씬 넓게 확장된다는 사실이 명백해진다(Bollnow, 1999: 115-117).

위기이론과 관련지어 교육문제를 논의할 때 간과할 수 없는 또 다른 '불편한 진실' 이 존재한다. 학술적으로 줄곧 견지하던 자신의 교육사상이 정치권에 편입되었을 때 마치 손바닥 뒤집듯 아주 쉽게 개조해 버리는 양식과 양심의 비일관성이 우리 교육학계에도 엄연히 존재한다는 사실이다. 이것은 또 다른 우리교육 현실의 큰 위기요인이기도 하다.

공정이론으로 보기

역사적으로 교육의 이론과 실천은 늘 정의(正義)의 문제였다. 다시 말해, 정의로운 교육을 위한 과제는 헬라시대의 소크라테스, 플라톤, 아리스토텔레스로부터 연원하여 현대에 이르기까지 일관되게 탐구되고 있는 수제다. 이러한 교육에서의 정의문제는 언제나 철학적 담론으로서의 정의이론과 불리(不離)의 상관 속에서 논의되었다. 현대 정의론은 크게 세 가지로 구분된다. 그것은, 첫째, 공리나 행복의 극대화, 즉 최대다수의 최대행복(summing goods)을 추구하는 공리주의적 입장(Bentham & Mill), 둘째, 개인에게 부여된 선택의 자유를 존중하는 자유주의적 입장[이는 자유지상주의(극단적 자유주의)적 견해와 자유주의적 평등주의의 견해(Rawls)로 가름됨], 셋째, 개인의 미덕을 키우면서 공동선을 고민하는 공동체주의적 입장(Sandel

& MacIntyre)이다.

이러한 정의이론 중에서 특히 롤스(Rawls)의 '공정으로서의 정의론' 과 샌덜(Sandel)과 매킨타이어(MacIntyre)의 '개인의 미덕을 넘어선(after virtue) 공동체주의론' 은 교육에 대한 일정한 관심을 할애했고, 현대 교육사상 형성에도 많은 시사점을 제공하고 있다. 우선 롤스의 공정으로서의 정의론의 핵심적인 두 가지 원칙과 현대사회에서 교육의 성과로 간주되는 분배의 정의적 관점을 살펴보자.

제1원칙

각자는 모든 사람의 유사한 자유의 체계와 양립할 수 있는 평등한 기본적 자유의 가장 광범위한 전체적 체계에 대한 평등한 권리를 가져야 한다.

우선성 규칙

정의의 원칙들은 축차(逐次)적 서열로 이루어져야 하고, 따라서 자유는 자유를 위해서만 제한될 수 있다. 이에는 두 가지 경우가 있다. 첫째, 덜 광범위한 자유는 모든 이에 의해 공유된 자유의 전체적 체계를 강화해야 하고, 둘째, 덜 평등한 자유는 보다 작은 자유를 가진 사람들에게 받아들여질 수 있어야만 한다.

이처럼 롤스는 기회평등을 전제로 하는 자유의 우선성(차등원칙)에 입각하여 우리 사회에 유용한 공정으로서의 정의론을 전개하였다. 기회문제와 더불어 분배문제는 정의론의 또 다른 핵심 사안이다. 그는 우리 사회에서 이루어지고 있는 분배와 정의의 관계에 대하여 다음 네 가지 스펙트럼으로 설명하고 있다.

- 봉건제도 혹은 카스트 제도: 귀속적 지위에 의한 분배
- 자유지상주의: 단순한 기회의 균등을 공식적으로 인정하는 자유시장경제 체제에 의한 분배
- 능력(업적)주의: 공정한 기회균등을 인정하는 자유시장경제 체제에 의한 분배
- 평등주의: 공정으로서의 정의인 차등원칙이 적용되는 사회체제에 의한 분배

롤스는 공정으로서의 정의인 평등주의가 교육을 지배하는 주도원리가 되어야 함을 주장하였다. 그런데 이는 우리 교육의 정책에서 수월과 평등을 조화시키는 방법론적 원리를 제시했으며, 정의로운 교육의 실천 가능성에 대한 새로운 지평을 충분히 안내하고 있었다. 롤스의 이론에 대해 샌델은 평등한 사회를 건설하는 데 가장 설득력 있는 주장이라고 평가하는 반면, 매킨타이어는 개인주의적(상대주의적) 인간관 및 사회관을 추종하는 세력들이 '공동선'을 위시한 인간의 공동체주의적 측면을 간과함으로써 추상적 보편주의에 빠져 있다고 비판한다(Rawls, 2005: 759)(더 자세한 정의와 분배 이론에 대해서는 생략하기로 한다).

이러한 조망에서 드러나듯, 공정으로서의 정의와 교육문제의 핵심은 바로 자유와 평등에 대한 이해와 실천의 방식이다. 주지하다시피 민주주의 이데올로기를 지탱하는 핵심적 가치는 자유와 평등인데, 참으로 묘하게도 이 둘에는 '이즉동(異卽同)'이라는 현상학적 난해함이 숨어 있다. 또한 자유와 평등은 국체(國體)나 정체(政體)를 가늠하는 척도로 작용한다. 이는 현대교육사상과 정책에도 외연적으로 확대되어 적용된다.

그렇다면 현대사회에서 공정으로서의 정의와 가장 밀접하게 관련된 교육정책의 문제는 무엇인가? 여기서는 중앙정부의 3불(不)정책(고교등급제, 기여입학제, 본고사 등의 금지), 지방자치단체의 학생인권조례에 관하여 간략하게 논의하기로 한다. 우선 정부의 3불 교육정책에 대하여 살펴보자.

〈표 13-6〉 정의와 공정한 교육정책

	인간주의	자유사상의 보수주의	행동주의
정의에 대한 관점	방임적 자유에 대한 평등과 균형의 우선성에 입각한 복지, 인권, 평화 등이 이루어지는 사회적 환경을 조성하는 것	평등에 대한 자유의 선위성에 입각한 선발, 경쟁, 분배가 이루어져 개인의 역량을 자본화해 주는 사회적 장치를 마련하는 것	가치 정향적인 목표(성과)행동을 정치시키거나 바람직한 성과 창출을 기대할 수 있도록 사회 환경과 체제를 구조화하는 것
공정 교육 정책	선택의 무한자유를 보장하는 교육제도, 다양성 공존의 논리가 지배하는 교육환경, 인성 기반의 유연한 교육정책, 인간화 교육과정이 실제적으로 구현된 생태적 교육환경을 지지하는 교육정책	일정 수준의 자유로운 선택행위를 기반으로 하는 교육 시스템, 서열화를 동반하는 다양화된 교육체제, 경제적 효용성을 제고하는 역량 기반의 교육과정, 교육의 책무성을 지지하는 자유주의 시장경제체제 기반 교육정책	교수와 학습의 상호 효율성을 극대화하는 수업환경 구축, 거시적 교육정책보다 계획성, 의도성, 효과성 기반의 학교교육 환경 조성, 개별학습의 최적화를 구현하는 수업설계 등을 지원하는 교육정책
문제점	교육에 내재된 정치경제학적 속성에 대한 배타적 경향성으로 인한 교육의 생산성, 효율성, 경쟁력 확보에 약점이 있음	자유시장경제 체제를 기반으로 경쟁교육 환경을 지지하는 성향으로 인해 유발되는 사회의 비도덕성에 대한 적절한 해명체제가 약함	수행 결과로 드러난 성과행동을 개인의 총체적 역량으로 환원시켜 교육 경험을 파악하는 방식에 기인하는 전일적 인간 이해의 부족

목영해(2009)는 이를 이미 기호학적 연구방법을 통해 분석한 바 있는데, 그 정책의 지지와 반대는 극명하게 상반된 듯 보이지만, 본질적으로 공정성에 대한 이해방식의 차이만 있을 뿐이라는 것이 요지다. 한마디로 3불정책은 자유시장경제 체제의 속성에 대한 사람들의 심리적 습관에 따른 일정한 대응방식이며 교육정책은 각각의 입장을 대변할 뿐이다. 다시 말해, '그것이 과연 공정한 처사인가?'의 단순한 문제에 대한 상이한 입장일 뿐이다. 이러한 시각은 샌델에 의하여 분명하게 제기되었다. 이는 다음 인용문에 잘 드러나 있다.

> 기여입학생제도는 과연 공정할까? 대학이 능력이란 어떤 식으로든 대학의 사명에 기여하는 역량을 뜻한다고 본다면 답은 '그렇다'가 될 것이다. (왜냐하면) 사명이 무엇이든 대학은 그것을 수행하려면 돈이 필요하기 때문이다……. (그러나) 입학(전형)에서 탈락한 학생들은 기부금을 낼 만한 능력이 안 되는 부모를 둔 불운한 학생들이다……. 대학은 어느 정도까지 학문적 우수성을 추구하고 어느 정도까지 시민의 기대에 부응해야 하는가? 대학은 학생들을 교육해 사회에 나가 훌륭히 일하게 만들지만, 대학교육의 일차적인 목적은 상업적인 거래가 아니다. 교육을 상품처럼 파는 행위는 일종의 타락이다(Sandel, 2010: 254).

샌덜이 말하는 '타락'은 정치경제적 개념이 될 수 없다. 다만 대중의 심리적 습관에서 비롯된 호오(好惡) 내지 긍부(矜負)의 문제일 뿐이기에, 그는 이에 기초하여 기여입학제도의 불공정성을 제기했을 뿐이다. 즉, 기여입학제도가 자본주의 시장경제체제에 의하여 형성된 대중의 심리적 습관을 거스르기 때문에 반감을 유발한다고 볼 수 있다. 결국 기여입학제와 교육의 공정성 문제는 해결 불능의 난제일 뿐이다.

다음으로 '학생인권조례'를 교육의 공정성 문제로 따져 보기로 하자. 민선 교육감으로 선출된 중부권 벨트(서울, 경기, 인천, 강원)의 교육감들은 취임하자마자 학생인권 문제를 정책적 아젠다로 삼았고 앞다투어 실질적인 조례로 제정하여 공표하였으나 곧바로 대중적 논란의 핵심으로 떠올랐다. 강원도교육청이 최근 도의회에 상정한 '학교인권조례'(처음에는 '학생인권조례'라고 했다가 최근 그 명칭을 바꿈)의 내용 중 갈등의 소지가 된 핵심 내용은 다음과 같다.

> 제5조(차별받지 않을 권리) ① 학생은 성별, 종교, 인종, 언어, 나이, 신념, 임신 또는 출산, 성적(性的) 지향, 신체조건, 경제적 여건, 성적 등을 이유로 차별받지 않아야 한다.

> 제6조(사생활 보장의 권리) ① 학생은 정당한 사유 없이 사생활을 침해받아서는 아니 된다. ③ 학교의 장 및 교직원은 긴급한 상황 이외에 학생의 사물함과 소지품 검사를 하여서는 아니 된다.
> 제8조(의사 및 개성을 표현할 권리) ⑥ 학교의 장은 두발에 대한 제한을 가할 수 없으며, 복장에 대한 제한은 최소한이어야 한다.

언뜻 보면 이 조항들은 대부분 교육의 본질인 절대인권의 보호를 위한 최적의 조치요 장치인 것처럼 보인다. 그런데 많은 사람이 왜 반박하거나 비난하는가? 그것은 한마디로 학생인권을 우선시하겠다는 정책적 의도와 (현실적으로 불가피하게 작동해야만 하는) 학교 혹은 교사의 교육권 간의 상충에서 비롯된다. 또한 (비록 국지적일지라도) 공적인 담론으로서의 교육정책과 대중의 심리적 습관 사이의 이반(離反)에서 비롯된 대충돌이기도 하다. 그렇다면 교육적으로 어느 입장과 태도가 공정한가? 이 문제도 앞서 기여입학제의 문제처럼 해결 불능의 난제일 뿐이다.

이상의 두 가지 사례를 살펴볼 때 공정으로서의 교육사상이나 공정을 지향하는 교육정책은 그 어느 것이든 진위(眞僞)나 정오(正誤)가 아닌 차이만 실재할 뿐이다. 여기에 교육의 이론과 실천의 가장 큰 어려움이 도사리고 있다.

행동(성과)이론으로 보기

누구든 어떤 성과를 내기 위한 전제조건은 행동이다. 또한 성과를 낸 행동의 결과를 성과 창출이라고 한다. 여기서 '행동'은 act(acting, activity, action), behavior 등으로 다양하게 표현되고 있는데, 철학 등의 인문학과 경제학 등의 사회과학에서는 비구조적, 탈맥락적 의미 기반의 action을, 교육학에서는 구조적, 맥락적, 상황적, 가치 정향적 의미 기반의 behavior를 선호하여 사용하는 경향이 짙다. 각 교육사상은 행동(성과)에 대하여

〈표 13-7〉 행동(성과)에 대한 이해

	인간주의	자유사상의 보수주의	행동주의
기본 입장	인간 행동이란 단순히 외현상 드러난 것뿐만 아니라 습관화된 것, 외부 자극이나 물리적/심리적 보상체제와 무관하게 내발(內發)성의 자유의지를 기반으로 한 행동에 의미를 부여함. 행위의 자발성, 능동성에 초점을 맞춤. 자아, 의지, 의욕, 동인, 의식 등의 변화도 교육적 성과로 간주될 수 있음. 도덕성은 일종의 습관임. 비의도적인 습관행동의 변화가 곧 교육임	성과에 대한 보상기대, 보상체제, 보상 유형 등에 의하여 인간 행동이 파악됨. 인간 행동은 본래 정치적, 경제적 속성을 기반으로 경제적 이유와 편의(便宜)성을 추구하려는 경향을 지님. 인간 행동은 이러한 보상기대 체제의 조작을 통하여 얼마든지 변화 가능성을 내포하고 있음	의식, 감정, 마음의 상태를 경시함. 행동은 후천적임. 창의적 성과에 대한 설명이 어려움. 정체성의 역할을 부인함. 행동의 예측이나 통제에 국한하여 존재와 존재의 성질은 무시함[비록 이 점들은 스키너(Skinner)가 '행동주의'에서 강하게 반박했지만, 대립적 사상들에 의하여 공유된 생각들임]. 행동은 인간의 성취임(이는 스키너가 표현한 것임). 오로지 행동만이 성과를 창출함. 행동은 성격과 다름. 성격을 통해 행동을 예측할 수는 없음 [코체(Kotze)의 주장]
행동 목표	교육의 민주화, 교육의 인간화, 학습의 인간화, 자아실현	교육의 정치경제화, 핵심 역량 강화, 교육의 책무성 강화	교육의 도구과학화, 계량화, 성과 창출
강점	교육적 성과는 계획적, 의도적, 구조적 환경 속에서만 이루어지는 것이 아니라 상황 중심적, 비의도적, 우연적, 단속적 형식이 학습을 망라하는 것으로 파악하여 교육 이해의 폭을 확충시킴	가시적인 교육적 성취를 제고하기 위한 가장 현실적인 장치를 신봉함. 국가단위의 교육 경쟁력, 생산성, 효과성 등의 조절에 위력이 있음	모든 차원의 교육적 성취가 행위과학 혹은 공학적 관점에서 과학적, 체계적, 조직적, 계량적으로 분석 · 비교될 수 있음. 성취 수준과 결과를 용이하게 비교하여 선발 · 배열(배치)할 수 있는 경제성을 지님. 표준화된 측정도구를 활용한 목표 달성 여부가 교육행위임
약점	인간 현상의 모든 국면을 교육현상으로 파악하면서 발생하는 교육 개념의 모호함. 교육의 경제적 효용성에 대하여 경시하는 태도	인간 행동을 정치경제적 속성만으로 파악하는 것은 전일적인 인간 이해의 편협성을 초래함	비록 의식, 상상, 의도, 의지 등과 같은 비행위적인 요소들을 경시하지만 그들까지 과학적, 논리적, 계량적으로 분석 가능하다고 봄

어떤 이해방식을 갖고 있는가? 그리고 각각의 차별성은 무엇이며, 실제 교육정책으로 입안 · 집행될 때 어떤 문제가 발생될 수 있는가?

우리의 교육 장면이나 교육정책의 주도권을 자본주의나 행동주의가 지배할 때, 그것은 여지 없이 '액션 플랜(action plan), 티피컬 액션(typical action), 액션 러닝(action learning), 액션 리서치(action research), 액션 코칭(action coaching)' 등을 교육적 행동(성과)의 핵심 개념으로 적극 끌어들일 것이다. 이러한 자본주의, 행동주의 사조가 지배하는 현대사회 환경에 비판적 태도를 보였던 듀이는 『인간성과 행위(*Human Nature and Conduct*)』(1982)에서 습관적 행위가 지닌 교육적 유의미성을 역설하였다.

이는 경제적 유인가(誘引價)를 전제로 모든 교육적 행동(성과)을 파악하려는 자유사상의 보수주의 교육사상과 이러한 모든 행동(성과)을 객관화하

〈표 13-8〉 교사행동을 이해하는 두 가지 패러다임

	현상학적-인간주의적 접근	행동주의적-기술공학적 접근
기저 사상	• 현상학, 인간주의, 진보주의	• 행동주의, 자본주의, 교육의 정치경제학, 신자유주의, 기술공학
교사 행동 이해	• 교사 행동의 인격적 요인과 창조적 요인에 주목 • 교사 행동을 모든 존재 양태의 표현으로 여김 • 교사의 교육적 행동을 강조함 • 교사 행동의 인간적, 정의적 속성이 요구됨 • 도덕성, 가치적 속성, 심성, 매너가 역량임 • 교사 행동을 존재론적으로 이해함 • 실라버스-프리 방식의 교육과정 운용 가능	• 교사 행동의 관리적 요인과 생산 모델식 요인에 주목 • 교사의 존재 이유는 학생 행동에 대한 처치에 있음 • 교사의 교수(teaching)적 행동을 강조함 • 교사 행동의 객관성, 효과성을 요구함 • 행동의 기술적, 체제적 속성이 역량임 • 교사 행동에 대한 인과율적 설명에 주목 • 실라버스-바운드 방식의 교육과정 운용 강조
약점	• 행동의 객관성, 효과성에 대한 검증이 미흡 • 국가수준 교육과정 운용의 어려움	• 교사의 내재적 속성에 대한 전인적 인간 이해 부족 • 교사 특성을 지나치게 계량화하여 이해함

여 비교, 분석이 가능한 계량적 변화(혹은 목표 달성)를 파악하려는 기술공학적 인간 이해 기반의 행동주의 교육사상이 지닌 편협성을 타파하자는 일종의 인간학적 주장이었다. 이들은 교사의 직무행동 특성을 파악하는 경우에도 상이한 이해방식을 보이고 있다.

행동(성과)과 교육의 관계는 비단 교사나 학생과 같은 개체 차원에서 다루어지는 것이 아니라 학교라는 기관 차원에서도 연관되어 있다. 젠크(Genck, 1983)는 교육과 성과를 결합한 '학교성과'란 용어를 새로운 개념으로 정리하여 학교경영, 학교관리의 지표로 삼도록 제시함으로써 행동(성과)이론의 적용을 개인 차원에서 기관 차원으로 확대시켰다. 그의 학교성

〈표 13-9〉 학교성과 및 관리지표

양호한 성과와 관리	불량한 성과와 관리
• 교육목표에 비추어 학생의 학습 성과가 양호, 균형, 공정함 • 주기적으로 교육 성과가 향상됨 • 교육과정 운용이 교육청의 기준에 부합하거나 충실함 • 학습 성과가 저조한 학생에 대한 추적과 지도가 만족할 만한 수준임 • 교사들은 교육과정과 근무조건에 만족함 • 교육개선 기회 포착 및 실행이 이루어짐 • 학교 외 세력들과 신뢰의 관계를 유지함 • 교육경비에 대한 적절한 관리 • 교육 성과를 분석하기 위한 각종 조사의 실시와 자료들을 활용함 • 공정하고 효과적이고 조직적인 교사평가가 이루어짐 • 성과에 따른 행정적 보상이 체계적인 결정에 따름 • 교사의 책무성과 효과성을 따짐 • 구성원 간 이루어지는 실제적이고 효과적인 의사소통 구조 확립	• 학생의 학습 성과 부진 및 이에 대한 추적 시스템의 부재 • 교육청이 제시한 교육과정 운용의 기준이 없거나 충실하지 못함 • 학교 외 세력들의 학교에 대한 불만 및 적대적 관계 유지 • 교사들의 빈번한 파업행동 • 구성원 간의 원만하지 못한 의사소통 구조 및 불신과 갈등의 풍토가 만연함 • 교육기획과 평가 시스템이 부실함 • 교사들의 비도덕성에 대한 묵언의 용인 • 교사들의 생산성 저하 • 성과에 대한 책임성 수용 부재

출처: 박희륜(1997). p. 74에서 재구성.

과이론은 위기이론 및 공정이론과 다중적으로 중첩되고 있다. 이는 그가 제시한 학교성과 및 관리지표를 통하여 쉽게 확인할 수 있다.

이상의 논의를 종합해 볼 때 '행동(성과)과 학교교육의 관계는 과연 안전한가?' 라는 물음이 제기된다. 현재 우리 정부는 '잘 가르치는 교사' '잘 가르치는 대학' 을 선발(선정)하여 차등 지원하거나 보상하는 형태의 교육정책을 실시하고 있다. 이에 덩달아 거의 모든 대학에서 '잘 가르치는 교수(강의우수 교수와 강사)' 를 선정하여 경제적 인센티브를 제공하고 있다. 과연 잘 가르치는 것이 무엇을 의미하고 또 무엇을 의미하여야 하는지에 대하여 여전히 혼란스러운 것은 무슨 까닭인가?

1980년대 초반 우리나라의 교육 상황에서는 한국전쟁 후 30여 년간 주도해 온 경제성장주의와 행동주의 기반의 교육정책과 인간주의 교육사상을 전공한 장관의 교육 아젠다가 대충돌함으로써 교육 현장이 일대 혼란을 겪은 사실이 있다. 그것은 현대 한국 교육사에서 가장 첨예하게 드러난 교육 이론과 실천의 혼란이기도 했다. 독일에서 교육인간학을 전공한 이규호는 문교부(당시)장관이 되어 자신의 교육사상을 정책적으로 구현해 볼 수 있는 좋은 기회를 얻었다. 일부 동료 학자는 "그의 학문(사상)은 직접 교육개혁에 참여하는 과정 속에서 진가를 나타내고 현실적인 영향력을 넓혀 가기 시작했다." 라고 평가했다(정혜영, 1991: 195).

그러나 소장 교육학자들은 그의 교육사상과 정책 연관성에 대한 판단의 어려움과 그의 교육사상과 현실적인 문제들 간의 인과관계에 대한 분석의 어려움을 들어 교육의 이론과 실천 관계에 대한 속 시원한 해석을 이루어 내지 못했다. 그 이유는 교육사상이든 교육정책이든 언제나 시대가 처한 상황 특수적 측면에 기초하는 속성(일종의 상대성)이 있기 때문이다. 이러한 연유로 인해 그 후 집권한 정권의 정책기조에 따라 교육정책도 두 가지 프레임이 서로 물고 물리는 현상이 현재까지 지속적으로 반복되고 있다. 현대 우리나라 교육정책에서 대립하고 있는 큰 프레임을 이항(二項)모형으로 정리하면 〈표 13-10〉과 같다.

〈표 13-10〉 민주주의에서 교육정책의 이원성

자유우위 교육정책	구 분	평등우위 교육정책
자유, 시장경제, 경쟁, 효율, 차등	핵심 가치	평등, 복지, 형평, 차이, 인권
방임주의, 자유주의, 자유사상의 보수주의, 행동주의, 신자유주의	지지이론	인간주의, 인격주의, 평등주의, 기초주의, 복지주의, 구성주의, 평화주의, 생태주의
보수적, 우파적 성향	정책 성향	진보적, 좌파적 성향
수월성, 효율성, 서열화, 자율화, 다양화를 지향함, 체계화된 국가교육을 통한 인적자원 개발정책	교육정책 특징	결과의 평등, 평준화, 인간화, 교육복지를 지향함, 교육의 개별화, 인간화, 개성화를 통한 인성 함양정책
상대적 수월성을 기반으로 한 역량 있는 인력(인재)	인간상	절대적 수월성을 기반으로 하는 성장 동기화된 인간
교육 경쟁력 확보에 유리, 높은 생산성 유지, 선택과 집중을 통한 수월성 확보 가능, 주요 교과의 기초학력 향상	강점	분배와 균형을 통한 교육 기회의 보장, 인성 및 창의성 교육을 위한 다양한 교육과정 운용이 가능
교육폭력의 정당화, 도덕불감증 만연, 교육문화 세습의 확대재생산, 주요 교과 중심의 교육, 경쟁증후군으로 인한 각종 심리질환(학습된 무기력, 학습피로, 고성취증후군 등) 만연, 비도덕적/비인간적인 경쟁철학을 사회적으로 학습, 비인간적/비교육적인 학습 및 학교 환경을 무의식적으로 용인함	약점	주요 교과의 기초학력 저하, 국가교육 경쟁력의 하락, 교육의 생산성 저하, 복지증후군으로 비경쟁적 상황으로 인한 나태함과 안일한 학습 태도 만연, 낮은 성취 수준 유지, 고성취에 대한 동기 상실, 학습 성과에 대한 냉소적 태도 형성

현대 한국 교육정책 형성 및 집행의 흐름에서 가장 큰 위기요인은 교육사상의 공존과 조화에 대한 정책적 배타성을 넘는 심리적 배타성이다. 그것은 언제나 교육 현실을 독재나 전횡으로 몰고 가는 알력으로 작용한다. 독재의 경향은 자신들이 내세운 정책 아젠다를 안전하고 완전하다고 민중을 호도하는 힘이 된다. 그러나 안전하거나 완전한 교육은 실재할 수 없다.

그렇지만 온전한 교육을 위한 다양한 시도는 가능하다. 이러한 '온전한'

교육에 대한 인식 관심과 이해방식은 다양하다. 그것은 교육사상의 다양성을 가능하게 만드는 동인(動因)이다. 결국 좋고 옳고 바른 교육은 그 사상의 다양성을 전제로 하는 정책의 다양성이라는 토대 위에서 가능하다. 그렇다면 우리 교육의 현실은 어떠한가?

이상의 여러 가지 이론을 근거로 우리나라 교육 현실(교육사상과 교육정책을 망라하여)을 한마디로 표현하면 현양추모(賢樣醜貌)의 형국이다. 어느 누구도 우리 교육 현실에 대하여 만족하지 못하는 것이 사실이다. 이러한 상황 속에서 최근 관(官) 주도로 '교육중립성' 이라는 명칭을 사용한 연구과제가 발표되었다(2013년 2월 4일). 그러나 이는 교육중립성이란 표현이 의도하는 진정성은 무엇이며 '과연 우리 교육에서 중도적, 중립적, 중용적 실천은 가능할까?' 라는 의문만 던져 주고 말았다. 나아가 '(친경제학적) 항산(恒産)과 (친윤리학적) 항심(恒心), 시장 논리와 도덕 논리, 자유와 평등, 보수와 진보, 좌편향과 우편향, 물질과 인간, 과학과 우연 등을 현묘(玄妙)하게 통합하는 교육의 본질과 이상적인 정책모형은 과연 없는가?' 의 근원적인 물음으로 이끌었다. 샌덜은 이 물음에 대한 해결의 실마리를 우리에게 던져 주고 있다.

그는 최근 발간한 『돈으로 살 수 없는 것들(*What Money Can't Buy*)』(2012)에서 현대 교육정책의 문제를 예리하게 진단하고 해결의 단초도 함께 제시하고 있다(Sandel, 2012: 51, 124). 그에 따르면 시장지상주의(market triumphalism) 혹은 거래만능시대로 인해 시장과 도덕의 불편한 동거가 이루어지고, 이는 교육의 반교육화, 인간의 비인간화를 초래한 중대 원인으로 작동한다. 즉, 일상생활에서의 '선착순' 이라는 줄서기 윤리(특권이나 재력이 무시되는 평등한 기회로서의)가 경제적 편재에서 비롯된 시장윤리(새치기, 암표, 무임승차, 왜곡된 인센티브 등)로 대체되었고, 이는 교육에서의 각종 이권을 쟁탈하는 경쟁 논리로 작용한다[행동(성과) 수준으로 금전적인 보상을 하는 경우가 왜곡된 인센티브의 가장 흔한 사례다].

인센티브야말로 시장경제주의, 자유사상의 보수주의, 행동주의를 수용한 사람들이 가장 사랑하는 도구가 아닌가? 그러나 이로 인해 사회적으로 도덕성의 혼란과 비도덕성이 급격히 증가하게 되고, 학생들은 이를 보며 학교에서 주지(主知) 교과목으로 배운 '도덕'과 '윤리'를 비웃고, 무의도적으로 이루어지는 우연학습에 길들여지며, 이러지도 저러지도 못하는 이중속박의 기막힌 메커니즘 속에서 도덕성과 윤리의식 수준이 심각하게 저하됨은 물론 심각한 병리적 문제도 겪게 된다.

이러한 현실 속에서 교실의 상업주의, 학교의 상업화가 은연중에 이루어진다. 샌덜에 의하면 현대 학교에 범람하는 상업화는 거대기업의 후원으로 제작된 각종 교육자료가 위기이론의 핵심 요인인 편견, 왜곡은 물론 비본질적인 교육 내용으로 만연되어 있기 때문에 근본적으로 부패되어 있다(Sandel, 2012: 272-273). 이는 비단 미국 교육만의 문제는 아닌 듯하다. 그렇다면 대중은 시장(상품화) 논리가 교육정책을 압도함으로써 초래된 도덕성의 타락과 도덕교육의 모순성에 대하여 어떻게 반응하는가?

2013년 2월 한국교총과 한국교육개발원은 각각 의미 있는 조사 결과를 발표하였는데 그 내용이 유사했다. 그것은 현대 한국 교육정책의 최대 현안에 대한 대중과 교사의 의식과 소망에 관한 것이다. 한국교육개발원의 조사 결과에 의하면, 정부의 교육정책에서 가장 시급한 현안 과제는 학생의 인성, 도덕성 약화, 학교폭력이었다.

한국교총의 조사 결과에서도 현직교사들은 학교에서의 도덕성과 인성교육을 강화하여 학교폭력을 예방하는 것이 최선의 방책이라고 인식하고 있다. 결국 사회의 도덕성 타락에 대한 체감도가 커질수록 대중은 학교에서의 인성교육 강화를 요구한다. 그러나 학교를 통해 이루어지는 인성 및 도덕성 교육이 타락한 도덕성을 복원시킬 것이라는 '소박한 바람'은 결코 이루어지지 않을 것이 자명하다. 어느 사회체제든 시장경제주의에 의해 작동되고 이것이 교육사상과 정책에 영향을 미치는 한, 교육의 위기, 불공정함, 도구(과학)화는 절대로 해결되지 않는다. 또 다른 교육사상(철학)을 찾아 헤맬 것이 아니라 지속 가능한 시대정신, 민족정신, 공동체정신으로 잘 다듬어진(well-made) 사회사상(철학)의 구축이 더 시급한 것이 아닐까? 즉, 한국 현대교육사상의 정책적 과제보다 더 시급한 문제는 그것이 신뢰(프랜시스 후쿠야마의 주장처럼)든 공동체주의(매킨타이어나 샌덜의 주장처럼)든 우리가 처한 교육위기, 불공정한 교육, 교육의 몰가치성 등으로부터 구원해 줄 한국 현대사회 사상을 만드는 노력이 선행되어야 한다는 점이다.

참고문헌

고요한(2010). 교육정책형성의 철학적 기초. 서울: 문음사.

고요한(2011). 인간교육의 심리철학적 기초. 서울: 일문사.

김낙진(2004). 의리의 윤리와 한국의 유교문화. 서울: 집문당.

김부태(1995). 한국학력사회론. 서울: 내일을 여는 책.

김인회(1994). 한국교육의 역사와 문제. 서울: 문음사.

김재웅(2001). 정치로부터 자유로운 교육－교육정치학 읽기. 서울: 원미사.

김정환(1996). 인간화 교육 어떻게 할 것인가. 서울: 내일을 여는 책.

김정환(1997). 전인교육 어떻게 할 것인가. 서울: 내일을 여는 책.

목영해(2009). 한국교육의 기호학적 분석. 부산: 세종출판사.

박용석(2002). 가장 자유로운 학교이야기. 서울: 문음사.

박회륜(1997). 학교교육기능과 효과성. 서울: 원미사.

서울평화교육센터(편)(1996). 대안학교의 모델과 실천. 서울: 내일을 여는 책.

오인탁(1991). 현대교육철학. 서울: 서광사.

이병환 외(2008). 대안교육의 실천과 모색. 서울: 학지사.

이상익(2004). 유교전통과 자유민주주의. 서울: 심산.

이성진(편)(1994). 한국교육학의 맥. 서울: 나남출판.

이은선(2000). 한국교육철학의 새 지평－聖·性·誠의 통합학문적 탐구. 서울: 내일을 여는 책.

이종각(1992). 한국 교육학의 논리와 운동. 서울: 문음사.

이종태(2001). 대안교육과 대안학교. 서울: 민들레.

임태승(2004). 유가 사유의 기원. 서울: 학고방.
임한영(1983). 교육사상의 비교연구: 한국교육사상의 정초. 서울: 배영사.
정범모(1984). 교육과 교육학. 서울: 배영사.
정범모(1992). 교육난국의 해부 - 한국교육의 진단과 전망. 서울: 나남.
정범모(2000). 인간의 자아실현. 서울: 나남출판.
정범모 외(1993). 교육의 본연을 찾아서 - 입시와 입시교육의 개혁. 서울: 나남.
정세화 외(1997). 한국교육의 사상적 이해. 서울: 학지사.
정영수(1995). 인간교육의 탐구. 서울: 동문사.
정은해(2000). 자유교육의 철학. 서울: 원미사.
정혜영(1991). 교육인간학의 성립과 전개. 서울: 성지출판사.
한국열린교육연구회, 한국초등교육학회(1994). 열린교육의 이해. 서울: 양서원.
한기언(1982). 교육원리 - 교육철학서설. 서울: 박영사.
황세웅 외(2009). 위기협상론. 서울: 영진닷컴.

天野郁夫(1992). 교육과 선발(석태종 외 역). 서울: 양서원.
日本Holistic教育研究會(2000). 홀리스틱교육의 이해(송민영 외 역). 서울: 책사랑.
美國教育課程聯合會(1994). 전인교육을 위한 학습지도법(이해명 역). 서울: 교육과학사.

Apple, M. W. (2001). 학교지식의 정치학(박부권 외 역). 서울: 우리교육.
Bollnow, O. F. (1986). 삶의 철학(백승균 역). 서울: 경문사.
Bollnow, O. F. (1999). 교육의 인간학(오인탁 외 역). 서울: 문음사.
Brown, L. M. (1985). *Justice, Morality and Education*. London: Macmillan Pub. Ltd.
Collins, R. (1989). 학력주의사회(정우현 역). 서울: 배영사.
Davidson, D. (1980). *Essays on Actions & Events*. New York: Oxford University Press.
Dewey, J. (1982). 인간성과 행위(신일철 역). 서울: 삼성출판사.
Kneller, G. F. (1990). 현대교육사상(안인희 역). 서울: 서광사.
Kotze, R. S. (2008). 행동이 성과를 만든다(김원호 역). 서울: 비지니스맵.
MacIntyre, A. (1984). *After Virtue: A study in Moral Theory*. Indiana: University of Notre Dame Press.
Miller, J. P. (2000). 홀리스틱 교육과정(김현재 외 역). 서울: 책사랑.
Nasr, R. T. (2001). 전인교육의 이론과 실제(강선보 외 역). 서울: 원미사.

Niberg, D. (1998). 열린교육의 철학(심성보 외 역). 서울: 학지사.

Perez, M. F., Gopinathan, S. (1977). *Crisis in Education*. UNESCO.

Perrone, V., Kohl, H. R. (1991). 개방적 교육(이현남 외 역). 서울: 교육과학사.

Rawls, J. (1971). *A Theory of Justice*. Massachusetts: Harvard University Press.

Rawls, J. (2005). 정의론(황경식 역). 서울: 이학사.

Rich, J. M. (1986). 인간주의교육학(김정환 역). 서울: 박영사.

Rome Club. (1972). 인류의 위기(김승한 역). 서울: 삼성문화재단.

Sandel, M. J. (2012). 돈으로 살 수 없는 가치들: 무엇이 가치를 결정하는가(안기순 역). 서울: 와이즈베리.

Sandel, M. J. (2010). 정의란 무엇인가(이창신 역). 서울: 김영사.

Silberman, C. E. (1996). 교실의 위기(배영사편집실 역). 서울: 배영사.

Skinner, B. F. (1983). 행동주의(김영채 역). 서울: 교육과학사.

White, A. R. (Ed.). (1968). *The Philosophy of Action*. New York: Oxford University Press.

찾아보기

〈인 명〉

〈내 용〉

* 저자 소개 *

고요한(高耀翰)

johnhoch@yonsei.ac.kr

연세대학교 교육학과 졸업[문학사, 교육학석사, 교육학박사(Ph.D.)]. 한국교원대학교 조교, 연세대학교, 배재대학교, 서원대학교, 대전대학교, 공주교육대학교, 상명대학교 시간강사, 한국교육철학학회 이사, 강원고교평준화추진공동대표 역임

현재 한국청소년효문화학회 이사, 한국인격교육학회 이사 겸 학회지 편집위원, 한국교육철학회 학회지 편집위원, 연세대학교 교육역량강화사업 추진위원, CTL 교수팀장, 연세대학교 인문예술대학 부교수로 재직 중

주요 저서로 교육의 수월성과 평등(1989), 교육이해의 구조적 탐구(공저, 2001), 교육이해의 다양성 탐구(공저, 2003), 교육의 역사와 사상(2004), 교육과학입문(공역, 2004), 비교교육철학(2005), 교육학연구의 논리(공저, 2006), 교육의 철학-소유에서 존재로(2007), 포스트모던 문화교양과 여가교육(공저, 2007), 몸과 배움의 철학(2008), 교육정책형성의 철학적 기초(2010), 인간교육의 심리철학적 이해(2011), 용례로 배우는 교양심리학(2011) 등이 있음. 주요 논문으로는 선초 정치변혁과 정교이데올로기에 대한 연구 외 다수가 있음

수상경력으로 2008년, 2010년, 2011년 연세대학교 강의우수교수상 수상, 2011년 연세대학교 우수업적교수상(교육부문) 수상, 2009년 대한민국학술원 기초학문우수도서 선정(포스트모던 문화교양과 여가교육, 2009년 대한민국학술원 기초학문우수도서 선정(교육의 철학-소유에서 존재로), 2011년 한국연구재단 기초학문 우수저서 선정(교육정책형성의 철학적 기초), 2011년 자랑스러운 동문상 수상

가르침의 교육현상학적 이해

2013년 8월 20일 1판 1쇄 인쇄
2013년 8월 30일 1판 1쇄 발행

지은이 • 고요한
펴낸이 • 김진환
펴낸곳 • (주) 학지사
121-837 서울특별시 마포구 서교동 352-29 마인드월드빌딩 5층
대표전화 • 02)330-5114 팩스 • 02)324-2345
등록번호 • 제313-2006-000265호

홈페이지 • http://www.hakjisa.co.kr
커뮤니티 • http://cafe.naver.com/hakjisa

ISBN 978-89-997-0170-2 93370

정가 16,000원

저자와의 협약으로 인지는 생략합니다.
파본은 구입처에서 교환해 드립니다.

이 도서의 국립중앙도서관 출판시도서목록(CIP)은 서지정보유통지원시스템 홈페이지(http://seoji.nl.go.kr)와 국가자료공동목록시스템(http://www.nl.go.kr/kolisnet)에서 이용하실 수 있습니다.
(CIP제어번호: CIP2013013922)